HENRI ROCHEFORT

Les Aventures de ma vie

TOME TROISIÈME

PARIS
PAUL DUPONT, ÉDITEUR
4, Rue du Bouloi

LES AVENTURES DE MA VIE

Exre de remplacement

8° Ln²⁷
43880

NOTA

Les Aventures de ma vie, par HENRI ROCHEFORT, sont en vente à la Librairie Paul Dupont, dans le format in-8° cavalier, au prix de 7 fr. 50 le volume.

Il sera tiré de l'édition in-8°, 60 exemplaires numérotés, sur papier de Hollande, au prix de **12 francs** *le volume.*

HENRI ROCHEFORT

Les Aventures de ma vie

TOME TROISIÈME

PARIS
PAUL DUPONT, ÉDITEUR
4, Rue du Bouloi

DEUXIÈME PARTIE

(Suite.)

CHAPITRE XV

Hommes de la Commune. — L'arrestation de Garibaldi ! — M. Thiers et la République. — Une manifestation maçonnique. — Paris affamé. — Rossel. — Au couvent. — Un article du « Times ». — Les prières publiques.

Cette révolution n'avait malheureusement aucune issue, attendu que les Prussiens qui nous entouraient seraient, en cas de défaite de l'Assemblée, intervenus contre les vainqueurs, qui avaient pris les armes uniquement comme protestation contre la paix de Bordeaux.

La modération très réelle dont ils faisaient preuve ne les eût même pas sauvés des vêpres prussiennes qui se préparaient et Raoul Rigault, violent, mais logique, ne cessait de leur répéter :

— Vous ménagez les Versaillais. Le jour où nous serons battus, vous verrez comme ils nous ménageront !

En constatant que leurs avances et leurs offres de conciliation étaient reçues à coups de fusil, les membres de la Commune finirent par se ranger à l'avis de Raoul Rigault et ripostèrent aux exécutions présidées par Vinoy et Galliffet en arrêtant l'archevêque Darboy et le curé de la Madeleine, Deguerry.

Un cri d'horreur s'échappa des poitrines versaillaises à la nouvelle de ce sacrilège. Et ce fut par une clameur de même nature que l'Assemblée rurale accueillit le décret dit des « otages », en vertu duquel la Commune décidait que l'exécution d'un soldat de la Révolution serait vengée par la mise à mort de trois soldats de l'ordre.

Ces représailles n'avaient en somme rien que de très légitime, puisqu'il suffisait aux Versaillais de s'abstenir de fusiller les prisonniers qu'ils nous faisaient pour sauver la vie de ceux que nous leur faisions. Cette mesure préventive n'en fut pas moins présentée comme le plus monstrueux attentat au droit des gens et à la vie humaine.

Il fallait pourtant en finir avec ces hécatombes auxquelles les généraux thiéristes semblaient se complaire. Voici entre autres témoignages ce que, à la date du 8 avril, racontait l'*Etoile belge*, feuille modérée et à cette époque presque orléaniste :

Dans un champ à gauche du rond-point, vers le Mont-Valérien, champ cultivé, sur une plaque de terre fraîchement remuée, je remarque cinq croix grossièrement faites au moyen de branches. Sur l'une d'elles est placé un képi ; à côté d'une autre se trouve une casquette garnie de fourrure.

C'est là que, le dimanche matin, les gendarmes ont fusillé les cinq gardes nationaux faits prisonniers. Un jeune homme enfermé dans une cabane située à quelques mètres de ce sinistre endroit a assisté à cet horrible drame.

C'est près du rond-point de Courbevoie que les gendarmes, au nombre de vingt environ, s'étaient emparés de ces cinq fédérés, dont quatre gardes nationaux et un soldat de la ligne.

Ils les avaient poussés à coups de crosse et à coups de sabre jusqu'au lieu de l'exécution. Les gendarmes étaient en proie à une colère indicible. Ils voulurent conduire les prisonniers au Mont-Valérien, mais les forces de ces malheureux étaient épuisées. Seul, le soldat de la ligne, un tout jeune garçon, se soutenait encore et résistait. Il avait les mains liées derrière le dos.

Dans l'impossibilité où ils se trouvaient de traîner leurs prisonniers plus loin, les gendarmes résolurent de les exécuter sur place. Ils les placèrent l'un contre l'autre, formant tas, chargèrent leurs carabines-chassepots, se placèrent à une distance d'une dizaine de pas. « Feu ! » cria l'un d'eux. Un crépitement sinistre se fit entendre et les cinq victimes tombèrent les unes sur les autres. Puis les gendarmes se retirèrent sans avoir constaté si ces malheureux vivaient encore.

« J'attendis une demi-heure, me dit le jeune homme, que les gendarmes se fussent éloignés ; je m'approchai de cet épouvantable monceau. Ce n'était plus que des cadavres. »

C'est lundi matin seulement qu'on a pu les relever. Tous portaient des traces de coups de sabre, de coups de crosse, dont ils avaient été frappés d'abord.

Les quatre gardes nationaux étaient mariés ; trois d'entre eux, pères de familles. Le quatrième, marié depuis un an à peine, avait, la veille, conduit sa femme à la Maternité où elle devait accoucher. C'était, me dit-on, le meilleur garçon du monde, doux, excellent cœur, rangé. Il avait travaillé toute la nuit du samedi au dimanche matin ; à cinq heures, le rappel avait battu, il s'y était rendu. A midi, il était fusillé !

Les journaux de Seine-et-Oise se gardaient soigneusement de mettre leurs lecteurs au courant de ces abominations, et, encouragés dans leurs assassinats par cette sorte de huis clos, les Vinoy et les Galliffet s'en donnaient à cœur-joie. Or, subitement et instantanément, le décret des otages eut pour effet d'arrêter ce carnage à sang et à jet continus.

Quand on apprit là-bas ce que coûterait aux meurtriers la mort d'une de leurs victimes, les généraux fusilleurs reçurent l'ordre d'imposer silence à leurs chassepots. Un de mes compagnons de voyage — aux antipodes — me conta comment il était, grâce à ce fameux décret, sorti vivant de la tombe dans laquelle il avait déjà un pied.

On venait d'exécuter une quinzaine de prisonniers et, son tour étant venu, il avait été collé au mur, un mouchoir sur les yeux, car ces suppliciers y mettaient parfois des formes.

Il attendait les douze balles qui devaient lui revenir et commençait à trouver le temps un peu long, quand tout à coup un sergent vint lui dénouer le bandeau fatal, tout en criant aux hommes du peloton d'exécution : « Demi-tour à gauche ! »

— Qu'y a-t-il ? demanda le patient.

— Il y a, répondit d'un ton plein de regret le lieutenant chargé de commander le feu, que la Commune vient de décréter qu'elle aussi fusillerait ses prisonniers si nous continuions à fusiller les nôtres, et que le gouvernement interdit maintenant les exécutions sommaires.

C'est ainsi que trente fédérés furent en même temps que celui-là rendus à la vie, mais non à la liberté, car on les envoya sur les pontons d'où mon camarade de geôle partit en même temps que moi pour la Nouvelle-Calédonie.

Ces échecs successifs avaient coupé en deux le gouvernement communal ou communard, dont une moitié voulait procéder comme à Versailles par la terreur, et dont l'autre se maintenait dans la modération des procédés, laissant ainsi une porte au moins entr'ouverte à la conciliation.

Mais il devenait tous les jours plus probable que la violence allait l'emporter. Raoul Rigault, devenu peu à peu le véritable maître de la situation, se prononçait, en sa qualité d'hébertiste, énergiquement pour la suppression des obstacles et au besoin des individus. Il commença par tordre le cou aux journaux hostiles à la Révolution du 18 Mars et se mit peu à peu à éplucher ceux mêmes qui lui étaient favorables.

Il était un peu aidé dans cette besogne d'épuration par Félix Pyat, directeur du journal *le Vengeur*, et qui malgré lui, car il était l'honnêteté même et le désintéressement fait homme, ne voyait de sérieux et de raisonnables que ses articles.

Pyat, aigri par un exil qui avait duré plus de vingt ans, se plaignait de ne pas occuper dans la République la place à laquelle il avait droit et avait fini par se renfermer dans une opposition misanthrope et hargneuse qui l'empêchait d'être de l'avis de qui que ce fût. Il ne m'aimait pas, bien que je n'eusse jamais cessé de lui rendre justice et qu'aux élections de février je l'eusse inscrit presque en tête de la liste du *Mot d'Ordre*.

Je pense que le succès de mon journal, qui contrecarrait quelque peu le débit du sien, n'était pas étranger à l'antipathie qu'il aimait à manifester contre moi. Et comme il m'avait on ne peut plus injustement accusé, dans le *Vengeur*, d'avoir caché aux Parisiens la capitulation de Metz, je lui rivais son clou dans cet article où je lui faisais nettement sentir qu'il ne s'agissait, pour lui, que d'une question de concurrence :

LES DICTATEURS JOURNALISTES

M. Pyat (de la Commune) a pris le douloureux prétexte de la mort de notre cher Flourens pour citer une page de son dernier ouvrage : *Paris livré*, et il a précisément choisi celle où notre héroïque ami rapporte les conversations que j'ai eues avec lui à propos de la trahison du méprisable Bazaine.

M. Pyat aurait peut-être dû comprendre que je n'ai ni le pouvoir ni l'envie de réfuter un mort, et un mort aussi glorieux que l'auteur de *Paris livré*. Son procédé à mon égard est donc, en cette circonstance, parfaitement déloyal.

Que M. Pyat, qui me paraît un peu jeune pour son âge déjà avancé, me permette de le lui dire : sa position de membre du gouvernement l'oblige plus que tout autre à la circonspection et à l'impartialité. Il fait actuellement partie de la commission exécutive, qui s'attribue et possède un pouvoir à bien peu de chose près dictatorial, puisqu'il suffit d'un ordre émanant d'elle pour qu'un citoyen soit appréhendé au corps ou qu'un journal soit interdit. Or le premier devoir que s'impose ordinairement un homme aussi puissant que l'est aujourd'hui M. Félix Pyat, c'est l'oubli absolu de ses rancunes.

S'il plaît, en effet, au dictateur-rédacteur en chef du *Vengeur* de s'abriter derrière soixante mille baïonnettes pour raviver ses vieilles querelles, sa réputation de vaillance n'en sera certainement pas augmentée. Je trouve déjà extrêmement singulier pour ma part qu'un membre de la Commune continue à diriger un journal, surtout quand cet élu du peuple, à qui il doit tout son temps, préside quotidiennement à la suppression d'autres journaux qu'il ne dirige pas.

Lorsqu'on se montre aussi impitoyable pour les journalistes, on est tenu d'être particulièrement sévère pour soi, parce qu'il pourrait arriver ceci, qui serait extrêmement fâcheux : le *Vengeur*, que rédige l'auteur du *Chiffonnier de Paris*, se compose et se tire dans la même imprimerie que le *Mot d'Ordre*. Rien ne serait facile à M. Pyat comme d'engager une polémique avec mon journal, dont il sait probablement le tirage considérable, de le supprimer autocratiquement à ma troisième réplique, pour cause de désaccord avec un membre de la Commune, et de profiter, comme rédacteur en chef, des lecteurs qu'il m'aura enlevés comme délégué du gouvernement.

Si la femme de César, lequel était une canaille, ne devait pas être soupçonnée, à plus forte raison un républicain de la trempe de M. Félix Pyat doit-il être à l'abri de toute insinuation.

Je ne vous accuse pas encore, citoyen commissaire exécutif, mais vous reconnaîtrez avec moi que votre position est terriblement fausse, et vous aurez le bon goût, j'en suis convaincu, de cesser désormais contre vos confrères de la presse des attaques auxquelles ils ne peuvent répondre sans s'exposer à être fusillés comme otages. Il y aurait un seul et unique moyen de prouver cette impartialité que les électeurs ont le droit d'exiger de vous : ce serait de supprimer un beau matin le *Vengeur* comme vous avez supprimé la *Liberté*. Mais j'ai quelque idée que l'année 1871 ne verra pas ce sacrifice d'Abraham.

Je gardais, on le reconnaîtra, tous mes droits de polémiste vis-à-vis des dictateurs de la Commune, et, comme j'attaquais avec la dernière rigueur Thiers, ses Vinoy et ses Galliffet, ma position était on ne peut plus précaire, puisque signaler les fautes des uns me faisait courir à peu près le même danger que flétrir les crimes des autres.

Mais, après ces combats où Français contre Français déployaient un acharnement furibond, cette réflexion venait aux lèvres de tous :

— Que n'aurait-on pu faire si, au lieu de s'entretuer avec cette vaillance, les Parisiens s'étaient unis contre l'armée prussienne ?

A quelque parti que dût rester la victoire, la lutte engagée entre Versailles et Paris était la condamnation irrémissible du gouvernement de la Défense nationale.

Nous n'avions pas d'armes pour continuer la guerre, affirmait-il ; et après avoir livré à l'ennemi canons, munitions, mitrailleuses, on en retrouvait par centaines pour ces meurtriers égorgements.

Ainsi, encore pendant le premier siège, j'avais vu, sans être autrement inquiétés par leurs chefs, des soldats fuir devant l'ennemi. Cette fois, si un lignard refusait de tirer sur ses compatriotes, on le passait immédiatement par les armes.

Pendant le premier siège, les actes héroïques et les faits de guerre accomplis contre les Prussiens étaient à peine signalés. Sous le second, les tueurs de Français montaient au Capitole sous les applaudissements émus de toute une Assemblée, et les Versaillais ruisselaient de plus de joie quand ils menaient un fédéré à la mort que quand ils s'emparaient d'un bataillon allemand.

Des officiers de Bismarck s'étant plaints naguère d'avoir été l'objet de quelques manques d'égards, Trochu lança une véhémente circulaire, rappelant le respect dû aux prisonniers. Ah ! on leur en donnait du respect, aux malheureux qui tombaient entre les mains des pontificaux de Charette et des cavaliers de Galliffet ! Ils étaient insultés, couverts de coups, de crachats et d'outrages par tous les petits crevés qui, après avoir émigré pendant la guerre, n'avaient eu d'enthousiasme que pour la capitulation.

Le mot d'ordre était là-bas : « Tout plutôt que la République! »

Gambetta, avec sa finesse et son flair italiens, avait deviné que, s'il lui était difficile d'entrer franchement dans le parti communard, il eût été déshonorant pour lui d'aller renforcer de son autorité les bandes versaillaises. Après avoir donné sa démission de député d'Alsace, il était allé de l'autre côté de la frontière espagnole, à Saint-Sébastien, se reposer des fatigues de sa campagne de près de cinq mois.

Toutefois son collaborateur du gouvernement de Tours, Arthur Ranc, avait accepté un siège à l'Hôtel-de-Ville, d'où, je pense, il renseignait son ami sur la marche des événements politiques et militaires, afin que, selon les probabilités de succès, il pût opter pour l'un des deux pouvoirs.

La crise aiguë s'étant déclarée, Arthur Ranc saisit l'occasion du décret des otages pour adresser sa démission à ses collègues.

La question de savoir en quels termes il l'avait signifiée ayant été quelquefois controversée, j'en reproduis ici le texte même, que j'ai sous les yeux :

Paris, 6 avril 1871.

Citoyens,

Désapprouvant sur plusieurs points graves la direction imprimée au mouvement communal; ne voulant pas d'autre part créer de dissentiment au moment où la République a le plus besoin d'unité d'action, je prends le parti de me retirer et de vous adresser ma démission.

Je rentre dans les rangs et redeviens simple soldat de Paris, de la Commune et de la République.

Salut et fraternité,

A. Ranc.

Bien qu'il ne fût fait dans le document aucune allusion au décret des otages, tout le monde pensa que cette mesure — imitée de celle que prenaient naguère en Algérie nos généraux d'Afrique — avait été la cause principale de la résolution adoptée par l'ancien lieutenant de Gambetta. La prédiction de Raoul Rigault se réalisa d'ailleurs à la lettre. Bien qu'Arthur Ranc eût ainsi affirmé ses sentiments de modération en refusant de s'associer à des décisions qu'il jugeait trop radicales, l'Assemblée de malheur dont il fit ensuite partie ne l'en décréta pas moins d'accusation et le conseil de guerre le remercia de sa protestation en le condamnant à mort.

Ces pandours catholiques commençaient par tuer tout le monde, laissant aux cadavres le soin de se débrouiller entre eux.

La mort était partout, au point que des officiers et des soldats nous faisaient parvenir la déclaration suivante, qui fut affichée dans Paris où elle produisit une sensation énorme :

L'infanterie de ligne à la population de Paris.

Un conseil de guerre siégeant à Versailles vient de condamner à la peine de mort les officiers et sous-officiers de l'armée qui ont refusé de faire feu sur le peuple.

Au peuple de Paris de nous juger. Si nous sommes coupables, nos poitrines sont là pour répondre. Nous ne tomberons pas en lâches.

Le capitaine délégué :
A. PIERRE ;
BONNAVENTURE, capitaine ;
PHILIPPOT, sergent.

Il est vrai que, comme prix de ses fusillades, le Vinoy du coup d'Etat, ancien sénateur de l'Empire, signataire de la capitulation pour laquelle Trochu avait passé sa plume — sa plume blanche — était élevé sous la République à la dignité de grand-chancelier de la Légion d'honneur.

La Commune ne décernait pas de décorations, mais les galons en tenaient lieu, et on ne rencontrait plus dans les rues que des officiers fédérés sortant de chez le photographe. Ce côté théâtre militaire se développa au point que le général Cluseret, délégué à la guerre, crut devoir arrêter ces accès de grandeur au moyen de cette proclamation :

MINISTÈRE DE LA GUERRE

A la garde nationale

Citoyens,

Je remarque avec peine qu'oubliant notre origine modeste, la manie ridicule du galon, des broderies, des aiguillettes commence à se faire jour parmi nous.

Travailleurs, vous avez pour la première fois accompli la révolution du travail par et pour le travail.

Ne renions pas notre origine, et surtout n'en rougissons pas. Travailleurs nous étions, travailleurs nous sommes, travailleurs nous resterons.

C'est au nom de la vertu contre le vice, du devoir contre l'abus, de l'austérité contre la corruption, que nous avons triomphé, ne l'oublions pas.

Restons vertueux et hommes du devoir avant tout ; nous fonderons alors la République austère, la seule qui puisse exister et qui en ait le droit.

Avant de sévir, je rappelle mes concitoyens à eux-mêmes

plus d'aiguillettes, plus de clinquant, plus de ces galons qui coûtent si peu à étaler et si cher à notre responsabilité.

A l'avenir, tout officier qui ne justifiera pas du droit de porter les insignes de son grade, ou qui ajoutera à l'uniforme réglementaire de la garde nationale des aiguillettes et autres distinctions vaniteuses, sera passible de peines disciplinaires.

Je profite de cette circonstance pour rappeler chacun au sentiment de l'obéissance hiérarchique dans le service; obéissant à vos élus, vous obéissez à vous-mêmes.

Le délégué à la guerre,

E. CLUSERET.

Seulement, galonnés ou non, les gardes nationaux étaient acculés à cette alternative : ou s'emparer de Versailles, ou voir les conservateurs monarchistes s'emparer de Paris. Or la prise du chef-lieu de Seine-et-Oise s'éloignait tous les jours et celle de la capitale se rapprochait d'autant. Les décrets dictatoriaux se succédaient à l'Hôtel-de-Ville sans produire de résultats appréciables.

Quant à moi, je me consacrai exclusivement à mon journal, et quoique l'acte d'accusation, qui me renvoya devant le troisième conseil de guerre après la semaine sanglante, m'ait qualifié de « chef occulte » de la Commune, je ne mis pas une seule fois les pieds à l'Hôtel-de-Ville et ne vis aucun des hommes qui y siégeaient. C'est au point que je ne connus Ferré et Rossel que dans le préau de la prison de Versailles où je les apercevais quelquefois en regagnant ma cellule après la promenade réglementaire.

Cependant on me supposait probablement une certaine influence sur les élus de Paris, car beaucoup des prisonniers écroués à Sainte-Pélagie ou à

Mazas en vertu de la loi des otages m'adressaient des lettres suppliantes et effrayées pour réclamer mon appui auprès de leurs incarcérateurs.

L'un de ces clients pour lesquels je ne pouvais rien ou bien peu de chose était un prêtre, l'abbé Crozes, qui, pendant des années, sous l'Empire, avait fait métier de conduire à l'échafaud des tas de gens qui n'avaient pas la moindre envie d'y aller.

Menacé pour son compte d'une de ces exécutions auxquelles il avait si souvent assisté, cet aumônier des dernières prières m'avait adressé une lettre témoignant de son peu de désir de monter au ciel où il envoyait professionnellement les autres.

Je ne voyais pas du tout la nécessité de faire payer à ce vieil ecclésiastique les fusillades ordonnées par Thiers et je me rendis à la Préfecture de police pour tâcher d'obtenir l'élargissement du détenu.

Je fus reçu par deux employés qui me répondirent assez sèchement que les prêtres arrêtés étaient considérés comme les prisonniers « particuliers » de Raoul Rigault et que lui seul pouvait décider de leur sort.

Je ne pus m'empêcher de rire de ces prisonniers particuliers que le délégué de la Commune s'attribuait, comme un empereur possède une cassette particulière, et je fis observer aux deux jeunes gens que ces bravades autoritaires faisaient plus de tort à la cause que des batailles perdues.

Enfin je n'obtins rien et nous nous quittâmes sur des paroles passablement aigrelettes.

Cette démarche mériterait à peine d'être consignée, si elle ne m'avait servi à approfondir un peu plus la duplicité cléricale. Lorsque je fus sur le point de comparaître devant le conseil de guerre sous une accusation capitale englobant à peu près tous les crimes connus, un ami, qui avait eu connaissance et de la lettre de l'abbé Crozes et de ce que j'avais tenté en sa faveur, alla le trouver en le priant de venir déposer le jour du procès, pensant que son témoignage établirait deux choses :

1° Que j'étais hostile aux arrestations, puisque j'allais demander la mise en liberté de ceux qu'on arrêtait ;

2° Que je n'avais aucune influence sur les hommes de l'Hôtel-de-Ville, puisque ma demande avait été repoussée.

L'abbé Crozes, qui avait eu la chance de se tirer d'affaire et n'avait fait partie d'aucune fournée d'otages, accueillit plus que froidement mon défenseur. Il n'osa nier m'avoir écrit, mais il affirma n'avoir eu connaissance d'aucune tentative de ma part en vue de le sauver et refusa nettement de se présenter devant le tribunal militaire.

Je fus atteint en pleine poitrine d'une condamnation à la déportation dans une enceinte fortifiée, et je faisais mes paquets pour la Nouvelle, quand au fort Boyard, où j'étais interné, m'arriva une lettre dudit abbé Crozes, qui m'adressait toutes ses excuses pour avoir fait preuve à mon égard d'une ingratitude si peu chrétienne. Par le plus grand des hasards, un de ses confrères en apostolat venait de lui apprendre qu'arrêté également et amené à la Préfecture pour y attendre son envoi dans une maison d'arrêt, il avait, d'une pièce voisine, entendu tout le dialogue échangé entre moi et les employés de Raoul Rigault. Il paraît même qu'après mon départ ils se seraient irrévérencieusement exprimés en ces termes à mon sujet :

— De quoi se mêle-t-il, au fait? S'il nous embête, on l'enverra rejoindre ses protégés.

Et avec toutes sortes de salamalecs l'abbé Crozes terminait son *meâ culpâ* en me demandant de vouloir bien compléter le récit du curé, son confrère, relativement à ma démarche, laquelle n'avait échoué que par des circonstances indépendantes de ma volonté.

Son repentir semblait si sincère que je crus convenable de l'assurer ne lui avoir pas du tout gardé rancune de son refus de témoigner. Mais comme, à mon tour, je ne tenais pas à avoir l'air d'un communard repenti, je m'emportais violemment dans ma réponse contre les effroyables assassinats et les monstrueux assassins qui avaient, huit jours durant, ensanglanté Paris en y amoncelant des pyramides de cadavres.

Mais je n'en avais pas fini avec cet abbé, car lorsque les prêtres vous tiennent, ils ne vous lâchent plus. A quelque temps de là, on me remit dans ma prison une brochure où l'abbé Crozes racontait au public comment il avait échappé aux chassepots pendant la crise suprême et l'agonie finale.

Cet opuscule portait en manière de *post-scriptum* une sorte de mémoire intitulé UNE RÉPARATION, et contenant les regrets de l'abbé Crozes, qui s'accusait de son abstention devant le conseil de guerre, rendait hommage à ma générosité et me remerciait de mon empressement à venir à son secours.

Il se répandait à mon endroit en éloges d'autant plus dithyrambiques et exagérés qu'il n'y avait plus à revenir sur ma condamnation et que j'étais bien et dûment destiné à croupir en Nouvelle-Calédonie pour le restant de mes jours.

Mais attendez : ce n'est pas tout. Dans son acte de contrition, il avait trouvé moyen d'insérer la lettre que j'avais eu la bêtise de lui adresser du fort Boyard ; seulement, il l'avait parsemée de suppressions remplacées par des points alignés tellement à propos qu'elle semblait signifier exactement le contraire de ce que j'avais voulu dire.

De sorte que, si on la retrouvait aujourd'hui, on serait en droit de supposer que la prison m'avait amendé et déprimé au point de me faire définitivement passer du côté du manche. C'était ainsi que cet homme à soutane me témoignait à la fois ses remords et sa sollicitude.

Un autre prêtre, l'archevêque Darboy, avait été incarcéré dans un but exclusivement politique. Blanqui, bien que n'étant pas à Paris au 18 Mars, avait été arrêté en province comme condamné pour le mouvement du 31 octobre, et les blanquistes, qui abondaient dans les conseils de la Commune, se proposaient d'offrir aux dévots de la Chambre l'archevêque de Paris et le curé de la Madeleine en échange du révolutionnaire qui était leur inspirateur et leur chef.

En cela, la Commune s'illusionnait. Les catholiques de l'Assemblée de Versailles tenaient aussi peu que possible à la vie de leur archevêque et, au lieu de le servir, n'aspiraient qu'à se servir de lui. Son incarcération était pour eux, au contraire, un prétexte à récriminations contre l'athéisme, et son exécution cadrait parfaitement avec leurs projets de réaction à outrance.

Ils voulaient garder Blanqui et ils voulaient que les communards gardassent Darboy.

Le malheureux, qui refusait d'entrer dans cette combinaison jésuitique, s'exténuait à adresser tous les jours à Thiers des appels désespérés, où il proposait l'échange entre Blanqui et lui. J'ai lu une de ces missives dont l'original était entre les mains de Flotte, qui avait joué autrefois un rôle à la révolution de 1848. La supplique était on ne peut plus habilement tournée et eût attendri des ultramontains moins résolus à laisser couler le sang de ce prélat afin d'exploiter sa mort.

Il y disait notamment qu'il se sentait touché du profond attachement que « ces messieurs » témoignaient à Blanqui, leur vieux maître, et c'était pour leur procurer la joie de revoir leur ami qu'il demandait à être échangé contre le célèbre conspirateur.

On devine l'intérêt qu'il portait à « ces messieurs », lui qu'ils avaient fourré à Mazas et à qui Rigault avait fait subir un interrogatoire où s'étaient échangées des phrases comme celles-ci :

— Votre profession ?

— Serviteur de Dieu.

— Greffier, écrivez : « Darboy, domestique au service d'un nommé Dieu ! »

— Où loge votre maître ?

— Il est partout.

— Greffier, écrivez que, de l'aveu même de l'inculpé, son maître est en état perpétuel de vagabondage.

On a beaucoup reproché à Raoul Rigault ces plaisanteries macabres et même funèbres, mais il n'aurait dépendu que du gouvernement versaillais de les faire cesser. On dépêcha à celui que nous appelions le chef du « pouvoir exécuteur » un grand-vicaire, nommé Lagarde, à qui on ouvrit les portes de la cellule où il était détenu, et que l'archevêque chargea d'une lettre autographe à remettre entre les mains de Thiers, sur lequel elle ne produisit aucun effet.

Lagarde, qui avait juré sur le Christ de revenir à Paris rendre compte de sa mission à « monseigneur », resta à Versailles sans plus jamais donner de ses nouvelles. Ce n'est décidément pas dans le clergé qu'on a chance de rencontrer des Régulus.

Ce vicaire apostat, à qui la liberté avait été promise contre l'engagement pris par lui de remplir sa mission, n'avait cependant rien à craindre. Les membres de la Commune étaient d'honnêtes gens qui se seraient fait un strict devoir de tenir leur parole.

La mauvaise foi et la couardise de l'abbé Lagarde contribuèrent fortement à irriter les communards contre la prêtraille, et beaucoup durent plus tard la mort à cette violation d'une promesse à qui le tragique des circonstances imposait un caractère sacré.

Cet abbé ayant fait faux bond, Flotte fut chargé de rouvrir les négociations et partit pour Versailles muni d'une nouvelle lettre archiépiscopale, dont Thiers refusa même de prendre connaissance, que le négociateur éconduit rapporta et qu'il m'a remise il y a quelques années. La voici dans toute sa finesse, je dirais presque sa roublardise ecclésiastique :

Prison de Mazas, le 8 avril 1871.

Monsieur le président.

Hier vendredi, après un interrogatoire que j'ai subi à Mazas, où je suis détenu en ce moment, les personnes qui venaient m'interroger m'ont assuré que des actes barbares avaient été commis contre des gardes nationaux par divers corps de l'armée dans les derniers combats ; on aurait fusillé les prisonniers et achevé les blessés sur le champ de bataille. Ces personnes, voyant combien j'hésitais à croire que de tels actes pussent être exercés par des Français contre des Français, m'ont dit ne parler que d'après des renseignements certains.

Je pars de là, monsieur le président, pour appeler votre attention sur un fait aussi grave, qui peut-être ne vous est pas connu; et pour vous prier instamment de voir ce qu'il y aurait à faire dans des conjonctures si douloureuses. Si une enquête forçait à dire qu'en effet d'atroces excès ont ajouté à l'horreur de nos désordres fratricides, ils ne seraient certainement que le résultat d'emportements particuliers et tout individuels. Néanmoins il est possible peut-être d'en prévenir le retour et j'ai pensé que vous pouvez, plus que personne, prendre à ce sujet des mesures efficaces.

Personne ne trouvera mauvais qu'au milieu de la lutte actuelle, étant donné le caractère qu'elle a revêtu dans ces derniers jours, j'intervienne auprès de tous ceux qui peuvent la modérer ou la faire finir.

L'humanité, la religion, me le conseillent et me l'ordonnent. Je n'ai que des supplications; je vous les adresse avec confiance.

Elles partent d'un cœur d'homme qui compatit, depuis plusieurs mois, à bien des misères; elles partent d'un cœur français que les déchirements de la patrie font douloureusement saigner. Elles partent d'un cœur religieux et épiscopal qui est prêt à tous les sacrifices, même à celui de la vie, en faveur de ceux que Dieu lui a donnés comme compatriotes et pour diocésains.

Je vous en conjure donc, monsieur le président, usez de tout votre ascendant pour amener promptement la fin de notre guerre civile et, en tout cas, pour en adoucir le caractère, autant que cela peut dépendre de vous

Veuillez, monsieur le président, agréer l'hommage de nos sentiments très respectueux.

G. Darboy,
Archevêque de Paris.

P.-S. — La teneur de ma lettre prouve assez que je l'ai écrite d'après la communication qui m'a été faite; je n'ai pas besoin d'ajouter que je l'ai écrite, non seulement en dehors de toute pression, mais spontanément et de grand cœur.

Cette supplique représentait merveilleusement un état d'âme cléricale. Il est clair que le malheureux prêtre tenait énormément à se tirer d'affaire; mais comme l'inquiétude qui le dévorait est habilement enveloppée dans un cri d'amour universel et comme l'intérêt général de l'humanité y est adroitement mêlé à ses préoccupations particulières!

La lettre du curé Deguerry, que Rigault joignit à celle-là dans l'espérance de toucher le cœur parcheminé de l'implacable Thiers, était incomparablement plus ferme et moins circonlocutive. On en jugera:

Paris, le 17 avril 1871.

A messieurs les membres du gouvernement, à Versailles.

Messieurs,

De mon libre mouvement, et sous l'inspiration de ma conscience, je viens vous demander avec insistance d'empêcher toutes les exécutions soit de blessés, soit de prisonniers.

Ces exécutions soulèvent de grandes colères à Paris et peuvent y produire de terribles représailles.

Ainsi on est résolu, à chaque nouvelle exécution, d'en ordonner deux des nombreux otages que l'on a entre les mains.

Jugez à quel point ce que je vous demande comme prêtre est d'une rigoureuse et absolue nécessité.

J'ai l'honneur d'être respectueusement votre très humble serviteur.

H. Deguerry,
Curé de la Madeleine, au dépôt de la Conciergerie.

P.-S. — Je crois devoir vous déclarer que j'ai conçu et écrit cette lettre sans aucune pression, mais, comme je l'ai dit au commencement, de mon libre mouvement.

H. Deguerry.

On me proposa de nouveau une candidature à des élections nécessitées par plusieurs démissions successives, mais je ne me souciais guère, on le comprend, de m'associer à un désarroi que je n'avais pas créé, et je déclinai encore une fois l'honneur dont on voulait m'investir. Félix Pyat, qui me guettait toujours, en profita pour me signaler à la suspicion populaire. Il publia dans le *Vengeur* cette note fantaisiste :

La résolution suivante a été prise dans le neuvième arrondissement :

« Considérant que MM. Dupont (de Bussac), Henri Rochefort, Ulysse Parent, Avenel et Sémerie, qui étaient présentés aux suffrages électoraux du 26 mars, ont déclaré ne point accepter de candidature pour les *périlleuses* élections complémentaires d'aujourd'hui 10 avril,

« Le peuple arrête :

« MM. Dupont (de Bussac), Henri Rochefort, Ulysse Parent, Avenel et Sémerie ne pourront être portés sur aucune liste sincèrement républicaine lors des prochaines élections pour la Commune de Paris.

« *(Suivent les signatures)*. »

Rien n'était moins sérieux que cet arrêté pris par le « peuple », représenté dans le neuvième arrondissement par de soi-disant signataires qu'on ne nommait pas et qu'on dénombrait encore moins. Ce « peuple », c'était Félix Pyat tout seul, et le « suivent les signatures » était représenté tout au plus par la sienne.

Je le sommai, dans les termes ci-dessous, de désigner ces signataires qui, au nom du peuple et sans l'avoir consulté, dressaient des listes de suspects :

Il serait utile pour l'enseignement de tous qu'on connût les noms de ces hommes purs qui rayent ainsi des listes électorales, comme traîtres à la démocratie : Ranc, qui a été déporté à Lambessa; Dupont de Bussac, qui a passé un tiers de sa vie en exil; Ulysse Parent, régulièrement arrêté dans tous les mouvements révolutionnaires, et moi-même, qui ai trouvé moyen d'encaisser en trois mois cinq ans et demi de prison et cent quinze mille francs d'amende.

Il faut croire que les citoyens dont parle le *Vengeur* et dont les signatures « suivent » se sont trouvés à des postes plus périlleux que les nôtres, puisqu'ils nous accusent avec cet aplomb. Et du moment que le neuvième arrondissement les possède, c'est bien le moins que nous les connaissions, ne fût-ce que pour aller nous incliner devant leur supériorité incontestable.

Malheureusement, le premier imbécile, que dis-je? le premier agent de police venu, heureux de déconsidérer dans la mesure de ses forces le parti républicain, peut apporter à la rédaction d'un journal des résolutions aussi anonymes que celles dont il s'agit et qu'il aura prises à lui tout seul. Rien ne serait facile au *Mot d'Ordre* comme de publier demain une vilenie dans ce genre :

« La résolution suivante a été prise dans le vingt-deuxième arrondissement :

« M. Félix Pyat ayant été convaincu d'avoir reçu de la

Prusse cent mille francs, grâce auxquels il a fondé une maison de gros, rue des Dames, à Batignolles ;

« Le peuple arrête :

« M. Félix Pyat ne pourra être porté aux prochaines élections sur une liste sincèrement républicaine.

« *(Suivent les signatures.)* »

Une découverte nous donna le diapason de la mauvaise foi qui régnait dans les sphères politiques. Jamais Félix Pyat n'avait reçu aucune protestation contre moi, et le lendemain 14 avril le *Mot d'Ordre* publiait cette note suggestive :

Le citoyen Ulysse Parent, désigné dans l'excommunication publiée avant-hier par le *Vengeur*, est allé aux bureaux de ce journal demander les noms des soi-disant signataires de la délibération annoncée comme ayant été prise dans le neuvième arrondissement. M. Henri Bellenger, secrétaire de la rédaction du *Vengeur*, a déclaré alors à notre ami, avec une grande loyauté, que cette pièce avait été apportée au journal par M. Gromier, ancien secrétaire particulier de M. Félix Pyat, et qu'aucune signature ne se trouvait au bas du document.

Ainsi cette prétendue délibération était l'œuvre d'un faussaire.

A parler franchement, nous nous en doutions un peu. La seule chose qui nous étonne, c'est qu'elle ait été fabriquée par M. Gromier qui, arrivé un jour à Bruxelles sans ressources, et quoique n'ayant jamais vu le citoyen Rochefort, l'a trouvé assez pur et assez républicain pour aller lui emprunter de l'argent que naturellement il ne lui a jamais rendu.

Montée à ce diapason, la polémique ne pouvait que s'aigrir de plus en plus. Or Félix Pyat était membre de la majorité hébertiste de la Commune et avait les moyens de se permettre à peu près tout ce qu'il voulait. S'il ne me faisait pas calfeutrer entre quatre murs, c'était uniquement parce qu'il n'osait pas; mais on voit par le ton de mes répliques que la tension entre nous était extrême.

Tandis qu'on se disputait sous les obus, qu'on se demandait par quelle tragédie finirait la guerre civile, et aussi où on trouverait les cinq milliards de la rançon destinée à liquider la guerre étrangère, à quoi supposez-vous que songeât Louis Bonaparte, le sinistre imbécile qui nous coûtait ainsi le plus pur de notre sang?

C'est à s'imaginer qu'on rêve, et pourtant rien n'est plus réel : l'ex-Napoléon III, sans plus de souci des ruines et des massacres qu'il laissait derrière lui, manipulait à ce moment un mariage entre son fils âgé de quinze ans et une fille de la reine d'Angleterre.

A peine désécroué de son château-prison de Wilhelmshoe, le vieux criminel de Décembre organisait des réceptions et des raouts à Chislehurst, village des environs de Londres, où il avait pris une villa que j'ai visitée pendant mon dernier exil, le jour où on en a vendu le mobilier.

Une feuille anglaise, *The Echo*, donnait sur une de ces entrevues des détails stupéfiants :

L'ex-empereur, en tenue de général de division, décoré de tous ses ordres et portant en sautoir le grand-cordon bleu de la Jarretière, reçut la reine au bas du perron de sa résidence de Chislehurst.

Auprès de lui se tenait l'ex-impératrice, vêtue d'une robe blanche semée d'abeilles d'or (*sic*).

Les deux *nobles* femmes, qui ne s'étaient pas rencontrées depuis l'excursion d'Osborne, se sont spontanément jetées dans les bras l'une de l'autre en fondant en larmes.

Après ce premier moment d'effusion, les *augustes* personnages ont pénétré dans le château, où une collation splendide avait été préparée.

Le repas terminé, l'ex-empereur, dont la santé paraissait *plus robuste que jamais*, a offert son bras à notre reine, et l'impératrice ayant pris celui du marquis de Lorne, époux de la princesse Louise, les *augustes* exilés se sont entretenus pendant près d'une heure dans le parc de la résidence *temporaire* de celui qui fut l'arbitre de l'Europe.

Pendant ce temps, la jeune princesse Béatrix, qui avait accompagné sa Très Gracieuse Majesté, botanisait dans une autre partie du parc, en compagnie du prince impérial de France. Les charmants enfants eurent beaucoup de peine à se séparer, et pour peu que l'on fût observateur, on eût pu remarquer, à la façon dont ils se dirent au revoir, *une inclination naissante entre ces deux rejetons des plus illustres maisons* SOUVERAINES de l'Europe.

Cette communication avait été adressée au journal anglais très certainement par un des secrétaires de Louis Bonaparte, qui tenait à établir qu'il était encore, malgré sa déchéance, traité « d'auguste personnage » par les cours étrangères. Mais on pense si l'on se gaudit à Paris au récit de cette réception royale où le capitulard endossait l'uniforme de général de division, probablement pour rappeler que les divisions dont il s'était nommé général, il les avait livrées les unes après les autres à l'ennemi.

Quant à la robe blanche semée d'abeilles d'or exhibée par Mme Bonaparte, née Montijo, elle eut un gros succès de rire. Le familier de la maison à qui avait été confiée la rédaction de ce reportage avait eu soin de spécifier que l'ex-empereur paraissait « plus robuste que jamais », ce qui ne l'empêcha pas de mourir dix-huit mois plus tard de la pierre dont il souffrait depuis longtemps.

Il faisait également observer, ce reporter, que Chislehurst n'était pour l'ancien arbitre de l'Europe qu'une « résidence temporaire », formule apocalyptique signifiant qu'il comptait bientôt la quitter pour une autre, les Tuileries, par exemple, qui, à un mois de là, allaient flamber avec les derniers souvenirs matériels qu'y avaient laissés leurs hôtes, temporaires aussi, heureusement.

Mais la note capitale du procès-verbal de la fête, c'était la séance de botanique amusante préparée entre la princesse Béatrix et le jeune trainglot que le couple Bonaparte essayait de donner comme beau-frère au prince et à la princesse de Galles.

Comme le petit Augustule n'avait pas encore l'âge requis pour entrer en ménage, puisqu'il atteignait à peine sa quinzième année, on se contentait d'indiquer une « inclination naissante entre ces deux rejetons des plus illustres maisons souveraines de l'Europe ».

Cette soi-disant inclination naissante que le père et la mère encourageaient chez leur enfant ressemblait quelque peu à un détournement de mineure et j'ai su, étant en Angleterre, que la carte quasi-forcée que les deux intrigants détrônés imposaient avec cet aplomb à la reine d'Angleterre avait mis celle-ci hors d'elle. En effet, la maison Bonaparte, où le chef ne pouvait même pas rentrer, lui semblait aussi peu souveraine que possible, et elle trouvait de très mauvais goût qu'il se permît de la comparer à la sienne.

Ce flirtage préparatoire coûta du reste la vie au principicule à qui ses parents l'avaient inspiré. Lorsqu'il eut atteint dix-huit ans et que sa maman tenta de reprendre la conversation où la princesse Béatrix et lui l'avaient laissée, la raison d'Etat intervint tout à coup. On sait qu'en Angleterre les princesses et les princes de la famille royale n'ont pas la faculté de se marier sans l'autorisation du Parlement. C'est même un des nombreux agréments de ces hautes parentés. La fille d'un souverain adore un jeune homme charmant. La raison d'Etat lui jette dans les bras un Kalmouck au nez aplati et aux yeux éraillés, qu'elle est obligée d'accepter avec les marques de la plus vive satisfaction.

Le ministère déclara donc que le fils de Louis Bonaparte, dont les chances à une restauration impériale diminuaient en proportion des progrès de l'idée républicaine en France, n'avait pas, en qualité d'étranger, rendu à l'Angleterre assez de services pour avoir le droit d'aspirer à la dignité de gendre de la reine.

Tout au moins était-il indispensable qu'il eût joué dans le pays un rôle qui rendît acceptable à la nation l'union projetée entre lui et la princesse Béatrix, et c'est pour se conformer à ces conditions qu'il partit pour le Zoulouland où sa campagne lui eût tenu lieu de lettres de naturalisation.

Il y fut tué, et, bien qu'ayant quelque temps passé pour inconsolable, la jeune Béatrix en épousa un autre, un prince de Battenberg, tout en demeurant auprès de sa mère à qui elle continua à servir de secrétaire et de confidente.

Mais, si on banquetait à Chislehurst, on se serrait le ventre dans la capitale où tout travail était arrêté et où les trente sous quotidiens affectés à chaque garde national devaient parfois nourrir des familles de six personnes et plus.

La Ligue des *Droits de Paris*, composée de conciliateurs aux opinions plutôt modérées, délégua trois de ses membres, MM. Desonnaz, A. Adam et Bonvallet, pour aller à Versailles tâter d'une entente à la suite de laquelle les deux partis déposeraient les armes. Thiers leur opposa le même *non possumus* qu'à l'archevêque de Paris et au curé de la Madeleine, et comme il avait spéculé sur la mort de ces deux prêtres, il escomptait déjà son entrée à Paris et la mise à sac de la ville.

Ses réponses furent folles et ses prétentions celles de Tamerlan ou d'Ali-Pacha. Il demandait que l'armée fédérée déposât les armes et rentrât dans ses foyers. Toutefois il se refusait à promettre quoi que ce soit en échange de cette concession qui était la capitulation pure et simple.

Cependant, par un excès de magnanimité qu'il semblait se reprocher, il voulait bien laisser entendre que, des trois cent mille Parisiens qui, exaspérés par la paix de Bordeaux, avaient pris spontanément les armes, tous ne seraient peut-être pas fusillés. Et en effet il n'en fit égorger que trente-cinq mille.

A ces ouvertures, dont les membres de la Ligue nous firent part, je ripostai par un article qui traduisait l'indignation de tous mes lecteurs et dont voici deux extraits :

..... Ce même Thiers, qui nous conteste nos franchises communales sans paraître s'apercevoir que c'est parce qu'on nous les refusait que nous les avons prises, veut bien consentir à ne pas sévir contre les gardes nationaux qui mettront bas les armes et rentreront dans leurs foyers. Cette dernière concession atteste une démence alcoolique de plus en plus prononcée. Mais les gardes nationaux qui se sont armés contre les bestiaux de Versailles, c'est tout Paris ! On se demande, conséquemment, comment s'y prendrait bien Thiers le Victorieux pour faire passer en jugement trois cent mille hommes, sans compter les femmes et les enfants, qui, dans la mesure de leurs forces, participent aussi à la lutte.

En admettant qu'il ne faille pas plus de dix minutes pour l'exécution de chaque rebelle, ce qui est contestable, même en y mettant la promptitude de Vinoy assassinant le général Duval, le chef de l'exécutif n'aurait pas assez de cinq années de fusillades journalières et à jet continu pour arriver à purger la terre de tous ceux qui se sont soulevés contre ce petit despotaillon.

Il serait depuis longtemps mort de vieillesse que ses conseils de guerre fonctionneraient encore. On comprend donc ses réserves à l'égard des trois cent mille hommes auxquels il veut bien promettre la vie sauve.

Et je terminais par cette proposition difficile à faire avaler :

...Eh bien, puisque le berger du troupeau de fuyards qui broute l'herbe à Versailles a un aussi grand besoin d'être édifié sur les sentiments de la population parisienne à l'égard de sa bande et de lui-même, nous allons lui donner nos conditions comme il nous a posé les siennes :

Il nous livrera Vinoy, Galliffet, Jules Favre, Picard et Mac-Mahon, qui défileront, enchaînés deux à deux, jusqu'au rond-point des Champs-Elysées.

Les fils, les femmes, les pères et les frères des gardes nationaux tués par les obus de ces Prussiens d'outre-Seine seront alors convoqués au même endroit, et à midi pour le quart on leur livrera les captifs avec autorisation spéciale d'en faire ce qu'ils voudront.

Et s'ils délivrent leurs prisonniers pour les porter en triomphe à l'Hôtel-de-Ville, nous nous engageons à ne pas les en empêcher.

Voilà notre ultimatum. Nous sommes convaincus que Paris déposera les armes le jour où M. Thiers consentira à l'accepter.

L'obstination préméditée de Thiers, qui s'entêtait à repousser toute négociation, même pour la mise en liberté de l'archevêque, indiquait toute la profondeur de son plan. Il tenait à l'exécution de Darboy et du curé de la Madeleine, au point qu'il semblait l'avoir lui-même commandée sur mesure. Si la Commune, usant de magnanimité, lui avait renvoyé sans condition les deux prêtres, elle l'eût certainement placé dans le plus sérieux embarras.

Tant de férocité ne pouvait manquer de porter ses fruits. A l'arrestation de l'archevêque et du curé de la Madeleine s'ajouta celle de Chaudey, dont on ignora d'abord les motifs et contre laquelle je protestai par les lignes suivantes, dans le numéro du *Mot d'Ordre* du 17 avril :

17 avril.

M. Chaudey, l'un des principaux rédacteurs du *Siècle*, a été arrêté, ainsi que nous l'avions annoncé, sous une accusation qui n'a pas encore été précisée.

On l'a transporté de la Conciergerie à Mazas où sa femme elle-même n'a pas encore pu le voir.

Il y a dans la Commune, et nous ne songeons pas à nous en plaindre, un certain nombre de partisans des idées de Proudhon.

Il est assez singulier que les disciples se montrent envers M. Chaudey plus sévères que le maître, qui l'avait trouvé assez républicain pour en faire son exécuteur testamentaire.

C'est ainsi que, selon l'expression des crétins dont on composa plus tard les conseils de guerre, je poussais la Commune aux pires excès.

Par un scrupule que beaucoup qualifiaient d'exagéré, la délégation aux finances de la Commune ménageait parcimonieusement l'argent de la Banque, qu'elle avait sous la main et dont il lui eût été facile de réquisitionner jusqu'au dernier sesterce. Cependant, comme les « trente-sous » réclamaient leur paye, on songea à fondre quelques-unes des pièces d'argenterie appartenant à la couronne et au ministère des affaires étrangères.

On renonça à cet appoint, jugeant que le jeu n'en vaudrait pas la chandelle; mais il suffit que ce projet se fût fait jour jusqu'à Versailles pour qu'on l'y proclamât déjà accompli. Jules Favre et ses collègues du ministère s'élevèrent avec indignation contre ce « vol » et je fus obligé de demander s'ils avaient oublié que, le 8 septembre 1870, M. Ernest Picard, ministre des finances de la Défense nationale, avait déposé exactement la même proposition.

Il demandait formellement qu'on envoyât à la Monnaie, pour y être convertis en lingots, les couverts, plats d'argent et orfèvrerie de table qui abondaient au palais des Tuileries.

Cette mesure avait été adoptée sans discussion et eût été exécutée sans hésitation aucune, si le manque de numéraire s'était le moins du monde fait sentir.

Puisqu'il proposait cette opération, c'est qu'apparemment Ernest Picard se croyait le droit d'y procéder. Or, comment des gens qui s'étaient nommés eux-mêmes et installés de leur propre et unique initiative à l'Hôtel-de-Ville auraient-ils joui de la faculté de disposer d'une argenterie qui leur appartenait beaucoup moins qu'à la Commune, nommée par cent cinquante mille électeurs ?

Picard nous avait même consultés sur son iniention de mettre en vente les diamants de la couronne au cas où on en trouverait un bon prix. Malheureusement on ne le trouva pas, le Régent, dont nous demandions dix à douze millions, ayant été offert à un juif qui n'en donnait que quinze cent mille francs.

Or, il n'était venu alors à l'esprit d'aucun des membres du gouvernement qu'ils n'eussent pas le droit de vendre, pour soulager les misères de la nation et de la République, les insignes et les ornements de la monarchie.

Eh bien, le gouvernement dont ils faisaient partie ayant été remplacé par un autre, ce dernier, jouissant des mêmes droits que le leur, était obligé d'en user quand la nécessité l'exigeait. Et je m'arrêtais à cette conclusion :

« Nous n'hésiterions pas, si nous nous appelions la Commune, à négocier, même au rabais, ces parures inutiles. Au cas où le monarque que les Seine-et-Oisillons nourrissent le projet de nous offrir se verrait forcé de se contenter d'une couronne en chrysocale enrichie de cailloux du Rhin, où serait le mal ?

« En ce moment, nous n'avons pas besoin de saphirs pour les rois, mais de munitions contre les royalistes, et nous serions heureux, pour notre part, de voir le *Régent* nous aider à repousser... la Régence ».

Et comme les feuilles versaillaises me reprochaient avec une amertume panachée de violence d'avoir ainsi poussé à la vente, « même au rabais », des joyaux de la couronne, je faisais observer que l'idée n'était pas de moi, mais d'Ernest Picard, et que, pour la première fois que je tombais d'accord avec un ministre, on m'en faisait un crime.

Je persiste à croire d'ailleurs qu'il valait mieux acheter les canons dont nous avions besoin avec le prix de diamants inutiles, que d'employer les canons qui nous restaient à protéger des diamants dont nous n'avions pas besoin.

Eudes commandait le fort d'Issy où les boulets pleuvaient pendant tout le jour et pendant toute la nuit. Sa femme, aussi intrépide que lui, faisait le coup de feu du haut des remparts et tirait avec une précision que le correspondant du *Times* signalait dans ses articles. Elle fut la mère des quatre enfants dont j'ai la tutelle et mourut très jeune encore, enlevée par une maladie de poitrine.

Bien que Versailles fût à une demi-heure de Paris, il semblait que tous les monarchistes, qui y avaient émigré, habitassent un nouveau Coblentz, tant l'atmosphère où ils vivaient ressemblait peu à la nôtre. Les yeux voyaient autrement. Les mots n'y revêtaient pas le même sens. Un homme était coupable de révolte par cela seul qu'il avait, après le 18 Mars, continué à habiter l'appartement qu'il habitait avant, au lieu d'opérer son déménagement sur le chef-lieu de Seine-et-Oise.

Ainsi, Edouard Lockroy ayant obéi à la fantaisie d'aller faire un tour de promenade à Neuilly, y fut arrêté, et peu s'en fallut qu'il ne fût passé par les armes pour crime de parisianisme.

Cette incarcération, qui passait toutes les bornes de l'arbitraire, m'inspirait la protestation suivante :

Les fouinards qui tressautent d'horreur à la nouvelle des arrestations souvent condamnables, nous le reconnaissons, que se permet la Commune, voudront bien nous expliquer de quel droit et sous quel prétexte leur gendarmerie mobilisée a appréhendé au corps un citoyen contre lequel aucun mandat d'arrêt n'a été lancé.

Est-ce parce que le citoyen Lockroy a donné sa démission de membre de l'Assemblée de Versailles, et va-t-on le réintégrer de force dans la salle des séances, dans l'espoir que les discours de Prax-Paris et de Barascud finiront par le convertir?

Est-ce parce qu'il a publié dans le *Rappel* des articles où Vinoy, le fuyard, et Ducrot, le bien portant, n'étaient pas précisément hissés sur des colonnes trajanes?

Nous ne doutons pas que le pontife qui officie à Versailles ne prépare à la presse pour le mois de mai une de ces lois de septembre comme lui seul sait les rédiger. Mais en attendant qu'il soit muselé, le journalisme est libre et il est impossible au rural le plus tortueux de découvrir un décret qui, depuis le 4 Septembre, empêche un écrivain de qualifier Vinoy de pandour et Ducrot de cabotin.

Notre confrère n'a pas été pris les armes à la main, puisque le *Versailles-Journal* raconte qu'il était en habit bourgeois et qu'il se promenait. Son seul délit serait donc d'habiter Paris, au lieu d'avoir suivi les ducs d'En-Face qui ont cherché un refuge dans le département d'A-Côté.

Rester dans la capitale, quand tout ce qu'on peut compter de bien dans la poltronnerie française émigre à Versailles, tel est évidemment l'acte dont le triumvirat Thiers, Picard et Favre est en train de faire un délit. De sorte que ce sont les couards et les déserteurs qui, de l'autre côté de la Seine, sont considérés comme de purs patriotes, tandis que nous, qui poussons l'ingratitude jusqu'à garder notre poste dans la ville qui nous a élus, en nous chargeant de la défendre, nous sommes pour ce seul fait décrétés d'arrestation.

Le crime « d'habitation » n'avait été jusqu'ici prévu par aucun code. Eh quoi, lorsque toute la partie saine de la population s'est héroïquement sauvée jusqu'à Trianon, vous continuez à loger rue du Faubourg-Montmartre, 43! Comment! nous errons autour de la pièce d'eau des Suisses, et vous persistez à arpenter l'asphalte du boulevard des Italiens! Mais c'est de la rébellion pure et simple. Général Vinoy, empoigne-nous cet insurgé!

Voilà à quels raisonnements se livrent, dans leur nouveau Coblentz, les trois bonshommes en question. Nous ne serions pas surpris qu'ils n'arrivassent à s'arrêter eux-mêmes, en songeant qu'ils ont été autrefois nommés par cette ville maudite. En attendant que M. Jules Favre et ses collègues demandent de nouveau pardon à Dieu et aux hommes de posséder des immeubles dans la Babylone moderne, et qu'ils fassent donation aux hospices de toutes les maisons qu'ils y ont fait bâtir, on cherche par quels moyens les magistrats qui rendent aujourd'hui, à Versailles, la justice sous un chêne, vont se tirer de l'affaire Lockroy. A moins qu'un Galliffet quelconque ne le fasse passer dans un champ pour l'y fusiller sans jugement, comme le général Duval.

Quant à l'accusé, sa défense est bien simple. La seule réponse qu'il ait à faire à ses juges est celle-ci :

« M. Thiers a déclaré publiquement que le personnel de l'insurrection de Paris se composait de vingt mille repris de justice. Je ne suis pas repris de justice; donc je n'ai pu prendre part à l'insurrection de Paris. »

Ce qui éclatait surtout, tant à propos des négociations pacifiques que des conflits armés, c'était l'extraordinaire mauvaise foi de Thiers. Quelques députés de la droite, croyants sincères et pour qui la religion n'est pas un simple moyen de gouverner, lui ayant demandé, à la nouvelle de l'exécution de l'archevêque et de l'abbé Deguerry, pourquoi il n'avait pas répondu aux suppliques de ces derniers, qui réclamaient eux-mêmes leur échange avec Blanqui, il eut l'effronterie de répondre :

— Rien ne me prouvait que leurs lettres étaient authentiques.

Or, c'était le vicaire général Lagarde qui les lui avait apportées de la part des deux détenus, dont il était d'ailleurs on ne peut plus facile de constater les écritures.

Comme nouvel exemple de fourberie, il avait rédigé et fait afficher dans toutes les communes une circulaire adressée aux préfets, et contenant, entre autres imaginations, ce passage stupéfiant :

« Les insurgés vident les principales maisons de Paris pour en mettre en vente le mobilier au profit de la Commune, ce qui constitue la plus odieuse des spoliations. »

Nous lui demandâmes qu'en présence d'une assertion aussi précise il voulût bien au moins nous indiquer une seule maison où un mobilier eût été mis en vente au profit de la Commune, qui du reste n'avait besoin de vendre aucun meuble, puisqu'elle avait en son pouvoir les caisses de la Banque de France.

Mais Thiers tenait à promener, sous les yeux des populations, le spectre du pillage et il le promenait sans se préoccuper d'autre chose, surtout de la vérité. Cette calomnie sous sa plume était d'ailleurs d'autant plus déloyale qu'à ce moment les obus versaillais crevaient les immeubles de l'avenue des Champs-Elysées et qu'il fallait payer d'une rare audace pour invoquer le respect des propriétés privées.

A la rigueur même, il eût été moins criminel de vendre les maisons que de les démolir.

Et, élevant l'impudence à la hauteur d'une institution gouvernementale, il niait en ces termes que le gouvernement de Versailles bombardât Paris :

« Si, ajoutait-il dans sa circulaire, quelques coups de canon se font entendre, ce n'est pas son fait, mais celui de quelques insurgés voulant faire croire qu'ils combattent lorsqu'ils osent à peine se faire voir. »

A ces pitreries de clown forain, nous opposions dans le *Mot d'Ordre* ces arguments contre lesquels il n'y avait guère de réplique :

Ainsi l'Arc de Triomphe porte sur ses bas-reliefs quatre-vingts traces d'obus. La rue Galilée est devenue inhabitable, les toits d'alentour s'effondrent sous les bombes, et ce ne sont pas les troupes de Versailles qui tirent sur Paris! Mais qui diable est-ce donc? Les troupes de la Commune, peut-être, qui écornent elles-mêmes les monuments pour laisser supposer que M. Thiers est capable de bombarder la capitale qui l'a élu, à une maigre majorité du reste.

Quant aux insurgés « qui veulent faire croire qu'ils combattent, quand ils osent à peine se faire voir », l'*Iliade* d'Homère ne contient rien de comparable. Mais vos journaux, officiel et officieux, publient tous les jours les chiffres de vos pertes. Si « les insurgés » font semblant de combattre, les Versaillais transportés dans vos ambulances font donc semblant d'être blessés, quand ils ne font pas semblant d'être morts?

Voilà où en est M. Thiers comme bon sens, comme véracité et comme rédaction. Et il n'a que soixante-quinze ans! Cet homme est décidément bien vieux pour son âge.

Ce qui, cependant, troublait profondément le vieux Thiers dans sa sécurité quelque peu affectée, c'était la crainte de voir le mouvement communaliste se propager en province. Plusieurs grandes villes avaient menacé Versailles de proclamer la Commune si on n'arrivait pas à une transaction avec Paris. Cinq délégués de Lyon étaient venus trouver Floquet qui les avait conduits chez Thiers. Le bombardeur, en présence des dispositions d'un certain nombre de départements, avait à peu près promis d'entamer des négociations.

Je dis à peu près, parce qu'il n'avait dit ni oui ni non, ce qui l'avait dispensé de mentir une fois de plus.

D'autres délégués, ceux de la ville de Saint-Omer, avaient fait la même démarche auprès du chef du pouvoir-exécutif et celui-ci leur avait donné la même réponse. Toutefois, ce qui marquait suffisamment son inquiétude, il leur avait délivré à tous, ceux de Lyon comme ceux de Saint-Omer, des saufs-conduits pour se rendre à Paris et voir les membres de la Commune, afin d'essayer d'une entente.

La canonnade n'en continuait pas moins, d'autant que la décision formellement arrêtée de Thiers était de laisser fusiller l'archevêque, ce qui, en exaspérant les royalistes, devait mettre fin à tout arrangement possible.

Comme j'étais allé du côté de l'avenue des Ternes, vers les dix heures du matin, constater les dégâts, je vis un monsieur tenant par la main une petite fille d'environ neuf ans, très proprement mise et qui pleurait à chaudes larmes.

La pauvre enfant expliquait qu'elle était sortie avec sa mère pour aller chercher du lait et que celle-ci, ayant reçu une balle dans le bras, avait été conduite à l'hôpital Beaujon. Elle répétait à travers ses sanglots :

— Je veux voir maman ! Où est-il, l'hôpital Beaujon ?

Le monsieur, très complaisamment, l'y conduisait, quand il poussa tout à coup un cri : il venait d'être atteint par un éclat d'obus dans la jambe droite.

On se précipita sur lui. Il fut étendu sur une civière et transporté à ce même hôpital Beaujon où il conduisait la petite fille, qui suivit le cortège et put ainsi embrasser sa mère dont heureusement la blessure n'était pas très grave.

Nier le bombardement était donc, de la part de Thiers, se jouer un peu témérairement de la crédulité publique. Il faisait, au reste, de nombreux élèves. Le critique dramatique Francisque Sarcey, passé accidentellement homme politique pendant le chômage des théâtres, racontait dans le *Gaulois*, publié à Versailles, avec des détails minutieux, le « pillage » et le « déménagement » de l'hôtel de Thiers, et me dénonçait comme le déménageur en chef.

On jugera de la valeur du récit par le paragraphe suivant :

« Le nombre des femmes était surtout considérable. La plupart tenaient le *Mot d'Ordre* à la main et le déménagement s'est opéré au cri de : *Vive Rochefort ! vive Rochefort !*

« Pauvre Rochefort ! En être venu là que son nom serve de mot de ralliement à un acte de brigandage et qu'il ait pu, même un seul jour, être invoqué comme *le patron des voleurs !* Quelle chute et quelle punition ! »

Or tout Paris savait et tout Versailles pouvait savoir qu'à cette date, c'est-à-dire au 18 avril, pas une épingle n'avait été enlevée de l'hôtel de la place Saint-Georges, où les scellés avaient été d'ailleurs apposés en vertu du décret de la Commune qui avait mis sous séquestre les biens du bombardeur.

L'histoire des femmes dévalisant la maison au cri de : *Vive Rochefort !* eût donc été risible si elle n'avait intentionnellement préparé l'opinion aux abominables représailles de Mai. C'est nous qu'on appelait pillards et c'est nous qui, pendant le sac de Paris, fûmes désastreusement pillés.

Afin de manifester sa haine contre les deux Bonaparte qui nous avaient valu trois invasions, la Commune avait décrété la démolition de la colonne Vendôme :

> Ce bronze que jamais ne regardent les mères,
> Ce bronze grandi sous leurs pleurs.

J'avais, dans une courte note, fait observer qu'une destruction s'imposait plus encore que celle de la colonne Vendôme, c'était celle de la Chapelle expiatoire, laquelle constituait une insulte permanente à la Convention nationale qui avait, à l'unanimité, condamné Louis XVI à mort pour avoir appelé l'étranger en France. Cette protestation contre la République ne pouvait être tolérée plus longtemps.

La colonne fut abattue, mais la Chapelle expiatoire resta et est encore debout. Seulement les capitaines instructeurs près les conseils de guerre croupissaient dans une telle ignorance des actes de la Commune que, sur la lecture du *Mot d'Ordre*, ils visèrent à mon égard la suppression de ce monument que personne n'avait supprimé.

De sorte que je fus condamné pour avoir contribué à démolir la Chapelle expiatoire, qui n'a jamais été démolie et où, à tous les anniversaires royalistes, on continue à célébrer des messes.

C'est au point que lorsque, après l'amnistie de

1880, j'opérai ma rentrée à Paris, je fus on ne peut plus surpris de constater que pas une pierre n'avait été enlevée à cet édifice, que je croyais par terre, ayant été, pour l'y avoir jeté, dirigé sur la Nouvelle-Calédonie.

J'aurais même eu le droit de réclamer la revision de mon procès, comme le pourrait faire un homme condamné pour avoir assassiné une personne parfaitement vivante.

L'arrestation de Lockroy, coupable de promenade en dehors des fortifications, avait été, malgré nos protestations, suivie de son incarcération définitive. Mais, toujours cauteleux, Thiers alla en personne rendre visite au prisonnier et lui fit cette proposition toute versaillaise :

On s'était aperçu, à la questure, que sa démission de député n'avait pas été régulièrement transmise au président de l'Assemblée. En conséquence, il pouvait, si le cœur lui en disait, continuer à se considérer comme inviolable et réoccuper son banc dans la salle du théâtre de Versailles.

Mais le cœur ne lui en dit pas. Il déclara que sa démission avait été assez sérieusement donnée pour qu'il n'éprouvât aucune envie de la reprendre et qu'ayant été fait prisonnier contre le droit des gens, il n'avait aucun motif pour tirer le gouvernement de l'illégalité où il s'était mis.

Thiers se retira assez déconfit et Lockroy resta détenu jusqu'à la fin de la Commune. Mais s'il avait accepté l'offre déloyale du vieux Thiers, celui-ci se serait empressé de faire savoir à tous que M. Lockroy, écœuré des exécutions, pillages et autres attentats qui se commettaient à Paris, était venu à Versailles demander à retirer sa démission et à reprendre sa place à la Chambre.

Aux violences du soi-disant parti de l'ordre, la Commune ou tout au moins quelques-uns de ses membres répondaient quelquefois aussi par des coups d'arbitraire contre lesquels je m'élevais nettement et même insolemment, sans prendre suffisamment garde au danger qui pouvait en résulter pour moi. Un article que j'avais intitulé : *les Injures gouvernementales*, mit le feu aux poudres — à des poudres qui n'éclataient plus contre les Versaillais seulement. — Voici le morceau, qui me plaçait comme entre deux selles ou plutôt entre deux murs, en m'exposant aux rancunes des deux partis.

Je suis insulté dans les termes les plus grossiers par le sieur Vésinier, membre de la Commune à la minorité de faveur (pas même le huitième) et rédacteur d'un journal auquel collaborent deux autres membres du gouvernement de l'Hôtel-de-Ville.

L'être biscornu qu'on appelle Vésinier, et dont l'aspect comme le style donne plus envie de vomir que de discuter, mériterait que je lui fisse observer qu'il est bien maladroit à lui de parler de cordes dans la maison d'un pendu, son propre rédacteur en chef, membre comme lui du gouvernement, ayant été naguère non seulement rédacteur du *Figaro*, mais collaborateur à l'*Etendard*, de l'escroc Jules Pic, et à l'*Epoque*, du ministre Clément Duvernois.

Mais Vésinier, qui n'a jamais été grand'chose nulle part, est moins que rien dans cette affaire, et l'idée de soutenir une polémique contre cette racine de buis ne me vient même pas, ma personnalité ne se semblant pas engagée ici le moins du monde. On sait, en effet, que je suis entré au *Figaro* pour y dire toute ma pensée et que j'ai dû le quitter parce que je la disais. Ce qui est grave, et ce que je tiens à constater, c'est que la Commune, tout en s'appliquant le droit de supprimer les feuilles qui l'attaquent, laisse tranquillement trois de ses membres rédiger un journal où sont outragés des républicains qui, eux, n'ont aucun moyen, même illégal, de supprimer les papiers qui les vilipendent.

Puisque la Commune possède l'autorité voulue pour faire taire ceux qui l'insultent, elle, je la somme d'employer cette autorité pour empêcher qu'on m'insulte, moi. Elle ne peut pas arguer des immunités dont jouit la presse, puisque dix journaux gisent actuellement sur le carreau. Dire aux journalistes qu'elle compte dans son sein :

« Traînez aux gémonies ceux qui vous déplaisent ou qui vous font concurrence, ce n'est pas moi qui m'y opposerai. En revanche, je me réserve de briser toutes les plumes qui porteront atteinte à ma souveraineté »,

c'est, en repoussant toute tentative dirigée contre soi, accepter jusqu'à un certain point la responsabilité des calomnies ou des injures dirigées contre d'autres. Et si on réfléchit que ce sont les dépositaires eux-mêmes de ce pouvoir extraordinaire qui procèdent ainsi impunément à la démolition de leurs confrères en journalisme, on est fondé à se demander si ce n'est pas la Commune qui signe elle-même les ordres d'éreintement et si, après avoir supprimé publiquement ceux qu'elle considère comme des royalistes, elle n'essaierait pas de faire dépopulariser sournoisement, par ses Vésiniers ordinaires, les hommes qu'elle ne pourrait décemment désavouer comme républicains.

Henri Rochefort.

Ce qu'on a appelé plus tard « l'état d'âme » était à ce point différent dans Seine-et-Oise et dans la Seine que le représentant Jean Brunet ayant présenté à l'Assemblée quelques considérations de nature à arrêter l'effusion du sang, toute la droite s'était écriée :

— On ne traite pas avec les brigands !

Exclamation que je commentais ainsi :

Les premières élections communales ont réuni cent quarante mille votants. C'est évidemment de ces brigands-là que les députés de Versailles ont voulu parler. Si l'on y ajoute les quatre-vingts autres brigands nommés par les cent quarante mille précités, nous arrivons, comme brigandage, à un total qui frise l'invraisemblance.

Malheureusement il se trouve, tant parmi les électeurs que parmi les élus, un certain nombre de ces brigands que le peuple avait précisément chargés, bien avant le 18 Mars, d'aller le représenter à Bordeaux. Ainsi le brigand Malon a obtenu cent trente mille voix, le brigand Delescluze cent cinquante-trois mille, le brigand Cournet cent dix mille et le brigand Félix Pyat cent quarante et un mille.

Que pensez-vous de cette ville étrange qui, sachant qu'elle possède dans son sein des bandits d'une espèce aussi dangereuse, au lieu de les mettre hors la loi et de leur courir sus, les prie d'aller défendre leurs intérêts contre les honnêtes représentants de Fouilly-les-Bestiaux et de Coulanges-les-Abrutis?

Ni hommes, ni femmes, tous brigands! telle est notre situation aux yeux des Versaillais. Les journalistes qui, comme nous, appuient la Commune, brigands; les hommes politiques qui en font partie, brigands également. Il est vrai que les pensionnaires de la maison de santé parlementaire ont imaginé un moyen jusqu'ici inconnu de combattre le brigandage, c'est d'envoyer contre lui des honnêtes gens qui s'appellent Vinoy, Galliffet et même Canrobert, aujourd'hui officiellement installé à Versailles.

Nous reçûmes d'un Parisien devenu momentanément Versaillais malgré lui, cette correspondance qui l'eût fait passer par les armes si on l'avait saisie sur lui et qui expose admirablement la situation telle qu'elle se déroulait au moment où il nous écrivait :

Entre le Pékin rural que gouverne Thiers et la capitale française, il y a une muraille en porcelaine dont rien ne peut définir l'épaisseur. On n'y parle même plus la même langue; les mots ont perdu leur signification habituelle et logique. Rollet s'appelle ici un honnête homme.

Cette métamorphose du langage apparaît brusquement dès les premiers pas que l'on fait sur le territoire versaillais. Ce territoire, aux dernières nouvelles, commençait au travers d'une route qui va de Gennevilliers à Colombes. Là sont les premiers avant-postes de l'armée royale. Là, de jeunes lignards qui n'attendent que l'ancienneté pour passer sergents de ville arrêtent les voitures et interrogent les voyageurs en ces termes :

— Eh! là-haut, n'y a pas de voyous dans votre boîte?

Quand on sort de Paris, où les gardes nationaux vous demandent vos papiers en vous appelant poliment « citoyen » ou « monsieur », cela vous produit une impression désagréable. Les « voyous », il est bon de le dire, ce sont les gardes nationaux de Paris.

Voici, maintenant, ce que sont les gardes nationaux de Versailles :

A partir de la montée qui grimpe de Bougival à Versailles, on rencontre, de kilomètre en kilomètre, des groupes de gardes nationaux ayant la bordure inférieure du képi recouverte d'une bande de coton blanc. A cent pas on dirait des gendarmes.

C'est la légion des anciens agents de police qu'on a habillés ainsi et distingués de la sorte depuis un certain matin où, près de Rueil, leurs amis les gendarmes en ont tué près de trois cents, les prenant pour des défenseurs de Paris. Les agents de police avaient beau mettre la crosse en l'air et crier : « Ne tirez pas! » les gendarmes, fidèles à la consigne, tiraient sans pitié. Quand les cris eurent cessé et que les gendarmes s'approchèrent pour compter les morts, ils s'aperçurent qu'ils avaient canardé leurs camarades de la Préfecture. C'est depuis ce jour-là qu'on leur a donné la bande blanche. Tout ce qui ne porte pas cette marque distinctive est fusillé.

Les agents de la Sûreté proprement dits (pardon pour le mot proprement) ne font pas partie de ce corps. Ils sont déguisés en mobiles et ont pour officiers les anciens officiers de paix. J'ai rencontré tout à l'heure le misérable qui dans la soirée du 3 septembre, a tiré sur les passants boulevard Bonne-Nouvelle, devant le Gymnase. Il est capitaine et les soldats de Mac-Mahon lui portent les armes dans la rue.

Quand on arrive de Paris à Versailles par Montretout, Bougival, Buzenval, la Jonchère, qu'on se rend compte de l'effort accompli le 19 janvier, qu'on mesure le peu de temps et de peine qu'il en aurait coûté après cela pour prendre Versailles où les Prussiens affolés faisaient leurs malles en toute hâte, on comprend combien furent coupables les hommes qui avaient accepté la responsabilité de défendre Paris, et le plus indulgent se demande si vraiment il n'y a eu dans l'abandon de ces avantages que de l'incapacité et de la bêtise.

En dehors des agents de police, il y a peu de gardes nationaux ici, — de simples gardes, s'entend, — mais les officiers foisonnent. Ce sont des réfractaires qui ont fui jusqu'ici l'accomplissement de leur devoir civique. Ils vivent ici grassement aux frais du budget. Chacun d'eux est pourvu d'un billet de logement chez l'habitant et touche une indemnité qui varie de 2 à 5 francs par jour. Leur armement se compose du kepi, et leur service, de longues parties de dominos à quatre à la brasserie Alsacienne, place d'Armes.

Le soir, le service change et tous ces képis galonnés se ruent en masse dans les bouges de la rue de Marly et de la rue Basse où l'orgie crapuleuse se prolonge jusqu'au matin. Là commandants et soldats trinquent ensemble en embrassant de compagnie les maritornes délaissées par les Prussiens. C'est ce que M. Thiers appelle la plus belle armée de France.

Il y a cependant au château, dans la salle du cinquième étage, à gauche, au-dessus de la Préfecture de police, un bureau d'enrôlement pour les volontaires de la garde nationale de Paris. Dans ce bureau, il y a autant de tables et de listes qu'il y a d'arrondissements à Paris. A chaque table trône un officier d'état-major. De mémoire de planton, on n'a vu un seul enrôlement.

Tous les soirs à cinq heures, pendant que messieurs de Versailles prennent l'absinthe dans les cafés qui bordent la place d'Armes, on fait défiler dans l'avenue une compagnie de lignards escortant une demi-douzaine de pauvres diables en blouse que l'on conduit en grand appareil en prison. Ils figurent les prisonniers du jour dans la comédie militaire qui se joue ici. Un habitant de Versailles m'affirme que ce sont toujours les mêmes. Le soir, quand les cafés sont clos, un autre cortège défile, moins solennel et moins bruyant. Ce sont les longues files de cacolets et de voitures ramenant les blessés.

Les détachements militaires arrivent par petits pelotons. On ne paraît guère compter sur leur enthousiasme, car on ne les envoie jamais au feu qu'entourés de gendarmes. Ceux-ci sont le grand espoir de l'armée rurale, aussi les choisit-on tout particulièrement. On a trouvé tout exprès, pour les récréer, un polisson de lettres qui fait ici une contrefaçon du *Père Duchesne*. Chaque matin, de petits voyous se répandent dans la ville criant : *La grande joie ou la grande colère du bon gendarme*, selon que les confrères de celui-ci ont fui plus ou moins rapidement devant les « jean-foutres » de communeux.

La Commune faisait malheureusement le jeu des Versaillais en acceptant pour élus des candidats qui avaient, faute de votants, obtenu un nombre tellement dérisoire de voix qu'ils semblaient s'être nommés eux-mêmes. Les scrutins se passaient en famille au point qu'un citoyen se trouvait membre de la Commune au sortir d'une chambre où il était resté enfermé quelques instants avec une dizaine de camarades.

Un tel ridicule en rejaillissait sur le peuple de Paris tout entier que Rogeard écrivit aux membres de la Commune une lettre pour protester contre la validation de son élection qu'il n'acceptait pas, n'ayant même pas obtenu le *quorum* le plus indispensable pour représenter une circonscription.

Nous avions, au *Mot d'Ordre*, énergiquement dénoncé ces mauvaises plaisanteries électorales et malgré son hostilité manifeste contre moi, Félix Pyat se prononça dans notre sens, faisant spirituellement remarquer « que les élus n'avaient pas le droit de remplacer les électeurs ».

« Née du vote, ajoutait-il, la Commune se suicide en se complétant sans lui ». Puis il prévenait ses collègues qu'il donnerait plutôt sa démission que de s'associer à cette usurpation du pouvoir électif.

Ces tiraillements, qui menaçaient d'aboutir à des scissions totales, redonnaient du cœur au ventre aux assiégeants qui avançaient tous les jours davantage, recevant sans cesse de nouvelles troupes prisonnières des Prussiens et que ceux-ci leur rendaient. Aussi, presque journellement se tenait-il, sous la présidence de Mac-Mahon, des conseils de guerre où l'on discutait les deux questions : celle de l'envahissement et celle de l'affamement de Paris. Mais pour y arriver il était d'abord indispensable de l'investir et nous répondions aux communications menaçantes du vieux grognard :

— Jusqu'à présent, Thiers seul est investi... du titre de chef du pouvoir exécutif.

Mais la suspicion qui régnait vaguement dans la population, où on voyait partout des agents de Versailles, avait fini par s'implanter dans la Commune même. La lettre de Félix Pyat refusant de valider des élections qui, de plein droit nulles et non avenues, n'étaient pas validables, lui valut une demande de mise en accusation et d'arrestation immédiate déposée par un de ses collègues de l'Hôtel-de-Ville, qui, à l'instar des Trochu, des Jules Favre et des Vinoy, réclamait comme complément la suppression de tous les journaux.

Bien que Pyat m'eût signalé moi-même à la défiance générale, je pris énergiquement, devant cette proposition stupide, la défense du vieux proscrit. On jugera par les lignes qui suivent de ma facilité à sacrifier à l'occasion mes rancunes particulières :

Défions-nous des réactionnaires, mais défions-nous aussi des excentriques. Grâce à la publicité donnée récemment aux séances de la Commune nous avons appris qu'un des membres du gouvernement de l'Hôtel-de-Ville avait demandé l'arrestation immédiate du citoyen Félix Pyat, tandis qu'un autre réclamait presque en même temps la suppression de tous les journaux pour ne laisser subsister que l'*Officiel*.

Le perroquet mélancolique qui habite aujourd'hui la ville de Londres, après avoir trôné si longtemps sous le nom de Napoléon III, dans la ville de Paris, rira évidemment beaucoup lorsqu'il lira le compte rendu de la séance où ces deux propositions également saugrenues ont été mises en avant.

Rien, en effet, ne saurait être récréant pour lui comme de voir que le rêve, qu'il a caressé vingt ans, d'arrêter Félix Pyat, un de ses plus dangereux ennemis, et de supprimer d'un seul coup toutes les feuilles politiques, ce sont précisément deux membres de la Commune républicaine qui demandent à le réaliser.

En effet, s'il est question d'arrêter Félix Pyat, qui n'arrêtera-t-on pas? Nous n'avons pas mission de défendre le rédacteur en chef du *Vengeur*, qui saura bien s'expliquer dans son journal ; mais nous ne pouvons oublier qu'il combat depuis trente ans pour les idées qui triomphent aujourd'hui.

Il peut exister à Paris un groupe de républicains qui regardent Robespierre comme un rétrograde, et qui s'écrient volontiers :

— Ce royaliste de Saint-Just !

Mais nous aimons à croire que les originaux qui font partie de ce cénacle ne sont pas représentés dans les conseils de la Commune. Nous sommes donc extrêmement surpris que les paroles de l'inconnu, probablement désireux de se faire connaître, qui a osé prendre l'initiative de la monstruosité rapportée par l'*Officiel*, n'aient pas soulevé plus de protestations de la part des membres présents à la séance.

Seul, le citoyen Arthur Arnould s'est élevé avec énergie contre cette maladie contagieuse qui semble gagner les hommes de l'Hôtel-de-Ville de s'appréhender mutuellement au corps à la moindre controverse. On a reproché à la Convention de s'être décimée elle-même. Mais au moins elle se composait de sept cent cinquante membres, ce qui lui donnait de la marge. La Commune en compte à peine quatre-vingts, y compris les démissions, et, du train dont elle y va, il lui faudrait à peine quelques repas pour s'entredévorer.

Thiers, que nous appelions le « serpent à lunettes », se réjouissait de ces polémiques. Il se voyait déjà maître de Paris, au point qu'on eût toutes les peines du monde à le faire consentir à une suspension d'armes destinée à permettre aux habitants de Neuilly d'évacuer la ville, devenue intenable tant les boulets y faisaient rage.

L'exécutif versaillais opposa même à cette mesure humanitaire tant de fins de non-recevoir que la date de la suspension d'hostilités en fut retardée d'un jour, ce qui faillit provoquer des drames. Beaucoup d'habitants de Neuilly avaient déjà empilé leurs meubles dans les voitures de déménagement, quand la canonnade, au lieu de cesser, reprit plus violente que jamais, de sorte que les malheureux émigrants durent précipitamment réintégrer les caves où ils vivaient depuis plusieurs jours.

L'exode fut remis au lendemain et le défilé des locataires par l'Arc-de-Triomphe et les Champs-Elysées, traînant eux-mêmes, faute de chevaux, des charrettes à bras où ils s'étaient attelés, fut saisissant. C'était une de ces gravures de Callot dont il a intitulé la série :

Les horreurs de la guerre.

Et, pour comble de misère, c'étaient les horreurs de la guerre civile.

La grande majorité des Parisiens persistait à réclamer la conciliation que le sanglant Tom-Pouce qui régnait à Versailles continuait à repousser comme attentatoire à sa dignité souveraine. Tout le monde s'était pourtant attelé à cette œuvre d'entente : la *Ligue des droits de Paris,* les délégués de Lyon et les loges maçonniques dont Thiers avait reçu presque brutalement les représentants.

La façon dont il les avait éconduits démontrait une fois de plus que c'était bien Picard et Thiers qui avaient cherché et organisé la terrible lutte et préparé la boucherie finale. Systématiquement, pendant ces deux mois de massacre, ils se sont dérobés à toutes les combinaisons comme à toutes les offres susceptibles d'arrêter l'écoulement du sang.

Il est utile de le répéter pour que l'histoire qui reste à faire de cette période atroce inscrive définitivement à l'actif du gouvernement de Versailles les monceaux de cadavres qui, pendant la semaine sanglante, ont empesté Paris.

Dufaure, ministre de la justice, semblait même tellement craindre un arrangement précurseur de la fin de la guerre qu'il adressait à ses administrés une circulaire où il signalait, comme aussi criminels que les outranciers, les conciliateurs parisiens.

— Ne vous laissez pas arrêter, disait-il, lorsque dans un langage plus modéré en apparence, *sans être moins dangereux*, les journalistes se font les apôtres d'une conciliation à laquelle ils ne croient pas eux-mêmes.

A cette note qui me visait certainement, moi et mon journal, je ripostai par cette sortie :

Le *Mot d'Ordre* a été supprimé par le fuyard Vinoy, aujourd'hui grand crachat de la Légion d'honneur, sous prétexte que mes collaborateurs et moi prêchions la guerre civile. La circulaire Dufaure nous apprend que désormais les journaux seront punis quand ils prêcheront la conciliation. Les misérables écrivains qui trouveront mauvais que des femmes soient renversées par des obus dans les avenues qu'elles traversent pour aller faire leurs provisions, et qui proposeront un moyen quelconque, fût-il excellent, de faire cesser les hostilités, sont dès aujourd'hui assimilés par le ministre de la justice versaillaise aux criminels les plus endurcis.

Vous êtes parti pour Versailles, mais votre père est resté à Paris. Le jour où vous apprenez qu'une bombe venue du Mont-Valérien a pénétré dans sa chambre et l'a coupé en deux dans son lit, vous devez demander à grands cris la continuation de la guerre civile, sous peine d'être considéré par l'honnête Dufaure comme un ennemi de la propriété et même de la famille.

Nous l'avons remarqué souvent : il n'y a que les modérés pour être impitoyables. Si encore ils n'étaient que féroces ! mais ils sont stupides. C'est, du reste, ce qui nous sauve. Pas un des soi-disant ministres qui ont assisté à l'élaboration du manifeste qui fait aujourd'hui la joie de tous les amis de la franche gaieté n'a songé que la province, à qui il est adressé, allait s'écrier comme un seul département :

— Comment ! voilà un mois qu'ils éventrent Paris, qu'ils trouent les monuments publics et les propriétés privées, et si par hasard quelqu'un avait l'idée de leur faire observer qu'en voilà peut-être assez, ils déclarent d'avance que ce téméraire sera puni selon la rigueur des lois ! Ce ministère-là a donc été recruté dans les cages du Jardin des Plantes !

Mais c'était la haine de tout ce qui n'appartenait pas à la réaction la plus sinistrement cléricale. Garibaldi, lui-même, qui venait de se battre pour nous comme un lion, donnant à tant de nos incapables généraux des leçons de tactique et de bravoure, Garibaldi était considéré par Thiers et son entourage comme un simple révolté de la Commune. Qu'on lise cette dépêche confidentielle, émanée de Versailles et transmise par le préfet du Var au préfet maritime de Toulon. Elle est odieuse, mais étrangement instructive :

Confidentielle.

Versailles, 28 mars, 10 heures du matin.

Garibaldi et ses fils ne doivent pas entrer en France. S'ils y sont entrés, veuillez les faire arrêter. Vous vous entendrez à cet effet avec les autorités judiciaires pour assurer l'exécution de cet ordre.

Signé : Général LAPORTERIE.

Ainsi, pour couper nettement le câble qui aurait pu le relier encore à la démocratie et donner aux Lorgeril, aux Barascud et aux Batbie de la Chambre de nouveaux gages de sa soumission, Thiers signait un ordre d'arrestation contre le plus admirable et le plus illustre défenseur des peuples opprimés, le grand libérateur de l'Italie, le héros de Marsala, dont les mains étaient encore noires de poudre française et fumantes de sang prussien.

Au point de vue du respect dû à un grand homme et de la reconnaissance vis-à-vis d'un soldat qui plus qu'aucun autre avait contribué à sauver notre honneur, je ne crois pas qu'on ait jamais rien conçu de plus scélérat. Tels étaient les hommes contre lesquels Paris combattait.

Au surplus, les projets de restauration monarchique s'agitaient ouvertement dans les cercles parlementaires et les conseils gouvernementaux. La seule question en litige était celle de décider laquelle des deux branches, l'aînée ou la cadette, remonterait sur le trône, dont leurs chefs avaient été successivement chassés.

En attendant la solution que tous supposaient inévitable, les journaux de Versailles annonçaient officieusement, et comme la nouvelle la plus correcte, que le duc d'Aumale et le prince de Joinville venaient d'arriver dans l'Orne, près d'Alençon, où ils logeaient au château de M. d'Audiffret-Pasquier, député à l'Assemblée nationale.

Or Thiers avait juré de faire respecter et de défendre la République. C'était même à ce serment qu'il devait d'avoir apaisé l'effervescence républicaine de certaines villes qui menaçaient de se proclamer en Commune. Un décret de bannissement interdisait à la famille d'Orléans le séjour de la France, et deux des fils de Louis-Philippe, au mépris de la loi, étaient publiquement installés chez un membre de la droite de la Chambre.

Le manquement à la parole donnée n'était donc pas niable de la part de Thiers, qui tolérait et protégeait la violation d'un décret non rapporté. Ce n'étaient plus seulement les orléanistes, mais les d'Orléans eux-mêmes qui venaient conspirer chez nous.

Il refusait la conciliation que lui proposaient les insurgés de Paris, mais il se conciliait et se réconciliait parfaitement avec ceux de Twikenham. Il poussait même l'indulgence jusqu'à les héberger. Aussi faisais-je remarquer :

« On a calomnié M. Thiers. Il est impossible de se montrer plus conciliant et je suis convaincu que si nous lui proposions un arrangement sur la base d'une restauration orléaniste, cet homme petit, mais loyal, s'entendrait immédiatement avec la Commune. »

Blanqui, fait prisonnier en province après sa condamnation pour le mouvement du 31 octobre, était traité avec moins de sollicitude. Au lieu de le rendre aux élus de l'Hôtel-de-Ville qui en échange auraient donné à l'archevêque et au curé de la Madeleine la liberté et un passeport, Thiers n'avait pas hésité à le transformer en otage, imitant ainsi la Commune, contre laquelle il fulminait.

Loin même de le considérer comme un détenu ordinaire, on en avait fait une sorte d'homme au masque de fer, sur lequel pesait le silence de la tombe. Sa sœur avait demandé sinon à lui rendre visite, au moins à connaître le lieu de sa détention. Mais on le tenait dans des oubliettes dont le secret n'était révélé à personne, ce qui me faisait pousser ce cri d'indignation :

Blanqui, condamné à mort par contumace, est découvert et arrêté, soit. Il ne reste plus, au gouvernement qui l'arrête, qu'à le conduire devant ses juges pour l'y faire juger contradictoirement. Mais les amants de la légalité casernés à Versailles ont trouvé plus commode, après avoir refusé à leur prisonnier même le conseil de guerre auquel il a droit, de le calfeutrer dans un cachot quelconque, et de l'y laisser tellement au secret, que personne ne sait dans quelle prison on le détient et s'il y est mort ou simplement moribond.

Voilà qui passe toutes les bornes de la folie furieuse. La loi qui autorise cette chose monstrueuse et inutile qu'on appelle « le secret » n'a jamais, à aucune époque et sous aucun pouvoir, quelque féroce qu'il fût, permis la suppression, c'est-à-dire la disparition de l'accusé. Celui-ci « doit toujours être représenté, dit le Code, à la première réquisition de la « famille », afin qu'il soit constaté au besoin qu'il n'a pas été assassiné dans sa prison par ceux qui auraient intérêt à sa mort.

Or, à la lettre si touchante de la sœur de Blanqui, demandant sinon à voir son frère, du moins à savoir dans quel tombeau et sous quelle pierre sépulcrale les geôliers versaillais avaient bien pu l'ensevelir vivant, le jurisconsulte Thiers, flanqué du jurisconsulte Dufaure, a répondu qu'il refusait toute communication avec son détenu, et tout renseignement sur sa situation avant que l'ordre fût rétabli.

Eh bien! et l'article du Code qui est formel? Et la loi que vous invoquez à tout bout de champ, et que vous reprochez tant de méconnaître au gouvernement de l'Hôtel-de-Ville? Il n'y a pas deux façons d'apprécier la conduite de M. Thiers à l'égard de Blanqui : le cas a été prévu par les législateurs. Elle constitue le fait qualifié crime, et la réponse du chef du pouvoir exécutif à la demande de la famille le rend tout bonnement passible des galères.

Les loges maçonniques ne se contentèrent pas de protester par voie de manifeste, elles se réunirent pour une grande démonstration qui, sous les obus et drapeaux déployés, témoignerait du désir de conciliation dont elles étaient toutes animées.

Il était difficile, après le défilé de cet énorme et imposant cortège, de continuer à qualifier de « poignée de factieux » les défenseurs de la Commune. C'était incontestablement un majestueux spectacle que celui de cette foule sans armes venant sur les remparts montrer à la force brutale l'indignation que celle-ci inspirait :

Dès neuf heures du matin, des masses compactes avaient envahi la rue de Rivoli, la place de la Concorde et les abords de l'Hôtel-de-Ville.

Une députation des membres de la Commune se dirigea alors, musique en tête, vers le Louvre à la rencontre de la manifestation franc-maçonnique.

Le cortège était composé de plus de dix mille francs-maçons avec les insignes de leur grade, bleus, rouges et noirs ; les officiers rose-croix portant au cou le cordon rouge: les chevaliers kadoches, l'écharpe en sautoir noire frangée d'argent ; et d'autres officiers, l'écharpe bleue avec passementerie d'or.

Les trois rites de France étaient représentés : le Grand-Orient, le rite écossais et le rite Misraïm.

Ces bannières aux couleurs variées donnaient à cette manifestation un caractère imposant et solennel. Sur tout le parcours, une foule immense se pressait dans les rues.

Le défilé avait lieu sur la place de la Bastille ; chaque bannière s'inclinait devant la colonne de Juillet.

Le cortège suivait la ligne des boulevards jusqu'à la Madeleine et arrivait à deux heures au rond-point de l'Arc de Triomphe de l'Etoile aux cris de : « Vive la Commune! vive la République! » auxquels répondait le bruit des bombes versaillaises.

Les délégués de chaque loge, suivis de leur porte-bannière, se réunissaient au coin de l'avenue de Wagram, formant un groupe de cent vingt hommes, précédés par un vénérable de l'ordre et un porte-bannière portant le drapeau parlementaire.

A ce moment, des obus qui semblaient dirigés contre les francs-maçons viennent tomber et éclater devant la colonne. Les francs-maçons se groupaient alors sous l'Arc de Triomphe, pendant que la délégation parlementaire, suivie de ses soixante bannières, descendait, calme et solennelle, l'avenue de la Grande-Armée au milieu du feu des obus.

En même temps, des bombes venaient, nombreuses et serrées, éclater sur le rond-point de l'Etoile et jusque dans l'avenue Friedland et l'ancien boulevard Haussmann. Un franc-maçon du rite écossais, atteint par un projectile, est emporté à l'hôpital Beaujon.

Des officiers supérieurs galopaient dans la direction de l'Arc de Triomphe. Après une courte conférence avec quelques chefs de la franc-maçonnerie, ils repartaient, salués par les acclamations de la foule.

Les bombes tombaient dru et menu dans le quartier. L'indignation populaire était à son comble.

Les délégués avaient atteint les remparts sans avoir eu un homme tué, malgré l'abondance des obus.

Quelques heures plus tard, la députation était de retour et les francs-maçons faisaient leur entrée dans la cour d'honneur de l'Hôtel-de-Ville, disposée à l'avance pour les recevoir. Les Vengeurs de la République et le 71° bataillon de la garde nationale faisaient la haie.

La Commune tout entière s'était placée sur le balcon de l'escalier d'honneur, devant la statue de la République, ceinte d'une écharpe rouge et entourée de trophées des drapeaux de la Commune.

Les bannières maçonniques vinrent se placer successivement sur les marches de l'escalier, étalant aux yeux de tous les maximes humanitaires qui sont les bases de la franc-maçonnerie et que la Commune s'était donné à tâche de mettre en pratique.

Une bannière blanche, entre toutes les autres, avait frappé l'attention.

Elle était portée par un artilleur et on lisait en lettres rouges :

« Aimons-nous les uns les autres. »

Dès que la cour est pleine, les cris de : « Vive la Commune! vive la franc-maçonnerie! vive la République universelle! » se font entendre de tous les côtés.

Cette tentative d'embrassement général avait été reçue à coups d'obus. Mais Thiers, désireux de creuser entre les combattants un fossé encore plus profond, prit la résolution toute prussienne d'affamer Paris. Il avait nié le bombardement, il nia le pacte de famine. Toutefois, l'ordre ci-dessous, qu'on lui jeta au nez, ne laissait aucun doute sur ses projets mortifères :

Creil, 24 avril, 11 h. 30 soir.

Le chef de station de Creil à M. Saisset, Inspecteur principal à Rouen.

En vertu d'une réquisition du commissaire de police délégué à Creil, tous les vivres et approvisionnements en destination de Paris sont arrêtés ici, avec ordre de les réexpédier sur le point de départ. Veuillez prendre les mesures nécessaires pour ne plus expédier de marchandises de cette nature sur cette destination.

Agréez, etc.
Le chef de la station de Creil.

Or, Thiers avait constamment déclaré qu'il faisait la guerre, non à la population parisienne, pour laquelle il continuait à ressentir la plus ardente sympathie, mais aux membres de la Commune, qu'il accusait de la tenir sous le joug au moyen d'un système de terreur sans exemple dans l'histoire.

Il aurait dû conséquemment se dire que l'affamement serait beaucoup moins funeste aux gouvernants qu'aux gouvernés. Pendant le premier siège, si quelques malheureux avaient succombé aux privations, pas un ne siégeait à l'Hôtel-de-Ville comme membre de la Défense nationale.

Affamer Paris était donc aller contre le but que le pouvoir exécutif affichait publiquement, puisque les plus sevrés eussent été non pas les hommes de la Commune, qu'il aurait voulu voir tous sur le radeau de la Méduse, mais bien ces habitants de Paris qu'il prétendait si innocents de tout ce qui se passait et qu'il persistait à croire si persécutés.

Mais Thiers savait qu'il n'avait pas besoin de logique pour convaincre ses ruraux, d'autant qu'en réalité Paris était à la fois sa bête noire et la leur.

Brusquement, sous une accusation indéterminée, le général Cluseret, délégué à la guerre, fut destitué et arrêté. Il faut croire que l'incrimination était assez vague, puisqu'il fut rendu à la liberté presque aussitôt. Mais il avait été pendant son incarcération remplacé par un tout jeune capitaine du génie, nommé Rossel, qui après avoir conspiré à Metz contre Bazaine dont il avait percé les projets de trahison, s'était fait jour à travers l'armée prussienne et, au lieu de prendre la route de Versailles, était venu à Paris se mettre à la disposition de la Commune.

Rossel était, je crois, plus batailleur et ambitieux que convaincu. Il avait dans le sang une sorte d'initiative américaine qui en faisait par nature un ennemi-né de cette discipline sans laquelle, assure-t-on, il est impossible de vaincre et avec laquelle on n'en est pas moins vaincu.

Il poussa activement les travaux défensifs et rendit pour quelques jours confiance aux fédérés qui étaient en proie à un découragement progressif. Aux sommations de Thiers qui tous les matins faisait dire aux Parisiens : « Rendez-vous ! » et qui se refusait à poser aucune condition, Rossel répondait par des proclamations d'une violence froide qui semblaient indiquer un homme sûr de lui.

Malheureusement, la dictature militaire, si étrangement exercée par Trochu, avait dégoûté les combattants de ce régime du sabre qui supprime la liberté sans assurer la victoire. Rossel eut les mains liées et, dans son dédain d'ancien capitaine de l'armée régulière pour les conseils et les injonctions des pékins de l'Hôtel-de-Ville, il exigea de tous l'obéissance qu'il déclara ne devoir à personne.

Les froissements ne tardèrent pas à se manifester entre la Commune et lui et le spectre de l'arrestation se dressa bientôt sur son horizon. Ce n'était cependant pas l'énergie qui manquait à ce chef d'insurrection, et c'était surtout d'énergie qu'on avait le plus besoin à ce moment critique.

La sommation suivante avait été adressée au commandant du fort d'Issy :

SOMMATION

Au nom et par ordre de M. le maréchal commandant en chef l'armée, nous, major de tranchée, sommons le commandant des insurgés réunis en ce moment au fort d'Issy d'avoir à se rendre lui et tout le personnel dans ledit fort.

Un *délai d'un quart d'heure* est accordé pour répondre à la présente sommation.

Si le commandant des forces insurgées déclare par écrit, en son nom et au nom de la garnison tout entière du fort d'Issy, qu'il se soumet, lui et les siens, à la présente sommation, sans autre condition que d'obtenir la vie sauve et la liberté, moins l'autorisation de résider dans Paris, cette faveur sera accordée.

Tranchées devant le fort d'Issy, 30 avril 1871.

Le colonel d'état-major de la tranchée,
Signé : R. LEPERCHE.

Rossel répondit au commandant versaillais :

Paris, 1ᵉʳ mai 1871.

Au citoyen Leperche, major des tranchées devant le fort d'Issy.

Mon cher camarade,

La prochaine fois que vous vous permettrez de nous envoyer une sommation aussi insolente que votre lettre autographe d'hier, je ferai fusiller votre parlementaire, conformément aux usages de la guerre.

Votre dévoué camarade,

Signé : ROSSEL,
Délégué de la Commune de Paris.

Un fait curieux, c'est que le citoyen Rossel et

le major Leperche étaient, lors de la capitulation de Metz, les principaux chefs du mouvement qui avait pour but de s'opposer par la force aux menées du traître Bazaine.

Mais cette attitude révolutionnaire ne rendit qu'une demi-confiance aux ombrageux de l'Hôtel-de-Ville qui, tout en se sentant à peu près perdus, redoutaient de devoir leur salut à un soldat.

Ce qui rongeait la Commune, désagrégeait le comité central et énervait la garde nationale, ce n'était ni le Prussien installé à deux pas de nous ni les obus de Thiers : c'était la défiance.

L'Hôtel-de-Ville se défiait du ministère de la guerre ; le ministère de la guerre se défiait de la marine ; le fort de Vanves se défiait du fort de Montrouge qui se défiait du fort d'Issy. Raoul Rigault se défiait du colonel Rossel et Félix Pyat se défiait de moi.

La défiance, qui de tout temps avait été la plaie du parti républicain, était passée à l'état de fléau. Pour peu qu'un homme eût joui de quelque omnipotence pendant quarante-huit heures, quinze voix, tout en se défiant les unes des autres, se réunissaient pour s'écrier :

— Arrêtons-le : il doit être vendu aux Versaillais!

En temps ordinaire, les soupçons de ce genre n'ont qu'une importance relative, mais quand, en pleine crise militaire, ils s'adressent à un général, ils dégénèrent promptement en calamité publique.

Le temps pressait, Versailles était à nos portes, et, tandis que les détenteurs du pouvoir communal passaient leurs journées à s'observer les uns les autres, l'ennemi, de son côté, les observait. Nous avions trop à nous défier de Thiers pour prendre le temps de nous défier du général Cluseret, du général Bergerat, du colonel Rossel et d'un nombre incalculable d'autres citoyens.

Il était donc urgent de prendre un parti, et le seul qui fût pratique était de mettre à la tête des troupes fédérées un dictateur momentané, qui eût le droit de destituer non seulement ceux dont il se défierait, mais encore et surtout ceux qui se fussent défiés de lui.

Ce n'étaient plus les soupçonnés, mais les soupçonneurs qu'il devenait urgent de faire passer devant les cours martiales.

En attendant, on révoquait toutes les semaines le chef militaire, et, si les généraux changeaient, la situation restait lamentablement la même.

Et en effet, le 11 mai, dans la journée, Rossel était arrêté par les ordres du Comité de salut public, c'est-à-dire de Raoul Rigault, et enfermé à la questure de l'Hôtel-de-Ville. Seulement, Charles Gérardin, le membre de la Commune qui lui avait été affecté comme surveillant, lui avait ouvert les portes de son petit local et était parti avec lui.

On lança contre les deux fugitifs des mandats d'amener qui ne les atteignirent pas et l'armée parisienne se trouva désormais à peu près sans commandement. Ce n'était même plus le commencement, c'était la continuation de la fin.

Delescluze, âme pure entre toutes, fut bien nommé à la guerre avec le titre de « délégué civil »; mais Delescluze, déjà vieux et fatigué, n'avait jamais été que journaliste, et, du jour au lendemain, n'avait pu apprendre à manier des masses à moitié désorganisées. La Commune se suicidait et il se suicidait avec elle.

Un des grands crimes que m'imputa la réaction, et que je faillis payer de douze balles dans le corps, fut ma visite au couvent de Picpus, placé sous la surveillance de la Commune, et où un bataillon fédéré avait établi garnison. On m'avait averti que des découvertes étranges y avaient été faites : sœurs séquestrées, cellules installées dans le jardin même de la maison, et où des malheureuses vivaient, mangeaient et couchaient sans feu, pouvant à peine se mouvoir dans l'étroitesse de cette cage et obligées, faute d'un tapis pour poser leurs pieds, de rester constamment sur leurs lits.

On m'avait ajouté le récit de la découverte d'étranges machines en fer que les sœurs avaient présentées comme autant d'instruments orthopédiques, mais qui semblaient plutôt sortir d'une chambre de torture. Enfin on en avait fait un tableau quasi renouvelé de la *Religieuse*, de Diderot.

Bien que j'aie toujours cru le catholicisme congréganiste capable de tout, depuis qu'il enlevait à Jeanne d'Arc prisonnière ses vêtements de femme, afin de l'obliger à revêtir des habits d'homme et de pouvoir le lui reprocher plus tard, j'avais quelque peine à admettre les révélations qui m'étaient apportées sur le couvent de Picpus. Le plus simple était de m'y rendre. Je m'y rendis donc.

J'y fus reçu par le capitaine du bataillon qui me prouva n'avoir en quoi que ce fût molesté les sœurs, n'exigeant rien d'elles pour ses hommes et ne les considérant pas du tout comme prisonnières.

Je n'aurais guère songé qu'à étendre la liberté qui leur était laissée, et si l'une d'elles avait formulé la moindre plainte je me serais certainement employé pour qu'on y fît droit. Mais pour ces nonnes cloîtrées mon nom était un épouvantail, et l'annonce de mon arrivée parmi elles y sema la terreur.

Elles déléguèrent pour me faire les honneurs de l'établissement une tourière quelconque, bâtie sur pilotis et d'une carrure à faire reculer les plus braves. Je dois reconnaître que son audace répondait à son développement physique. L'espèce d'appareil dont j'étais entouré quand elle se présenta à moi ne l'intimida pas le moins du monde. Elle débuta même par ces mots jetés d'un ton hautain qui me plut par l'énergie morale qu'il indiquait :

— Vous avez des questions à me poser, monsieur ?

— Mademoiselle, lui dis-je poliment, bien que la plus cruelle injure à faire à une sœur soit de l'appeler « mademoiselle », des bruits assez singuliers courent sur le régime de votre couvent. Je tiendrais à m'assurer par moi-même qu'ils sont complètement faux. Est-ce que vous voudriez bien, par exemple, me montrer les espèces de cellules où, m'assure-t-on, sont confinées deux sœurs que vous soumettez ainsi à une véritable séquestration arbitraire ?

Elle ne répondit pas et se dirigea silencieusement vers un coin du jardin où je la suivis. Une des deux recluses se promenait dans une allée, flanquée d'une nonne qui l'escortait ; l'autre tricotait, assise sur son lit, lequel tenait toute la cage qui était à claire-voie et à travers les barreaux de laquelle la bise et la pluie devaient passer avec la plus grande facilité.

— Comment, demandai-je à cette tourière, pendant que des têtes effarées se dessinaient aux fenêtres du bâtiment principal, comment pouvez-vous admettre que des pensionnaires de votre cloître puissent être ainsi enfermées dans une cabane à peine assez salubre pour des lapins?

— Pardon, fit l'interpellée, elles ne sont pas séquestrées, puisqu'elles ont la faculté de se promener.

— Un instant! interrompit le capitaine. Quand nous sommes entrés chez vous, elles ne se promenaient pas. C'est nous qui vous avons forcées à les faire sortir de leurs boîtes.

La sœur nous décocha alors cette riposte qui me stupéfia :

— C'est leur faute. Pourquoi refusent-elles de se conformer à la règle du couvent?

Ce fut, j'en donne ici ma parole d'honneur, toute sa justification. On m'a assuré, quelques jours plus tard, que les deux persécutées avaient été délivrées par les fédérés et rendues à leur famille. Je dois constater que l'une des deux m'avait paru non pas précisément folle, mais un peu idiote ou tout au moins idiotisée.

Les ferrailles qu'on m'étala sous les yeux étaient incontestablement étranges, et il était mensonger au premier chef d'essayer de les faire passer pour des pièces d'orthopédie. S'en servait-on encore? s'en était-on servi autrefois? Etaient-elles employées à l'heure où on me les montra ou remisées au magasin des accessoires? Je n'eus et n'ai pas à me prononcer à ce sujet, mais comme instruments orthopédiques ce bric-à-brac était inacceptable.

Avant de prendre congé de la sœur gendarme, je fus conduit par elle, car mon urbanité l'avait rassurée tout à fait, au tombeau de la princesse de Rohan-Rochefort, enterrée au milieu du jardin et dont le monument, très riche et d'un très beau marbre, domine toutes les autres sépultures, espacées dans le terrain de la confrérie.

Quoique, prenant en considération et leur situation de femmes gardées à vue et la peur que mon entrée chez elles leur avait certainement causée, je me fusse montré plutôt conciliant, je craignais, un peu après mon arrestation et au moment de ma comparution devant le conseil de guerre, qu'une ou deux de ces béguines ne vinssent témoigner contre moi en m'accusant de toutes sortes de brutalités envers elles. Le caractère du sexe auquel elles appartenaient étant ordinairement la mauvaise foi, rien ne les eût empêchées de venir méchamment me charger à outrance. Elles s'en abstinrent. Fût-ce par loyauté ou par oubli? Je n'ai pas à le savoir, mais je suis obligé de le constater.

L'article du *Mot d'Ordre*, où je me contentai de raconter ce que j'avais vu et entendu, mit en révolution toute l'émigration versaillaise. Au hasard, et sans avoir rien vérifié, les Lorgeril et les Belcastel me traitèrent d'assassin et de blasphémateur. J'avais heureusement comme témoin une correspondance envoyée de Paris au *Times* par un de ses rédacteurs, dont les assertions corroborèrent exactement les miennes.

Or, le *Times*, le journal le plus important, le plus sérieux et l'un des plus modérés d'Angleterre, n'aurait certainement pas inséré sans contrôle et sans garantie de véracité une narration susceptible de produire un effet allant jusqu'au scandale.

Cet article du *Times*, je le reproduisis en anglais avec la traduction française en regard, afin qu'il n'y eût aucun malentendu entre mes lecteurs et moi. J'en faisais précéder l'insertion de cette note:

Le correspondant du *Times*, dans une lettre publiée dans le numéro du 13 mai, confirme tous les détails du récit donné par le *Mot d'Ordre* sur les mystères du couvent de Picpus.

Suivait l'article du journal anglais :

Accompagné d'un ami, parent d'une sœur anglaise nommée Gevret, j'ai visité le couvent, j'ai vu la porte de communication entre le couvent et la maison des jésuites, les trois « cages » où étaient enfermées les sœurs récalcitrantes, etc., etc.

Et, après avoir fait la description des prétendus instruments orthopédiques, il ajoutait :

Les religieuses ont affirmé que ce sont des instruments d'orthopédie, mensonge des plus faciles à réfuter. Pour ce qui est des matelas et des courroies, j'en ai vu de semblables employés par la Faculté dans des cas d'accouchement difficile ou de folie furieuse; mais il y en a d'autres qui ne justifient que trop les graves soupçons qu'ils ont excités, impliquant comme ils le font l'emploi d'une force brutale qu'aucune maladie connue ne saurait exiger.

En nous reconduisant, notre guide nous fit faire un grand détour pour nous montrer de vastes magasins souterrains où se trouvaient entassées d'énormes quantités de pommes de terre, de barils de salaisons et autres provisions de toutes sortes. Un porc, bien gras et bien vivant, prenait ses ébats dans le voisinage.

— Voyez, s'écria notre garde national avec indignation, regardez ces provisions qui auraient pu aider à nourrir la population affamée de l'arrondissement pendant les six mois de siège que nous venons de subir ! Et quand on pense que ces gens-là allaient nonobstant de porte en porte mendier le reste des repas déjà si maigres des citoyens, pour nourrir leurs pensionnaires !

Arrivés à la grille d'entrée, notre guide, par un signe, attira notre attention sur une vieille femme qui, suivie par une autre plus jeune, errait çà et là dans les allées du jardin, se baissant de temps à autre pour ramasser une feuille tombée ou une poignée de sable.

— C'est la sœur Bernardine, me dit-il à voix basse, une des trois sœurs enfermées dans les cages au fond du jardin. C'est la moins folle des trois et c'est pour cela que nous la gardons avec nous, dans l'espoir que les soins des femmes lui rendront la raison. Elle n'a que cinquante ans, bien qu'elle paraisse en avoir plus de soixante-dix.

Je m'approchai d'elle et elle tourna vers moi sa figure pâle et douce, ombragée d'une énorme coiffe. Elle fixa ses regards vagues sur moi pendant un instant, puis se baissa de nouveau pour ramasser une feuille avec laquelle elle se mit à frotter ses mains.

Sans l'ombre d'une prévention contre ces dames, actuellement sous les verrous à Saint-Lazare, je crois pouvoir affirmer qu'elles éprouveront une certaine difficulté, quand le moment sera venu, à expliquer bon nombre de faits qui résisteront à tous les efforts qu'elles pourraient faire pour les justifier.

Si j'avais été le mangeur de nonnes qu'on m'accusait d'être, le correspondant du grand journal de la Cité n'avait, lui, aucune raison pour s'ingurgiter cette nourriture.

Et, pour mieux accentuer l'horreur que lui inspirait notre athéisme, l'Assemblée de Versailles décrétait comme remède obligatoire une grande représentation qui fut intitulée :

LES PRIÈRES PUBLIQUES.

C'était si incroyablement folâtre au moment même où Thiers refusait la mise en liberté de l'archevêque en échange de celle de Blanqui, que je ne pus m'empêcher de m'en réjouir ainsi dans le *Mot d'Ordre* :

Molière, où es-tu ? Pourquoi être mort si jeune, mon bon

Poquelin? L'Assemblée de Versailles, qui pulvérise nos maisons, qui fusille nos gardes nationaux prisonniers et qui demande tous les matins quarante mille têtes parisiennes, vient de voter à la presque unanimité une mesure destinée à écarter définitivement les maux qui désolent notre pays. On va prochainement ordonner sur tout le territoire français, quoi? La levée en masse? Un impôt forcé pour arriver, en payant immédiatement les cinq milliards, à se débarrasser de la vermine prussienne? Jamais! On vient de voter des prières publiques.

Le général Du Temple — un beau nom pour un homme qui aime à s'agenouiller dans les églises — a été encore plus loin. Il n'a pas hésité à déclarer que tous nos malheurs venaient de ce qu'on ne jeûnait pas assez. Aussi, indépendamment des prières, a-t-il énergiquement demandé des jeûnes.

J'ignore dans quel bénitier ce Du Temple-là a couché pendant le siège; mais, s'il était resté à Paris, il aurait pu s'assurer qu'on y a accompli une série de jeûnes sans précédent. A l'heure même où j'écris ces lignes, nos convois de vivres sont arrêtés sur plusieurs lignes par M. Thiers, et nous payons la viande de boucherie deux francs la livre, ce qui oblige la plupart des ménagères à un jeûne qui réjouit peut-être l'âme séraphique du général Du Temple, mais qui, loin de modifier jusqu'ici notre situation douloureuse, contribue à la compliquer.

Ces vampires, conseillant le jeûne à une ville qu'ils tâchent d'affamer par tous les moyens possibles, sont plus hauts que la colonne Vendôme en attendant qu'on les culbute comme elle. Il est probable qu'ils s'étonnent de ne pas nous voir accepter avec joie leurs obus comme Tartufe recevait la discipline par esprit de contrition.

Si Jésus-Christ n'est pas suffisamment apaisé par les six mois de jeûne que nous avons déjà dans l'estomac, il faut reconnaître que c'est un paroissien bien difficile à contenter. Et si nous consentons à continuer ce système d'alimentation qui nous a si mal réussi, c'est à la seule condition que les donneurs d'eau bénite versaillais, général Du Temple en tête, nous donneront l'exemple du jeûne en versant dans les caisses publiques, comme appoint au paiement de l'indemnité prussienne, leurs traitements de députés ; que le gros Picard, qui mange comme quatre, renoncera à ses effroyables émoluments de ministre, et que le petit Thiers offrira à Dieu, avec les moellons de son hôtel, ses six cent mille francs d'appointements.

C'est égal ! quels hommes que ces batteurs en brèche ! Avoir tant à faire avec nos fortifications et s'occuper encore de nos mortifications !

Henri Rochefort.

CHAPITRE XVI

La colonne. — L'explosion de l'avenue Rapp. — Arrêté a Meaux. — A Versailles. — En prison. — Fausses nouvelles.

Comme consécration du vote de l'Assemblée de Bordeaux, qui avait rendu la dynastie des Bonaparte responsable de la ruine et du démembrement de la France, la Commune avait décidé la démolition de la colonne Vendôme. Ce déboulonnement, attribué on ne sait pourquoi à Gustave Courbet, fut en réalité l'œuvre de tout le monde. Il paraissait par trop contradictoire que le nom de Napoléon fût maudit et anathématisé d'un bout du territoire à l'autre, et que, quand un étranger demandait à qui avait été élevé ce monument cylindrique en forme de cheminée d'usine, on répondît :

— Mais en l'honneur de Napoléon Ier !

D'autant que ce tuyau de bronze, il se l'était fait édifier à lui-même. Peut-être, si nous nous étions sentis moins fiers d'être Français quand nous regardions la colonne, aurions-nous moins exagérément poussé ce cri funeste :

— A Berlin !

A la suite duquel Berlin est venu chez nous.

L'extraction de cette gigantesque molaire se fit

avec une grande solennité. Le hasard m'ayant conduit du côté de la place Vendôme, je fus reconnu et le commandant d'état-major chargé de surveiller l'opération m'envoya prier par un de ses aides de camp de venir assister à la chute du colosse.

Du balcon où on m'installa, je le vis chanceler sur sa base, puis, après des efforts réitérés, s'abattre, avec un bruit caverneux, sur le lit de paille et de fumier qu'on lui avait préparé.

Quand, l'exécution terminée, je regagnai mon domicile, je me heurtai à un éclat de bronze faisant, je crois, partie de la boule que le Bonaparte tenait dans sa main. Je ramassai ce souvenir d'ailleurs informe, et j'eus quelque chance qu'on ne l'eût pas découvert chez moi dans la perquisition qu'on y opéra après la Commune, sans quoi j'eusse été accusé et convaincu de destruction de monuments publics, pillage et attentat sur la personne du grand Napoléon.

Les ruraux de la Chambre allaient d'ailleurs bientôt le venger. La défense de Paris se mourait. Malgré la publication du manifeste où les membres de la minorité de la Commune protestaient contre les projets outranciers des hommes que dirigeait Raoul Rigault, on devinait que l'heure des mesures extrêmes et des représailles implacables ne tarderait pas à sonner.

Raoul Rigault, très gavroche de nature, mais du bois dont on fait les véritables révolutionnaires, était décidé à tout sacrifier pour le succès de sa cause, aussi bien ses amitiés que sa vie. Il était l'homme qui ne recule devant rien et qu'aucun danger ne fait pâlir. Il avait été à mon journal la *Marseillaise*, m'y témoignant beaucoup d'affection et de reconnaissance, mais le *Mot d'Ordre* gênait sa marche et il avait pris le parti de le supprimer. C'était un garçon à me dire :

— Je vous aime de tout mon cœur, seulement la situation exige que je vous fusille. Je vais donc vous fusiller.

La publicité donnée par mon journal au manifeste que la minorité communale avait dirigé contre la dictature de Rigault l'avait exaspéré.

Nous revendiquons, disaient les membres dissidents, le droit de répondre seuls de nos actes devant nos électeurs, sans nous abriter derrière une dictature que notre mandat ne nous permet ni d'accepter ni de reconnaître.

Dévoués à notre grande cause communale, pour laquelle tant de citoyens meurent tous les jours, nous nous retirons dans nos arrondissements trop négligés peut-être. Convaincus d'ailleurs que la question de la guerre prime en ce moment toutes les autres, le temps que nos fonctions municipales nous laisseront, nous irons le passer au milieu de nos frères de la garde nationale et nous prendrons notre part de cette lutte décisive, soutenue au nom des droits du peuple.

Là encore nous servirons utilement nos convictions et nous éviterons de créer dans la Commune des déchirements que nous réprouvons tous, persuadés que, majorité ou minorité, malgré nos divergences politiques, nous poursuivons tous un même but : la liberté politique, l'émancipation des travailleurs.

Mon adhésion à ce programme qui, de la part de ceux qui l'avaient signé, équivalait à une signification de démission, me désignait plus que personne aux colères de Félix Pyat et à l'implacabilité de Raoul Rigault. Malheureusement, l'affreuse explosion de la cartoucherie Rapp, où furent exterminées plus de cent ouvrières, sembla donner raison au parti qui réclamait enfin la mise en œuvre du décret des otages, lequel n'avait, en réalité, jamais été appliqué.

La main des agents du gouvernement rural, dans cet effroyable méfait, était partout visible. Voici comment un de nos collaborateurs nous informait de la catastrophe :

A six heures moins un quart, une effroyable explosion s'est fait entendre dans tout Paris et y a produit un ébranlement général.

C'était la cartoucherie située entre l'avenue Rapp et le Champ-de-Mars qui venait de sauter.

Cette cartoucherie, une des plus importantes, occupait cinq cents ouvrières; ses ateliers couvraient une superficie de plusieurs hectares.

Le feu a pris dans le dépôt de cartouches et s'est communiqué dans tout l'établissement; c'est ce qui explique le roulement explosible.

Aussitôt, de tous les quartiers, les compagnies de sapeurs-pompiers se dirigèrent au pas gymnastique sur le lieu du sinistre, ainsi que les ambulanciers, les voitures de place et une foule de piétons.

En arrivant, nous trouvons la baraque en feu; d'autres, qui n'ont pas été atteintes par l'incendie, ont leur plancher en pièces; les baraques des cantinières n'existent plus; une ambulance de l'autre côté de l'avenue Rapp a disparu; des murs sont écroulés; la cité ouvrière de l'ex-empereur est fortement ébranlée, les toits sont effondrés, les vitres et les tuiles des environs brisées; à Passy, la commotion a été si violente que les meubles des maisons ont été renversés.

On ne connaît pas encore l'énormité des dégâts occasionnés par cette catastrophe.

On ne marche partout que sur du plomb fondu, des balles, des paquets de cartouches, des charbons ardents; partout aussi on rencontre des victimes en lambeaux, des membres, des bras, des mains; un corps a été partagé en deux et lancé au cinquième étage. Des balles ont été projetées à des distances considérables.

On ne connaît pas le nombre des victimes; il doit être énorme.

Cette catastrophe est attribuée généralement à la malveillance. Du reste, on a arrêté trois artilleurs fortement soupçonnés d'en être les auteurs.

Singulière coïncidence. La sortie n'avait jamais lieu qu'à six heures, et, pour un motif encore inexpliqué, on avait fait sortir les femmes à cinq heures et demie. Il ne restait donc que peu de monde dans les ateliers ; c'est aux environs surtout qu'on a découvert le plus de victimes.

La proclamation suivante fut placardée sur les murs de Paris :

Le gouvernement de Versailles vient de se souiller d'un nouveau crime, le plus épouvantable et le plus lâche de tous.

Ses agents ont mis le feu à la cartoucherie de l'avenue Rapp et provoqué une explosion effroyable.

On évalue à une centaine le nombre des victimes. Des femmes, un enfant à la mamelle ont été mis en lambeaux.

Quatre des coupables sont entre les mains de la Sûreté générale.

Paris, le 27 floréal an 79.

Le Comité de salut public,

ANT. ARNAUD, BILLIORAY, EUDES,
F. GAMBON, G. RANVIER.

A la suite de cet attentat, la Commune — et c'est sans aucun doute ce que voulait la réaction royaliste — avait invité son procureur à mettre à exécution la loi du 7 avril relative aux otages. Cependant le vote de cette mesure suprême ne rencontra pas l'unanimité. Arthur Arnould et Vermorel, notamment, refusèrent de s'y associer.

Quant à moi, je brûlai mes vaisseaux par la publication d'un article où je m'élevais contre le tirage au sort que Raoul Rigault avait décidé d'instituer en vue de répondre aux incendies de nos poudrières par des exécutions de prisonniers.

En admettant, disais-je, cette chose inadmissible qu'il

n'y ait plus d'autre peine que la peine de mort, au moins faut-il que la vie de l'homme même le plus criminel soit à la merci d'une autre autorité que celle d'un coup de roulette. En effet, tous les coupables catalogués parmi les otages seront forcément considérés comme condamnés à la peine capitale, puisqu'ils pourront la subir d'un jour à l'autre ; et alors de quel droit exécuterez-vous celui-ci de préférence à celui-là ? Est-ce parce qu'en mettant la main dans un chapeau le premier aura ramené le numéro 4, tandis que le second aura tiré le numéro 6 ?

On comprend ce jeu sinistre sur le radeau de la *Méduse*, où aucun des passagers n'avait plus mérité que l'autre d'être mangé par ses compagnons. Mais il ne s'agit pas ici d'une nécessité d'estomac. Le poète l'a dit : « Le crime a ses degrés ». C'est donc à celui qui en a franchi le plus grand nombre, et non à un autre, que la peine la plus forte doit être appliquée. Personne ne peut sortir de ce raisonnement sans réduire toutes les morales du monde à une simple partie de baccara.

Voilà pour la question de principe. Quant à la question de fait, elle est encore plus sérieuse, si quelque chose pouvait être plus sérieux que les idées de justice éternelle. A chacun des nôtres fusillé à Versailles, Paris répondra, dit le décret, par l'exécution de trois otages. Or, on le sait, les Versaillais qui ne brillent ni par le scrupule, ni par le respect de la vie humaine, ont actuellement entre les mains un certain nombre de braves gardes nationaux, dont le sort est bien fait pour nous inquiéter. Si, à l'exécution de ses trois complices, Thiers répond par celle de six de nos amis, que ferons-nous ? Nous répliquerons donc par la mise à mort de vingt-quatre nouveaux otages à laquelle on nous opposera le meurtre de quarante-huit autres prisonniers, puis de quatre-vingt-seize, puis de cent quatre-vingt-douze et ainsi de suite, jusqu'à dépeuplement total des îles de Ré et d'Oleron, où Versailles envoie nos combattants, en attendant mieux ?

On conviendra que cette sanglante réponse du berger à la bergère ne pourrait durer longtemps. Mieux vaut donc ne pas inaugurer un système qu'on serait forcément obligé d'interrompre.

Le jour où l'on tiendra les misérables qui ont massacré une infirmière après l'avoir violée, et les gendarmes qui se déguisent en gardes nationaux pour aller faire sauter nos poudrières, qu'on sévisse. Mais c'est aux coupables avérés et reconnus que nous sommes tenus de limiter nos représailles. Hélas! les derniers événements ont mis en lumière assez de criminels pour qu'il soit inutile de demander au hasard d'en fournir.

Le lendemain de la publication de cet article, j'étais encore au lit lorsque je reçus la visite d'un jeune homme qui me prévint confidentiellement de mon arrestation probable dans la journée même. Raoul Rigault, qui en parlait déjà depuis huit jours, s'y était enfin décidé. Il paraît qu'il regrettait vivement d'être acculé à cette extrémité, mais que les « besoins de la défense » exigeaient et mon étranglement et celui de mon journal.

Puis le jeune homme attaché au cabinet de l'ex-préfet de police, partit vivement, après m'avoir recommandé le silence sur sa démarche, que son chef hiérarchique considérerait probablement comme une trahison.

Rigault aurait-il été avec moi aussi loin qu'il alla avec d'autres? Je l'ignore, la toute-puissance vous poussant volontiers au vertige. Cependant j'en doute, mais je n'avais guère le temps de délibérer. Une fois incarcéré par la Commune, je tombais forcément, après la prise de Paris, entre les mains des Versaillais qui ne m'auraient tiré de prison que pour m'envoyer pourrir dans la fosse commune. Jamais pour moi Charybde et Scylla n'avaient été plus près l'un de l'autre.

Je n'avais plus rien à faire à Paris puisque je n'y étais plus bon à rien, le *Mot d'Ordre* devant naturellement partager mon sort. Je pris donc la résolution d'en cesser la publication et de me dérober aux embrassements des escouades de Raoul Rigault.

Il était très difficile, impossible même de sortir de Paris sans un passeport ou une carte d'identité panachée d'un certificat de civisme. Seulement je n'étais pas tout le monde, et, bien que je fusse rasé comme un ponton à la suite de mon érésypèle, on ne peut plus facile à reconnaître. Je n'eus, en effet, qu'à me nommer aux fédérés qui gardaient la porte Est de Paris pour qu'ils me laissassent passer sans la plus légère difficulté.

Je n'avais eu le temps d'avertir aucun de mes collaborateurs du *Mot d'Ordre*, sauf le secrétaire de la rédaction qui partit avec moi et fut plus tard condamné comme moi.

Nous nous arrêtâmes au premier village, dont j'ai, ma foi, oublié le nom, et qui était occupé par les Prussiens. Nous étions au 20 mai : la chaleur était excessive et nous nous assîmes dans un cabaret où nous nous rafraîchîmes au milieu des soldats allemands.

Je crus m'apercevoir que quelques-uns d'entre eux avaient percé mon incognito, car ils se mirent à parler à voix basse, tout en me dévisageant, et l'examen ne cessa qu'à l'arrivée d'un train dans lequel nous nous jetâmes et qui devait nous conduire à la frontière.

On m'a raconté plus tard qu'un agent de Versailles était monté dans le compartiment voisin du nôtre et m'avait signalé sur le parcours. Il n'y aurait là rien de surprenant, car Thiers avait trouvé, dans les derniers jours, moyen d'inonder Paris de ses affidés.

A la station de Meaux, on fit descendre les voyageurs pour l'examen de leurs passeports, car à ce moment il n'était pas permis de circuler sans avoir à exhiber toutes sortes de papiers. Je n'en avais aucun à mon nom, mais le commissaire de police de la gare ne nous en dit pas moins, à mon compagnon et à moi :

— Veuillez me suivre.

Une fois dans son cabinet, il me déclara, ce dont je n'avais aucune raison de douter, que j'étais M. Henri Rochefort et qu'il avait ordre de me mettre en état d'arrestation.

Cependant il se montra des plus polis. La Commune n'avait pas encore dit son dernier mot et, comme tous les fonctionnaires, surtout de l'ordre policier, il tenait à se ménager quelque indulgence en cas de défaite de la « cause de l'ordre » par laquelle il était appointé.

Il nous conduisit à la prison de la ville dont le directeur nous donna un logement qui n'était pas une cellule, mais une chambre assez confortable ouvrant sur un jardin où nous eûmes la faculté de nous promener à notre convenance.

Cependant, le bruit de mon arrestation s'étant vite répandu, le substitut du procureur de la République vint me rendre visite, plutôt par curiosité que par devoir. C'était un jeune homme qui me sembla assez embarrassé de ma capture.

— Il fallait donc prendre les jambes à votre cou quand vous avez vu venir le commissaire de police ! me dit-il.

Le directeur de la maison d'arrêt télégraphia à Versailles d'où il reçut cette réponse menaçante pour nous :

« Faites garder à vue les deux prisonniers. »

Etre gardé à vue, c'est avoir dans la pièce où l'on mange et où l'on couche un ou deux agents qui ne vous quittent ni jour ni nuit, prennent leur repas à votre table, vous suivent jusque dans les endroits les plus retirés et tiennent constamment les yeux braqués sur vous.

Il est peu de supplices comparables à celui-là. Cependant, malgré l'ordre formel qu'il en avait reçu et qu'il me montra, notre geôlier ne crut pas devoir exagérer à ce point la surveillance et nous jouîmes jusqu'au lendemain matin d'une liberté relative.

Le commissaire de police, qui avait été l'âme de mon arrestation et comptait bien exploiter ce fait d'armes pour son avancement, faillit perdre en un instant tout le fruit de son zèle. La subdivision de Meaux était placée sous le gouvernement militaire des Allemands, qui y exerçaient la police, et le général qui y commandait se montra fort irrité qu'on m'eût ainsi appréhendé sans son autorisation ou au moins sans son agrément.

Il se fit conduire à la prison par le commissaire et exigea qu'on lui ouvrît la porte de ma chambre.

Je fus extrêmement surpris d'y voir entrer un officier en grand uniforme qui, s'adressant d'un ton irrité au commissaire tout tremblant, lui dit dans un français un peu difficile :

— Ce sont bien là les deux détenus?

— Oui, général.

Le commandant prussien de la subdivision de Meaux était déjà presque un vieillard à moustaches blanches qui me rappela le roi Guillaume Ier, que j'avais aperçu plusieurs fois en 1866 à Bade où il logeait bourgeoisement à l'hôtel de l'Ours, sur l'avenue de Lichtentall.

Sa brusque arrivée, son regard dur firent d'abord naître en moi l'idée un peu saugrenue qu'il allait se venger sur moi de la politique guerrière que j'avais suivie pendant le siège et de la démission que j'avais adressée au président de l'Assemblée nationale au moment de la signature de la paix.

— Il va peut-être commencer par me faire fusiller, pensai-je.

Il m'eût été impossible de me tromper davantage. Changeant subitement d'allure, il s'avança vers moi d'un air gracieux et, après m'avoir posé cette question :

— Vous êtes monsieur Henri Rochefort, le « célèbre » auteur de la *Lanterne ?*

A quoi je répondis par un signe d'acquiescement, il continua :

— Vous avez été arrêté hier sans que j'en aie été prévenu. Mais moi seul suis le maître ici. Je m'appelle le général... — j'ai oublié le nom, qu'il serait assez facile de retrouver. — Mon père a connu à Coblentz votre grand-père pendant l'émigration. Veuillez prendre mon bras. Vous allez sortir avec moi de cette prison.

L'offre, on ne peut le nier, était assez tentante, car ma position était à peu près désespérée. Que le gouvernement rural fût définitivement battu par la Commune, il se serait sans aucun doute férocement vengé sur moi de sa défaite ; qu'il fût vainqueur, j'étais sûr d'être sa première victime.

Le policier qui avait procédé à mon arrestation commençait à ouvrir des yeux fort inquiets, se demandant peut-être s'il n'allait pas payer pour tout le monde. Je pris une minute de réflexion, mais bien que je ne fusse pour rien dans le secours que m'apportait le général prussien, et que je pusse soutenir plus tard n'avoir obéi qu'à la force, la perspective de ma mise en liberté sur l'ordre d'un des hommes qui venaient de démembrer mon pays me parut inacceptable et je répondis à mon sauveur éventuel :

— Je vous remercie, monsieur. Malheureusement, il ne m'est pas permis de profiter de l'aide que vous me proposez. Vous comprendrez certainement pourquoi.

Et je le saluai, puis retournai au jardin pour y continuer ma promenade.

Quand le général prussien fut loin, je m'épanchai en injures grossières sur le dos du commissaire de police à qui je reprochai violemment de m'avoir ainsi mis face à face avec un mortel ennemi de mon pays et, après lui avoir défilé un chapelet d'invectives, je lui dis :

— Que seriez-vous devenu, vilain drôle, si je m'étais montré aussi abject que vous et que j'eusse pris le bras que le général prussien me tendait? Demain, au lieu de recevoir la prime qui vous attend, vous auriez été destitué sans retour.

Encore tout ému, l'agent versaillais ne répondit rien, la conversation ayant été d'ailleurs interrompue par l'arrivée d'un de ses collègues chargé par Thiers de nous amener à Versailles, mon codétenu et moi. Ce nouveau commissaire, nommé Gutzviller ou Gulwiller, semblait muni des ordres les plus rigoureux. Il nous prévint avec un grand calme qu'il allait, lui et ses agents, nous accompagner jusqu'à destination, et qu'à la moindre tentative de résistance ou d'évasion il nous brûlerait impitoyablement la cervelle.

Je lui répondis simplement que si j'avais voulu lui brûler la politesse rien ne m'eût été plus facile, puisqu'il savait que j'avais refusé d'un général prussien la liberté que celui-ci me priait d'accepter.

Mais cet acte de magnanimité ne touchait en rien le mouchard qui ne connaissait que sa consigne et paraissait fort désireux de la remplir. A la sortie de la prison, nous fûmes cueillis par les six agents annoncés, qui nous conduisirent au chemin de fer après nous avoir passé aux poignets de fortes menottes dont l'impression sur la peau me fut particulièrement désagréable.

Le voyage s'annonçait donc on ne peut plus mal et le but en apparaissait extrèmement fâcheux. Devant ces préparatifs exagérés de surveillance, je pensai que le gouvernement rural tenait à donner à notre capture une importance toute spéciale, et j'eus comme le pressentiment qu'on allait nous fusiller pour l'exemple.

Le train s'arrêta, au bout d'à peu près une demi-heure, à une station quelconque dont je ne songeai pas à m'enquérir, et nous descendîmes pour être immédiatement calfeutrés dans deux omnibus, un pour chacun de nous, où s'empilèrent des nuées d'agents. C'était un véritable cortège d'exécution.

En outre, je fus on ne peut plus surpris de voir nos deux voitures entourées tout à coup d'une escorte composée d'un escadron de uhlans qui galopaient à notre portière, nous faisant dans les villages une entrée sensationnelle.

Après quarante ou quarante-cinq minutes de cette cavalcade, nous atteignîmes Saint-Germain. Les voitures s'arrêtèrent, nous redescendîmes, et je vis alors l'officier prussien qui commandait s'approcher d'un Français en costume de général et que je reconnus pour le colonel de Galliffet lequel, comme on sait, s'était nommé lui-même sur le champ de bataille, ce qui est peut-être, en somme, la meilleure façon d'avancer.

Il était accompagné d'une forte escouade de militaires paraissant d'autant plus fiers qu'ils venaient d'être plus battus. Galliffet nous reçut des mains du commandant de uhlans, et cette livraison constituait l'entente indéniable qui s'était établie entre Thiers et Bismarck pour la répression du mouvement communaliste.

Les Prussiens repartirent alors, après des saluts très cordiaux, et nous restâmes livrés à la soldatesque française mêlée à la police.

Ne comprenant pas pourquoi on nous avait fait mettre pied à terre, je ne doutai pas que ma dernière heure ne fût arrivée. Les galonnés s'approchaient de nous, en effet, avec des attitudes tellement provocatrices et des mots tellement injurieux, que je crus deviner là des bêtes fauves mordant déjà à même des corps qu'ils savaient devoir être bientôt des cadavres.

Parmi les plus acharnés, je remarquai aussi plusieurs civils, et notamment un jeune homme blond dont les moustaches hérissées en lames de sabre affectaient un air extraordinairement rébarbatif. Je le pris pour un officier en bourgeois et, comme sa tête furibonde m'était restée dans les yeux, je le reconnus un jour sur le boulevard, après l'amnistie de 1880. Je demandai à quelqu'un s'il pouvait me le nommer, et on me répondit que c'était un boursier véreux récemment condamné et qui sortait de Mazas.

Depuis le moment où il m'avait injurié dans un carrefour de la forêt de Saint-Germain, ce Versaillais avait fait son chemin.

Les curieux qui se pressaient autour de nous

devenaient menaçants. Je me rappelai alors avoir deux ans auparavant, à Spa, prêté mille francs à une très proche parente de Galliffet, laquelle ne me les avait jamais rendus, car, lorsqu'on emprunte, il est rare que ce soit pour rendre.

Je croyais ma fin imminente et je n'avais plus rien à ménager. Je contai tout haut à mon compagnon de captivité l'histoire de ce prêt de mille francs et j'ajoutai encore plus haut :

— Il va nous faire fusiller. C'est un moyen très ingénieux de payer les dettes de sa famille.

Galliffet entendit, devint très rouge et donna immédiatement l'ordre à son état-major de s'écarter. A ce moment, j'aperçus une autre voiture qu'on venait d'amener sur le terrain. Le commissaire de police Gutzviller nous fit signe d'y monter et nous nous remîmes en route, escortés cette fois de cavaliers français, des hussards, je crois, ou des chasseurs, car je ne connais rien aux uniformes.

Un jeune sergent, nous montrant avec affectation aux paysans alignés pour regarder passer le cortège, leur faisait signe en passant la main sur son cou qu'on allait nous couper le nôtre.

Cette aménité, que ce jeune imbécile renouvela pendant tout le parcours de Saint-Germain à Versailles indiquait quels sentiments les catholiques nourrissaient à notre égard ; mais ce fut surtout aux portes de la Cité du grand roi qu'ils éclatèrent dans toute leur intensité.

Une foule en proie à une fureur délirante se rua sur notre omnibus qui n'avançait plus qu'à peine. Des femmes projetaient vers nous leurs poings fulminants en criant :

— A mort ! à mort ! Il faut les tuer sur place !

Nous étions enchaînés et n'avions qu'à garder sous cette averse un silence qu'il eût été d'ailleurs inutile de rompre. Par un raffinement de tortionnaires, les bourreaux versaillais, au lieu de nous mener directement à la prison où des cellules nous attendaient, nous promenèrent pendant plus d'une heure par la ville afin de repaître la population de notre vue.

C'est pendant cette exhibition atroce et illégale que je vis l'homme à la redingote cannelle, dont j'ai parlé dans la préface de mes *Aventures*, et qui, agitant un parapluie du plus beau rouge, criait à s'égosiller :

— C'est Rochefort ! Il faut l'écorcher vif !

Ses enjambées et ses soubresauts pour essayer de nous atteindre avec son instrument affectaient un caractère tellement démoniaque que je ne pus m'empêcher de rire. C'était bien le type du bourgeois féroce tel que nous l'a peint Daumier.

Le convoi, qu'on pourrait appeler funèbre, s'arrêta enfin devant la porte de la maison d'arrêt où nous entrâmes en sueur, car la chaleur était intense, et accablés par ce voyage peu sentimental.

Voici comment le *Gaulois* de Versailles décrivait cette promenade à travers les huées et les parapluies :

L'arrivée à Versailles a eu lieu vers une heure un quart par la porte de Chesnay.

La foule s'est aussitôt amassée autour de la voiture, et le trajet n'a pu être opéré que très lentement. C'est par la rue Hoche et l'avenue de Saint-Cloud que le cortège a gagné la maison d'arrêt, située rue Saint-Pierre, en face de la préfecture.

La foule, qui s'augmentait à chaque instant, a été très

difficilement tenue éloignée de la voiture par l'escorte. Elle était en proie à une agitation indicible. On voulait forcer les prisonniers à descendre de voiture et à traverser les rues de Versailles comme les prisonniers ordinaires.

Les cris : « A pied ! à pied ! à mort ! » éclataient de toutes parts ; des gestes de menace étaient faits à M. Rochefort, très visible à travers les glaces levées du break. Le visage du prisonnier était impassible.

Rochefort, dont la physionomie était un peu changée, parce qu'il a coupé ses cheveux et rasé sa moustache et sa barbiche, est entré dans la prison de Versailles, rue du Plessis, à côté du Palais de Justice, d'un air très calme.

Ces messieurs ont été reçus par M. Coussol, directeur de la prison ; on a procédé immédiatement à leur écrou. Aussitôt après, ils ont été conduits en cellule.

L'arrestation de Rochefort est due en grande partie à M. Ernest Picard, qui est le promoteur de la surveillance extraordinaire qui se fait en ce moment dans toute la France.

Nous disions ce matin qu'hier le *Mot d'Ordre* ne nous était point parvenu et qu'une personne arrivée de Paris nous avait affirmé que le journal n'avait point paru.

Un journal de Paris confirme la nouvelle en publiant la lettre suivante :

« Monsieur le rédacteur,

« Je vous serais vivement obligé si vous vouliez bien annoncer à vos lecteurs que, en présence de la situation faite à la presse, le *Mot d'Ordre* croit de sa dignité de cesser de paraître.

« Salut fraternel.
« HENRI ROCHEFORT. »

C'était donc bien, le journal versaillais en convenait lui-même, à la suite de mes difficultés avec Raoul Rigault que j'avais arrêté la publication du *Mot d'Ordre* et quitté Paris sous le coup d'une arrestation. Mais cette solution ne faisait pas l'affaire des ruraux qui, voyant en moi une proie excellente, ne demandaient qu'à y mordre à belles dents.

Pour la première fois, j'éprouvai une sorte de soulagement à me retrouver — enfin seul! — entre les quatre murs d'une prison cellulaire. Le directeur de ce pénitencier était un petit homme sec et essentiellement administratif, qui nous fit immédiatement dépouiller de tout ce que nous portions sur nous, y compris notre argent. Je m'étais muni de sept ou huit mille francs en or et, en me voyant en déposer les rouleaux sur la tablette de la cellule, il levait les yeux au ciel comme pour le prendre à témoin des actes de pillage à l'aide desquels j'avais pu réunir cette somme relativement considérable.

On lesta le lit de camp d'un second matelas, et si je ne fus pas gardé à vue dans le sens absolu du mot, j'eus de planton devant le guichet percé dans ma porte un gardien qui ne me quittait guère de l'œil. Mais la solitude complète est à ce point intolérable que cette surveillance, qui établissait un lien quelconque entre moi et le dehors, ne me fut désagréable qu'à moitié.

Au bout de huit jours d'isolement total, vous seriez trop heureux d'obtenir la société d'un infanticide ou d'un cambrioleur dont vous ne tarderiez pas à faire un de vos meilleurs amis. C'est sur ce besoin de dialoguer que compte la police quand elle délègue des moutons auprès des détenus dont elle tient à provoquer les confidences.

Afin d'ameuter plus sûrement l'opinion contre moi, Thiers avait fait placarder sur les murs de toutes les grandes villes une proclamation qui se terminait ainsi :

« Les chefs de la Commune prennent la fuite. M. Henri Rochefort vient d'être arrêté à Meaux. »

Or, je n'étais et n'avais jamais été chef de la Commune avec laquelle je n'avais pas eu le moindre rapport. Je m'étais borné à user de mes droits de journaliste et avec une telle indépendance que non seulement l'interdiction de mon journal, mais mon arrestation avaient été décidées par Raoul Rigault et que, si j'avais quitté Paris, c'était pour y échapper.

Thiers le savait, et sa mauvaise foi n'en était que plus évidente. Mais il savait aussi que les masses populaires ou bourgeoises aiment à s'en prendre aux noms connus et que mon exécution remplacerait pour lui celle de nombre d'autres prisonniers.

Aux attentions que me témoignait le personnel de la prison, je vis clairement que j'étais sacrifié. J'étais déjà et par anticipation traité comme le condamné à mort à qui on ne refuse rien, tant les heures lui sont comptées.

Et, en effet, j'appris plus tard que, pendant huit jours, il avait été question de réunir une cour martiale qui m'eût, à peu près sans m'entendre, envoyé au peloton d'exécution.

C'était le plan du vieux Barthélemy Saint-Hilaire, confident de Mme Thiers, laquelle avait, paraît-il, soif de mon sang.

Une de mes sœurs, étant allée demander Edmond Adam à l'Assemblée de Versailles, s'en fut un instant l'attendre dans une tribune et se trouva assise à côté d'une dame qui, naturellement sans la connaître, lui dit gracieusement :

— Savez-vous, madame, que Rochefort a été fusillé ce matin ? On raconte qu'il est très mal mort.

J'ignore comment je serais mort, mais je m'étais rappelé que le général Lahorie, parrain de Victor Hugo, avait été passé par les armes, dans la plaine de Grenelle avec le général Malet, et que, se tournant vers l'officier qui allait commander le feu, il lui avait craché à la figure en lui disant :

— Tiens ! voilà pour toi et ton empereur !

Cette solution m'avait semblé la bonne et je m'y étais arrêté. J'aurais envoyé un crachat au visage du commandant du peloton et je lui aurais dit :

— Tiens, sale capitulard !

J'ai honte de l'avouer : je répétai la scène afin de ne pas montrer, en me rendant au poteau, un ahurissement qu'on eût peut-être pris pour de la faiblesse. Et je réfléchissais, tout en réglant ce lugubre cérémonial, que Lahorie, parrain de Victor Hugo, avait été fusillé, et que moi, parrain de Georges Hugo, j'allais mourir de la même mort.

Je songeai aussi au Julien Sorel de Stendhal et je comparais machinalement ma destinée à celle de ce jeune homme dont la psychologie m'avait tant intéressé.

La vie cellulaire où j'étais confiné augmentait dans des proportions sinistres l'horreur de cette situation. N'ayant personne à qui poser des questions, j'en étais réduit à me répondre à moi-même. Ma cellule était trop courte pour que j'eusse la faculté de m'y promener et je n'avais ainsi pas même la distraction de la locomotion.

Je passais donc mes journées sur un escabeau planté dans le sol, à moins que je ne restasse étendu sur mon lit, car les détenus de la prison de Versailles étaient dispensés de rouler leurs matelas.

Tenu dans l'ignorance de ce qui se faisait au dehors où je prévoyais tant de drames, je m'ennuyais au point de désirer que tout fût terminé le plus tôt possible, cette mise préalable en chapelle ressemblant à la suppression de la vie sans les avantages de la mort.

De temps en temps, principalement la nuit, des cris partaient d'un angle de la prison et on entendait les gardiens se précipiter du côté du bruit. C'était un détenu dont le régime cellulaire avait attaqué le cerveau et qui était devenu fou.

La nourriture était d'ailleurs atroce ou plutôt nulle, et l'inanition amenait des hallucinations terribles chez les affamés qui n'avait pas au greffe quelques sous pour renforcer l'ordinaire ou plus exactement le manque d'ordinaire.

Moi qui faisais venir mes repas du dehors, je laissais ma pitance réglementaire, y compris mon pain, à quelque malheureux que m'indiquait mon surveillant, dont je n'avais pas tardé à m'attirer les bonnes grâces.

Quoiqu'il lui fût interdit de m'adresser la parole, il me l'adressait tout de même et je le remerciais des renseignements qu'il me fournissait en lui abandonnant trois plats sur quatre de mon déjeuner et de mon dîner. Il était marié, père de quatre enfants, et cette desserte constituait pour lui et sa famille un « rabiot » inespéré.

Aussi tenait-il à moi comme à la prunelle de ses yeux et n'aurait-il rien fait pour me désobliger. Voilà comment, avec une main un peu large, on parvient, toujours, fût-ce dans un cul de basse-fosse, à nouer des relations.

J'appris ainsi, par ce garde-chiourme, que le bruit

de l'arrestation de mes enfants courait dans Versailles. Ils auraient été appréhendés à la gare de Bordeaux à leur retour d'Arcachon à Paris. Je leur avais, en effet, écrit de venir me rejoindre. Rien n'était donc plus vraisemblable.

Le coup fut épouvantable à m'en casser la tête contre les murs. Pendant un moment, je perdis tout courage. Je voyais mes petits en prison, manquant de tout, eux qui n'avaient jamais manqué de rien. Pendant deux heures, je pleurai comme un imbécile.

Puis je me rappelai une lettre que j'avais reçu du frère de Jules Favre au moment de l'affaire Laluyé où mon ancien collègue de la Défense nationale, formellement accusé de falsification d'état civil et de captation d'héritage, avait à peu près avoué.

J'avais essayé de le défendre mieux qu'il ne s'était défendu lui-même, et, dans un élan de reconnaissance, Favre frère m'avait adressé un remerciement attendri où il m'assurait que jamais ni lui ni sa famille n'oublierait le précieux concours que je leur apportais dans une circonstance douloureuse.

J'écrivis donc à Jules Favre, alors ministre des Affaires étrangères, un billet de deux lignes dans lequel je le priais de bien vouloir m'entendre à propos d'une communication qu'on venait de me faire touchant mes enfants.

Je ne rappelais bien entendu ni ma générosité à son égard, ni les effusions de gratitude dont son frère m'avait accablé, mais il n'était pas un instant admissible qu'il ignorât le service que je lui avais rendu au moment où son honneur était à un si haut point engagé et compromis.

Il ne me répondit pas et continua à pousser furieusement à mon exécution. Heureusement, la nouvelle de l'arrestation de mes enfants était fausse, bien qu'elle eût failli être vraie. Supposant sans doute que j'avais laissé entre leurs mains des papiers importants lorsque j'avais quitté Arcachon pour Paris, Thiers avait donné l'ordre de s'emparer d'eux et de leurs bagages à leur arrivée à Bordeaux.

La dame préposée à la librairie de la gare, ayant remarqué de nombreux agents qui se promenaient sur le quai en attendant le train, interrogea l'un d'eux qui la mit au courant de sa mission. L'excellente femme, avec une sollicitude et un dévouement qui pouvaient lui coûter cher à cette heure effroyable et ténébreuse, se précipita au-devant du train, attendit à peine qu'il fût arrêté pour en arracher ma sœur et mes petits, qu'elle fit prestement entrer dans une cour vitrée, où ils passèrent tout le restant de la journée.

Les mouchards explorèrent tous les wagons et au dernier train arrivant d'Arcachon repartirent bredouilles. La libraire fit alors sortir de leur cachette ma sœur et mes enfants qui se jetèrent dans un compartiment en partance et arrivèrent le lendemain matin à Paris.

Ils y eussent été encore moins en sûreté qu'à Bordeaux si Edmond Adam, qui les attendait, ne les eût immédiatement rembarqués pour l'Angleterre. J'étais perdu, mais ils étaient sauvés.

On le voit, car je n'invente rien, Paris était devenu un abattoir et le reste de la France une souricière. Enfance, liberté individuelle, droit des gens, rien n'était respecté. C'était le déchaînement de toutes les fureurs cléricales et la Saint-Barthélemy à la sixième puissance.

Bien que je fusse au secret le plus absolu, le hasard ou une complicité anonyme me tenait quelque peu au courant des épisodes de la semaine sanglante. Je me faisais apporter du dehors — toujours pour mon gardien, car je mangeais à peine — des pots de confiture presque toujours enveloppés dans des carrés de journaux qui me renseignaient partiellement et confirmaient, en tout cas, la défaite de la Commune. Je lus sur un de ces couvercles que le général Cluseret avait été fusillé malgré une vive résistance.

Il est aujourd'hui député et il est probable que le malheureux dont on signalait l'exécution sommaire était un faux Cluseret qu'on avait pris ou feint de prendre pour le vrai, car dans cette chasse à l'homme, qui dura huit jours pleins, tout gibier paraissait bon à tirer et quand on avait tué un faux Vallès ou un pseudo-Billioray on en retuait trois ou quatre autres dans l'espoir que le bon se trouverait dans le tas.

L'entrée de nouveaux prisonniers dans la maison d'arrêt détourna un peu l'attention de ma personnalité. J'appris par mon surveillant que Paschal Grousset, Rossel, Lullier, Courbet venaient d'être écroués et plongés dans des cellules avoisinant la mienne au rez-de-chaussée de la prison.

Afin d'éviter l'éparpillement de la surveillance, le directeur de ce petit Mazas avait réuni dans un même périmètre toutes les grosses pièces sur lesquelles sa vigilance était concentrée. Il tenait ainsi sous sa main ceux qu'il supposait devoir être condamnés à mort, et, en effet, tous mes voisins le furent : Rossel, Ferré, Gaston Dacosta, Lullier. Moi seul évitai la sentence fatale, remplacée, du reste, par une autre qui ne l'était guère moins.

Pendant une heure, nous nous promenions dans une portion d'un préau circulaire coupé en tranches comme un fromage de Brie. Au milieu de ce couloir à ciel ouvert s'épanouissait un petit tertre planté de fleurs qui lui donnait l'apparence d'une concession de cimetière, si bien que nous avions l'air de tourner autour de nos propres tombes. Nous n'étions pas, comme les Chartreux, astreints à les creuser nous-mêmes, mais nous devinions que d'autres les creusaient pour nous.

Cette promenade facultative était sépulcrale au point que j'y renonçai au bout de quelques tentatives. Parfois, à travers mon guichet, je voyais passer ceux de mes compagnons qui se rendaient dans le préau pour se dégourdir un peu les jambes. C'est ainsi que j'aperçus Rossel et Ferré que je ne connaissais même pas physiquement, ce qui eût été assez singulier si j'avais été un des « chefs » de la Commune.

Bien que la loi ordonnât que tout inculpé fût interrogé dans les vingt-quatre heures, quinze jours s'étaient écoulés sans que personne m'eût posé la moindre question. Je ne savais de mon sort futur que ce que m'en apprenaient d'énormes inscriptions tracées au charbon, que j'avais lues en allant à la promenade et qui portaient écrits de la main des sergents de ville ces mots encourageants : « Mort à Rochefort ! »

Malgré la solitude totale où vivaient les prisonniers, ils trouvaient encore moyen de communiquer entre eux. Les détenus de droit commun, plus experts que nous dans l'art de tromper les surveillants, se jetaient des boulettes de papier par-dessus les murs de séparation des préaux et se donnaient ainsi de leurs nouvelles. Quelquefois aussi ils y écrivaient leurs noms avec des compliments à l'adresse de leurs camarades. J'y déchiffrai un jour cette inscription :

Poil-de-Brique dit bonjour à Bibi.

Poil-de-Brique devait probablement son surnom à la couleur de ses cheveux. Nous autres qui manquions des instruments nécessaires pour incruster nos noms et sobriquets sur les murailles du bâtiment, nous n'aurions rien su les uns des autres, si mes libéralités à l'égard de mon gardien n'avaient pas fait de lui mon aide de camp. Je lui demandai de vouloir bien passer une lettre de moi à Rossel de qui je sollicitais quelques détails sur son arrestation et les événements qui s'étaient déroulés dans Paris.

Rossel me répondit et, pendant tout le temps de notre captivité commune qui pour lui se termina par la mort, nous échangeâmes une correspondance qu'aucun *impedimentum* ne vint contrecarrer. Je gardai plusieurs de ses lettres et je me rappelle en avoir donné une à Mme Edmond Adam pour une vente de charité où elle fit un assez gros prix.

Comme tous les autres pensionnaires de la maison, je reçus la visite de l'aumônier, l'abbé Foley, prêtre plutôt égrillard et aimant à causer de tout autre chose que des félicités célestes. Il était d'ailleurs assez bon enfant et comme, dès le premier mot, je lui déclarai que la religion n'existait pas pour moi, jamais il n'en fut question entre nous.

Il me confessa être entré dans la prêtrise par désespoir d'amour. C'était le cardinal de Rohan, évêque de Besançon, qui lui avait conféré les ordres. Il m'offrit ses services, même pour faire passer des lettres au dehors, mais je préférais ceux de mon gardien.

Je dois rendre à l'abbé Foley cette justice qu'il paraissait s'intéresser réellement à mon sauvetage et qu'il chercha tous les moyens d'y contribuer. Il venait me voir à peu près tous les jours, car il y a le secret pour les parents, mais non pour les aumôniers, et me tenait exactement au courant de ce qui se tramait pour ou contre moi.

Ces informations précises m'étaient d'une grande utilité pour parer les bottes que mes ennemis me portaient. L'essentiel, me répétait-il, était de gagner du temps. Il était impossible que le torrent débordé de la colère publique ne finît pas par rentrer dans son lit.

Le danger pour moi venait de la résolution prise par Thiers d'instruire mon procès avant tous les autres, ce qui m'eût transformé en bouc émissaire et eût réuni tous les anathèmes sur ma misérable tête, à ce moment complètement rasée.

Lachaud, le grand avocat, avait accepté la défense de Courbet qui, pendant la Commune, ne s'était, avec le célèbre sculpteur Dalou, occupé que de questions purement artistiques. En sortant de la cellule de son client, Lachaud entra dans la mienne. Il avait autrefois plaidé pour moi, à l'époque où les affaires de duel étaient déférées aux tribunaux, et nous nous étions liés sans qu'il pensât alors devenir jamais bonapartiste.

Mais, comme le reste, les opinions politiques sont parfois soumises aux aléas de la vie : Lachaud était allé un jour demander à Napoléon III la grâce d'un condamné à mort et l'empereur l'avait reçu avec tant d'aménité, me répétait-il, qu'il était sorti des Tuileries tout à fait rallié à l'Empire.

L'Empire, de son côté, en avait fait un candidat officiel que, naturellement, mon journal avait combattu, malgré mes sympathies pour l'homme. Bref, Lachaud m'arracha aux rêveries de mon escabeau par ce reproche rétrospectif :

— Sans vous j'aurais été garde des sceaux, mais je

vous aime bien tout de même, et je viens vous voir pour que nous avisions ensemble au moyen de sauver d'abord votre tête. Plus tard, nous sauverons tout le corps.

Et quand il parlait de me sauver la tête, l'expression était matériellement exacte, car le gouvernement rural, se voyant enfin vainqueur et assis sur trente-cinq mille cadavres, avait agité la question de savoir si les futurs condamnés à mort que les conseils de guerre allaient offrir au minotaure de l'ordre seraient livrés aux balles ou au couperet.

Plusieurs membres du conseil, notamment Jules Favre, tenaient pour la guillotine; Thiers penchait pour le poteau d'exécution et obtint gain de cause en faisant observer qu'après trois ou quatre têtes coupées l'opinion publique se révolterait peut-être et qu'il deviendrait alors presque impossible d'achever « l'épuration ».

Par le feu de peloton, au contraire, les hécatombes seraient à la fois plus rapides et plus abondantes, deux et même trois condamnés à mort pouvant être fusillés à la fois.

Cette considération majeure détermina l'adoption du système thiériste, lequel, en effet, permit l'exécution de vingt-deux des fédérés auxquels les tribunaux militaires appliquèrent la peine capitale. Deux ans après la semaine sanglante, on tuait encore à Satory.

— Vous êtes la victime désignée et attendue, me dit Lachaud, et vos plus implacables ennemis sont vos anciens collègues de la Défense nationale, qui ne vous pardonnent pas de ne pas les avoir pris au sérieux. En ma qualité de bonapartiste, je ne puis vous défendre, mais quand vous aurez un avocat je reviendrai vous voir avec lui, et nous composerons sa plaidoirie à nous trois. Seulement préparez-vous à tout, car les journaux de Versailles demandent tous les matins votre mort.

Tous les jours, on écrouait de nouveaux prisonniers dont plusieurs étaient anciens membres de la Commune et quand on en eut capturé un certain nombre, la justice royaliste décida qu'elle les ferait tous juger en bloc. Cependant, comme, avec la meilleure ou la plus mauvaise volonté, il était impossible de prétendre que j'avais, à quelque titre que ce fût, appartenu au gouvernement de l'Hôtel-de-Ville, je fus gardé pour une autre fournée à laquelle on appliquerait une rubrique spéciale.

Jugé le premier, j'étais mort. Ce sursis qu'on m'octroyait constituait déjà une légère planche de salut. Je la devais aux réclamations réitérées de plusieurs amis dont le dévouement pour moi fut inaltérable. Emond Adam se démenait dans les couloirs de l'Assemblée. Jean Destrem, petit-fils du Destrem du Conseil des Cinq-Cents, qui avait reçu à coups de poing Bonaparte au 18 Brumaire, et aujourd'hui secrétaire de la rédaction du *Rappel*, publia une brochure où il fixait exactement mon rôle pendant la période communaliste, car pas un des émigrés de Versailles ne le connaissait, même approximativement.

Enfin la curiosité excitée par des accusés comme Assi, l'ancien organisateur de la grève du Creuzot, par Courbet qu'on accusait du plus criminel déboulonnage, par Ferré, le lieutenant de Raoul Rigault, par Lullier, l'ancien officier de marine, me rejetèrent momentanément, sinon dans l'oubli, au moins dans l'ombre. Je les vis, par mon guichet, réintégrer leurs cellules, les uns lugubres d'avoir à faire le grand voyage de la presqu'île Ducos ou de l'île des Pins, les autres heureux d'avoir échappé à la peine capitale.

Ferré et Lullier, condamnés à mort, rentrèrent insoucieusement. Courbet qui, on ne sait trop pourquoi, comptait sur un acquittement, paraissait navré des six légers mois de prison dont il avait été gratifié. Jourde, l'ancien délégué aux finances, s'en était tiré avec la déportation simple, peine essentiellement politique, qui, de la part des juges militaires, était tout bonnement la reconnaissance du gouvernement de la Commune.

En effet, Jourde pour verser à la garde nationale les trente sous quotidiens, avait dû réquisitionner, en deux mois, quarante-trois millions à la Banque de France. Si la Commune se composait d'une bande de pillards, comme Thiers l'avait affirmé vingt fois, le prétendu délégué aux finances était un simple voleur qui avait dérobé dans les caisses publiques la somme énorme de quarante-trois millions et la peine qui devait l'atteindre aurait dû être celle qu'on applique aux crimes de droit commun.

Avouer que cette réquisition avait été à la fois légitime et politique, rien de plus maladroit au point de vue où se plaçaient les vainqueurs. La gaffe dépassa même tout ce qu'on avait le droit d'attendre de l'intelligence bornée de ceux qui la commirent.

L'avocat général près le 3° conseil de guerre était un chef de bataillon nommé Gaveau, incommensurable dans son ignorance prétentieuse, et qui du reste mourut à peu de temps de là dans une maison d'aliénés. Je l'aurais cru trop bête pour jamais devenir fou.

En constatant qu'en soixante jours l'accusé Jourde n'avait pris à la Banque de France que quarante-trois millions, tandis que le gouvernement de la Défense nationale l'avait, en moins de cinq mois, saignée d'un milliard et demi, Gaveau s'était écrié triomphalement :

— Pour avoir dépensé si peu d'argent, vous en avez donc reçu des Prussiens ?

— Non, répondit Jourde. Seulement, au lieu de nous allouer cinq mille francs par mois, nous ne touchions à la Commune que quinze francs par jour.

Ces quinze francs par jour rapprochés de ce milliard et demi produisirent un gros effet, dont le délégué aux finances profita dans une large mesure, la déportation simple ne ressemblant que de très loin aux travaux forcés qu'il était en droit de craindre.

En apprenant la condamnation à mort de Ferré, son frère, arrêté comme lui, bien que n'ayant pris aucune part à l'insurrection, tomba subitement en proie à un accès de démence qui dura deux longs jours. Je l'entendis de mon lit pousser dans la nuit des cris terribles que rien ne put calmer, si ce n'est l'arrivée de son frère qui, intrépide pour lui-même, ne put tenir devant le spectacle de ce malheureux égaré et fondit en larmes en le serrant dans ses bras.

Je n'avais entrevu Ferré qu'une fois, comme je sortais du préau au moment où il entrait. Il était de petite taille, avec le nez busqué, des yeux d'aigle et la barbe noire. Nous nous saluâmes de la tête et je ne le revis plus, car la sentence eut pour lui son entier effet et il fut fusillé quelques mois plus tard à Satory, où il mourut en héros, le cigare à la bouche.

S'il y avait tenu, l'arrêt eût été facilement cassable, un des juges militaires faisant fonction de jurés ayant au cours des débats manifesté son sentiment. Comme, à une question que lui posait le président, Ferré avait répondu :

— Mon honneur me défend de vous renseigner à ce sujet.

Un des officiers composant le conseil s'était écrié tout haut :

— L'honneur d'un assassin !

Le mot avait été entendu, reproduit, et n'était pas niable. On conseilla à Ferré de se pourvoir en revision. Il refusa de se prêter à une nouvelle comédie de justice, dit-il à ses conseils, et il laissa aller les choses.

Je m'attendais à comparaître après le procès des membres de la Commune. Le mien fut encore retardé, ce qui éloignait d'autant pour moi les chances de mort.

Ce fut le malheureux Rossel qui prit ma place. Bien que l'odieux Cissey, devenu ministre de la guerre, déclarât tous les matins aux séances gouvernementales que l'armée réclamait mon exécution, je crois qu'elle insistait encore davantage pour celle de Rossel, qui avait mis son épée de capitaine du génie au service de la révolution ; les culottes de peau ayant toujours eu horreur des sans-culottes.

Dans leur soif de sang, les juges militaires se trompèrent de bouteille. Les articles 91 et 92 du Code pénal visent bien la peine de mort, mais en matière politique seulement, et un renvoi piqué dans le Code indique que l'échafaud a été, en 1848, remplacé par la déportation dans une enceinte fortifiée.

Toutefois cette substitution d'une peine à une autre était un peu compliquée pour l'intelligence de ces jurisconsultes de caserne, et ayant visé les articles 91 et 92, ils prononcèrent tranquillement contre Rossel la peine de mort qui ne lui était pas applicable.

Il se pourvut naturellement en revision, en quoi il eut tort, attendu que, la sentence étant inexécutable, il eût été impossible de ne pas la commuer. Au contraire, quand on leur eut mis le nez dans leur grossière erreur, les culottes de peau s'ingénièrent à découvrir un autre article susceptible d'entraîner le châtiment suprême.

Le parquet des conseils de guerre imagina alors cette félonie : relever contre Rossel le paragraphe qui punit de mort tout soldat qui, en temps de guerre, est convaincu d'avoir passé à l'ennemi.

Il fallait, pour obtenir ce résultat, assimiler aux Prussiens envahisseurs les Parisiens restés à Paris pour y défendre la République. C'est ce qu'à Versailles on n'hésita pas à faire. Le Code était pourtant à cet égard d'une clarté et d'une précision indéniables. Autrefois il était ainsi conçu :

« Tout militaire qui passe à l'ennemi ou aux rebelles sera puni de mort. »

En même temps qu'elle supprimait la peine de mort en matière politique, l'Assemblée de 1848 rayait de l'article précité le mot « rebelles » ne laissant subsister que le mot « ennemis ».

Or, il n'y avait aucun doute que Rossel avait passé non à l'ennemi mais aux rebelles, et que la suppression de ce dernier mot le mettait à couvert. Le pourvoi fut reçu, l'arrêt fut cassé, mais, à sa seconde comparution, on lui sortit cette accusation nouvelle et, contre toute loi et toute justice, la sentence resta la même, bien que les dispositifs en eussent été changés. C'était bel et bien un assassinat.

Comme il longeait le couloir pour revenir à sa cellule, il rencontra le fils Lachaud qui, avocat comme son père, défendait aussi plusieurs accusés. Je l'entendis demander à Rossel comment il se portait et celui-ci lui répondre :

— Comme un homme qui vient d'être condamné à mort pour la deuxième fois.

Le soir, le gardien me remit de l'infortuné une lettre où il me disait :

Mon cher voisin,

C'est de nouveau la mort. Je commence à m'y habituer. D'ailleurs il y a loin de la sentence à l'exécution, et je ne crois pas courir plus de risques que dans une bataille.

Tout à vous,
ROSSEL.

S'il ne courait pas plus de risques que dans une bataille, il en courait autant, et n'étant pas tombé sous les balles à Metz, il y tomba à Satory.

Cependant son agonie dura longtemps, et j'étais déjà parti pour le fort Boyard quand j'appris par les journaux son exécution.

Mon tour allait venir, et il s'agissait de me préparer à affronter cette cour peu martiale dont les juges avaient si mal affronté les Prussiens. Mon ami Destrem s'enquit d'un avocat. M° Allou refusa d'accepter ma défense qui lui eût barré la route électorale. M° Rousse refusa aussi, de peur sans doute de compromettre sa candidature académique. Je cherchais de nouveau à qui m'adresser, quand l'abbé Foley me fit part du vif désir qu'un jeune homme du barreau de Versailles avait de prendre ma cause en mains.

Il s'appelait Albert Joly et s'était également offert à Rossel qu'il défendit insuffisamment puisqu'il le laissa condamner deux fois à mort. A ce moment, il n'avait pas encore plaidé pour mon voisin de casemate et de solitude.

J'eus le pressentiment que je me repentirais un jour de l'avoir accepté comme avocat. Son nez pointu, son œil fuyant et aussi sa sordidité, car il arborait du linge plus que douteux, m'inspirèrent une confiance extrêmement limitée. Mais l'abbé Foley me l'avait présenté comme fort pauvre et je n'en fus que plus affable avec lui.

Je m'aperçus plus tard que rien n'est dangereux comme de se remettre entre les mains de gens qui ont besoin d'arriver. Cet inconnu comprit tout de suite que j'étais un client susceptible d'un rendement sérieux et, en effet, il me dut et son élection de député et sa fortune politique qui fût sans doute devenue considérable si la mort n'avait rapidement mis un terme à ses ambitions.

Lachaud, toujours très bon et très serviable, lui donna immédiatement rendez-vous dans ma cellule afin de lui dicter sa plaidoirie. Puis on s'occupa de chercher des témoins. Moi, je ne voulais assigner personne, pensant avec raison que les membres du conseil de guerre arriveraient avec leur arrêt tout mâché et, impitoyablement ou non, me condamneraient par ordre.

C'est alors qu'Albert Joly, dans son désir de s'aboucher avec Gambetta, me proposa de s'entremettre entre moi et lui qui pouvait me sauver du naufrage. J'écrirais à mon ancien collègue de la Défense nationale une lettre qu'il lui remettrait et où je lui expliquerais ma triste situation.

Je fis observer à mon jeune avocat que je n'avais rien à dire à Gambetta, lequel ne pouvait absolument rien pour moi auprès de Thiers qui, quelques jours auparavant, l'avait traité de « fou furieux ». Mais Joly, qui tenait à son plan, insista vivement, en me reprochant de vouloir n'agir qu'à ma tête. Il tira de sa serviette une feuille de papier à lettre d'assez grand format, la posa sur ma tablette et me dit :

— Ecrivez sous ma dictée.

Il avait préparé chez lui un brouillon de supplique qu'il m'épela lui-même. Seulement, quand j'eus transcrit ce brouillon sans date et sans adresse, car ce n'était qu'un projet, je lui déclarai nettement qu'à aucun prix je ne lui permettrais de rien remettre de semblable à Gambetta, et devant ma volonté aussi nettement exprimée il dut renoncer à ce moyen d'entrer en relations avec l'ancien dictateur de Tours.

Je raconterai comment, plus tard, ce papier sans valeur, que je croyais avoir déchiré, fut retrouvé dans les cartons d'Albert Joly après sa mort ou remis par lui de son vivant à l'entourage de Gambetta et publié dans le *Voltaire* par Joseph Reinach, gendre du voleur qui se suicida à Nivillers lors de l'explosion du Panama.

L'insertion dans un journal de ce document qui n'émanait pas de moi donna lieu de ma part à un envoi de témoins que Joseph Reinach refusa de recevoir, ce qui lui valut de ma part la lettre suivante :

Jeune drôle,

C'est précisément parce que la lettre que m'avait dictée Albert Joly était blessante pour mon honneur que je ne l'ai pas envoyée à M. Gambetta.

Où que vous en ayez trouvé le manuscrit, qui était sans date et sans adresse, vous n'aviez le droit ni de le prendre ni de le publier.

Vous entrez dans la vie politique par un vol, un faux et une lâcheté : vous irez très loin.

Je vous envoie à la figure assez de crachats pour que votre honorable patron en ait sa part.

Henri Rochefort.

Il me fut, en effet, extrêmement facile de démontrer que, si j'avais adressé une lettre à Gambetta, elle n'aurait pu sortir de la prison qu'en passant par le greffe et sous les yeux du directeur, tenu de l'estampiller et de l'inscrire sur son registre.

Les défenseurs des prévenus de la Commune s'étaient, en effet, engagés sur l'honneur à ne se charger d'aucune missive, et comme une lettre de moi à Gambetta eût été certainement rendue publique, Albert Joly, pour manquement à la parole donnée, risquait une suspension d'au moins six mois qu'eût prononcée le conseil de l'ordre.

La calomnie de Reinach tombait donc d'elle-même. Aussi, quand je lui offris, en 1881, de la soumettre à un arbitrage où au besoin il choisirait les arbitres, le « jeune drôle » se déroba-t-il constamment.

Mais, en 1871, la réaction la plus déchaînée, ayant été obligée de reconnaître que je n'avais poussé à aucune exécution, se rabattit sur ma probité. Je fus, dans une brochure signée d'Albert Wolff lui-même, qui faisait ainsi le jeu de Villemessant, incriminé de soustractions frauduleuses sur un certain nombre de travaux du Louvre et de détournement de bronzes appartenant à M. Thiers.

En outre, un agent de police vint déposer devant le capitaine instructeur m'avoir vu présider « à l'enlèvement des vases sacrés de l'église des Petits-Pères ». J'ignorais et j'ignore encore où est située l'église des Petits-Pères. Je n'avais de ma vie mis les pieds dans l'hôtel de Thiers. Quant aux tableaux du Louvre, l'exiguité de mon appartement m'en aurait rendu le placement très difficultueux.

Plus tard, lorsque ma plume me fut rendue avec la faculté de m'en servir, j'expliquai que je n'avais pas dérobé les bronzes de Thiers pour plusieurs raisons : la première, c'est que, bien qu'il les eût achetés comme anciens, ils étaient tous modernes et sans aucune valeur soit archéologique, soit artistique ;

La seconde : qu'avant de mettre la pioche dans sa maison, dont nous disions dans le *Mot d'Ordre :*

« On s'est aperçu, en la démolissant, qu'elle était bâtie de boue et de crachats, — comme son propriétaire » — les démolisseurs avaient soigneusement étiqueté et envoyé au Garde-Meuble, où ils furent retrouvés, tous les soi-disant objets d'art qui la garnissaient.

Quant aux tableaux du Louvre, je me justifiai ainsi de l'accusation de m'en être emparé :

« Non, je n'en ai décroché ni emporté aucun. En quoi j'ai eu grand tort, attendu que, si je les avais cachés dans mon domicile, on les y aurait retrouvés intacts, tandis que, sous prétexte de restauration et de nettoyage, les ineptes fonctionnaires chargés de les garder en ont détruit une cinquantaine : notamment les plus beaux Rubens, la *Femme hydropique* de Gérard Dow, les *Bergers d'Arcadie* de Poussin, et les *Pèlerins d'Emmaüs* de Rembrandt.

Tel qu'on me connaît, on trouvera sans doute stupéfiant que j'aie eu à me défendre contre des accusations de ce calibre, mais à ce moment c'était par ces imputations ignominieuses que la réaction cléricale se manifestait. C'est dans les séminaires que se fabriquent ces histoires-là.

J'avais, pendant la Commune, perdu mon père, mort à quatre-vingt-un ans au commencement d'avril 1871 et dont l'enterrement avait été purement civil. J'étais donc depuis lors en grand deuil. L'agent de police qui déposait contre moi n'en affirmait pas moins m'avoir vu procéder au pillage de l'église des Petits-Pères en « pantalon gris perle ». Le gris perle de ce pantalon donna même lieu à un long dialogue entre moi et le capitaine d'infanterie de ligne chargé de l'instruction de mon procès.

De temps en temps j'étais extrait de la prison de Versailles pour être conduit, entre huit soldats armés jusqu'aux gencives, dans le cabinet de cet instructeur. Je ne crois pas avoir de ma vie subi l'humiliation de trouver un interlocuteur aussi obtus. Je me suis rappelé son nom l'autre soir. Il s'appelait et s'appelle peut-être encore d'Hamelincourt.

Petit, maigre, moustaches blondes et rares, il était affligé d'un strabisme on ne peut plus divergent. C'est sans doute ce qui faisait croire à ce louchon que les Prussiens étaient sur sa gauche quand ils étaient sur sa droite.

Malheureusement, si ses yeux étaient de travers, ses facultés intellectuelles l'étaient peut-être plus encore. J'ai cité plus haut un article intitulé : *les Otages*, où je protestais contre les prochaines exécutions, que pourtant les férocités versaillaises ne justifiaient que trop. C'était même à la suite de ce cri du cœur que la suppression de mon journal et aussi de moi-même avait été décidée par Raoul Rigault.

Eh bien, le galonné qu'on m'avait donné pour

juge avait basé presque tout son acte d'accusation sur cet article, feignant de croire, ou croyant peut-être, qu'en imprimant le mot « otages » j'avais l'intention d'exciter à l'exécution de ceux que la Commune avait mis en réserve.

— Mais, lui fis-je observer, vous n'avez qu'à lire mon article sur les otages pour vous convaincre que je l'ai écrit dans le but d'empêcher leur mise à mort.

— C'est possible, monsieur, riposta-t-il d'un ton vainqueur; mais en ce cas pourquoi le titre en est-il imprimé en si grosses lettres?

— Parce que, lui dis-je stupéfait, les typographes ont l'habitude de composer les titres en caractères autres que ceux du texte.

— N'importe! insista ce capitaine, si vous n'aviez pas eu une arrière-pensée, vous auriez fait imprimer votre titre en moins grosses lettres.

Telles étaient les questions qu'il se plaisait à me poser. Cependant la plus réjouissante de toutes fut celle-ci :

— Monsieur, dans les perquisitions opérées dans votre appartement de la rue de Châteaudun, on a recueilli les preuves de votre affiliation à une bande de révolutionnaires cosmopolites.

— Je ne comprends pas beaucoup ce que vous entendez par là, lui dis-je.

— Eh bien, dans un de vos tiroirs on a découvert deux photographies, l'une de Garibaldi avec une dédicace, l'autre de Mazzini avec une dédicace également.

— En effet, ces deux gra
voyé leurs portraits.

— Mais, reprit mon gâteux, ce n'est pas tout : il y en avait aussi plusieurs d'Henri Rochefort qui ont été saisis.

Je crus qu'il se livrait à une plaisanterie peu spirituelle, mais en somme plutôt aimable, et pour rester à son niveau :

— Mais, fis-je, en souriant, je croyais qu'Henri Rochefort c'était moi-même.

— Je ne le nie pas, dit-il d'un air convaincu. *Il n'en est pas moins étonnant que vous ayez chez vous autant de portraits de ce socialiste.*

Je doute que les annales judiciaires aient jamais rien contenu d'aussi funambulesque. J'étais honteux pour moi-même d'être soumis à de pareils interrogatoires et d'avoir à subir de si grotesques investigations. Je n'ai jamais mieux compris que dans mes entrevues avec cette soldatesque à quel point le régime militaire déprime et rétrécit les cerveaux. Aussi avais-je pris l'habitude de répondre à ce poseur de questions :

— Je ne comprends pas ce que vous me demandez.

Il a dû déplorer souvent que j'eusse la compréhension aussi difficile et se féliciter d'avoir été, sous ce rapport, aussi heureusement doué par la nature.

Le commissaire du gouvernement près le troisième conseil de guerre, chargé de requérir contre moi, était également un capitaine, mais d'infanterie de marine. Il avait fait une partie de sa carrière dans les colonies et notamment en Nouvelle-Calédonie où il avait été accusé de faits entachant sa délicatesse. Mais les cléricaux ne se sont jamais montrés particulièrement difficiles sur le choix de leurs agents. Celui-là avait accepté avec joie la tâche de solliciter douze balles en ma faveur. Il avait même dit à mon avocat, qui me le répéta :

— Je réclamerai la peine de mort, mais j'ai bien peur de ne pas l'obtenir.

Tout à coup j'appris qu'il avait été révoqué de ses fonctions de porte-parole du gouvernement rural et remplacé par un chef de bataillon nommé Gaveau, qui s'était déjà signalé en qualité d'avocat général dans le procès des membres de la Commune.

La cause de la destitution du capitaine, qui craignait de ne pouvoir obtenir contre moi la peine de mort, était de la plus haute gravité. Je ne l'aurais probablement jamais connue si mon gardien fidèle — fidèle à mes déjeuners — ne m'avait pas, sous le sceau du plus grand secret, révélé tout le drame.

La justice militaire et le directeur de la prison de Versailles avaient constaté que Rossel était bien souvent demandé à l'instruction par ce capitaine qui l'y retenait quelquefois des heures sans motifs apparents, puisque les actes du prévenu étaient publics et qu'il ne songeait certainement pas à les nier.

On apprit alors que, par l'intermédiaire d'Albert Joly, son avocat, qui allait être le mien, des négociations s'étaient engagées entre des amis ou des parents de Rossel et le commissaire gouvernemental, dans le but de faciliter l'évasion du jeune général de la Commune.

La somme à verser au juge instructeur était de quatre-vingt mille francs. Rossel, au milieu d'un pseudo-interrogatoire, devait s'affubler d'un costume militaire et sortir au bras de son sauveur après s'être rasé la barbe et les moustaches.

La fréquence de leurs entretiens donna l'éveil

Albert Joly, convaincu d'avoir, malgré son serment, passé des lettres de son client à ses futurs libérateurs, fut condamné à une suspension de six mois, et le commissaire près le 3° conseil de guerre dépossédé de toute fonction judiciaire.

Sans la crainte du scandale et peut-être de la contagion, ce félon qui trahissait son mandat non par générosité naturelle ou par pitié pour un vaincu, mais en vue d'un gros denier à encaisser, eût payé un peu plus cher l'avortement du complot.

Cette tentative d'évasion eut un pendant qui ne réussit pas davantage : le jeune Maroteau, autrefois journaliste de la rive gauche, avait, pendant la Commune, fondé la *Montagne*, qui servit à le faire condamner à mort, mais non à l'enrichir, car sa feuille n'eut guère qu'une vingtaine de numéros. Maroteau, à peine âgé de vingt-deux ans, portait sur un corps élancé une tête intéressante de jeune malade, qu'il était en effet, car la tuberculose le dévorait.

A peine incarcéré, il passa de la prison des Chantiers à l'hôpital de Versailles où vint le rejoindre Vermorel, qui y mourut, et Lisbonne, le colonel, qui y guérit à peu près d'une affreuse blessure à la cuisse.

Mais les grands yeux de Maroteau avaient impressionné vivement une jeune sœur qui, en lui portant ses tisanes, lui proposa de l'aider dans une fuite qu'ils combineraient ensemble. On juge si Maroteau se prêta à cette idylle. Malheureusement la mère supérieure, non contente d'avoir fait vœu de chasteté, avait l'œil sur la chasteté des autres, et la pauvre sœur, surprise en train de pousser la charité envers Maroteau plus loin que l'Evangile ne le permettait, fut envoyée dans un autre hôpital, auprès de malades moins ragoûtants, et tout espoir de délivrance s'envola avec elle.

Le malheureux Maroteau, que son état précaire n'avait pas préservé d'une condamnation à mort infligée pour un article de quelques lignes, mourut en 1875 au bagne de l'île Nou, après une commutation aux travaux forcés qui n'avait été qu'une aggravation de peine et une prolongation d'agonie.

En ce qui me concernait, il n'y aurait eu pour moi aucun adoucissement à attendre. Je ne pouvais être frappé de la peine capitale que par des officiers bonapartistes, heureux de venger leur empereur de la guerre que je lui avais faite dans la *Lanterne* et dans la *Marseillaise*. Une fois la sentence prononcée, il devenait impossible de ne pas donner à l'armée et aux généraux de l'Empire, comme les Vinoy, les Cissey et les Mac-Mahon, la satisfaction de mon exécution publique. Du moment où je tombais dans la poêle, j'y étais frit sans rémission.

Au surplus, ma mort était déjà tellement escomptée dans le public que les compliments de condoléance venaient me trouver jusque dans mon cachot. On connaît cette manie qu'ont les missions protestantes de fourrer dans les poches des passants des brochures religieuses de petit format, composées d'historiettes où « Christ » finit toujours par triompher des embûches semées sous les pas de ses sectateurs.

Eh bien, tous les soirs, j'ignore par quel système de pénétration à travers les murs du pénitencier, je trouvais sur ma tablette et jusque sous mon traversin des opuscules commençant d'ordinaire par ces mots réfrigérants :

« Tu vas bientôt paraître devant Dieu. C'est l'heure de te convertir ! »

Et l'auteur de ces élucubrations m'assurait que, si je consentais seulement à y mettre un peu de bonne volonté, « Christ » me recevrait là-haut avec tous les honneurs dus à un criminel qui avait illustré ses derniers moments par un éclatant repentir.

Le directeur, très versaillais et qui aimait, je crois, à m'imposer cette désagréable lecture, car en prison on ne demande qu'à lire, s'était fait volontiers l'intermédiaire de la vieille folle qui, me conta mon gardien, prenait de Paris, tous les jours, le train de Versailles pour venir travailler ainsi à mon salut.

L'excellente femme a dû être on ne peut plus désappointée en apprenant plus tard que j'avais la vie sauve et que « Christ » en serait, cette fois encore, pour ses préparatifs de réception.

De temps à autre, ma solitude cellulaire était coupée par la visite de mes enfants qu'on autorisait à venir me dire bonjour à travers deux grillages séparés par un couloir au milieu duquel se tenait de planton un surveillant qui happait toutes nos paroles au passage, afin qu'il ne transpirât rien au dehors des mystères de l'instruction. Plusieurs amis, entre autres le docteur Tripier, purent venir dans cette cage à quadruples barreaux constater que je n'avais perdu ni ma santé ni mon sang-froid.

Cette géhenne, je l'avoue, m'enlevait toute la joie de voir ma famille et j'aimais mieux renoncer aux visites de mes petits que de les recevoir dans des conditions aussi précaires.

Mais, dans les passes les plus périlleuses pour moi, un événement improbable et imprévu a presque toujours surgi qui m'a tiré des profondeurs où on me croyait et où moi-même je me croyais enseveli. L'Assemblée rurale qui ne demandait qu'à boire mon sang, émit inconsciemment le vote qui devait renverser le fatal poteau de Satory, déjà dressé à mon intention. Elle octroya, par acclamation, à Thiers un million cinquante mille francs pour la reconstruction de sa maison de la place Saint-Georges, dont, par-dessus le marché, elle lui laissait le terrain, qui avait une réelle valeur.

C'était donc pour lui une excellente affaire. Or on sait que je passais — à tort, je l'ai démontré par la publication du *Mot d'Ordre* — pour l'auteur moral de la destruction de cet immeuble. Mon crime était réparé à la dixième puissance par l'indemnité accordée à ma prétendue victime.

Je ne veux rien insinuer contre le désintéressement, d'ailleurs peu légendaire, de l'ancien ministre de Louis-Philippe ; mais, à partir de ce moment, son attitude à mon égard changea du tout au tout. Il invita à dîner mon dévoué protecteur Edmond Adam et lui conta comment, au conseil des ministres du matin, une scène terrible avait eu lieu. Cissey avait demandé, presque exigé, une condamnation sans atténuation aucune, en quoi il avait été appuyé par Jules Favre.

Les autres ministres restaient indécis, sauf Jules Simon qui repoussait énergiquement toute solution sanglante. Alors lui, Thiers, s'était levé et s'était plaint amèrement qu'on semblât vouloir à plaisir souiller sa mémoire en lui laissant la responsabilité de tous les massacres ; il avait ajouté que nous n'étions plus en 1793 et que pour avoir écrit des articles, fussent-ils de la dernière violence, un journaliste ne pouvait être passé par les armes.

Et comme Favre et Cissey lui opposaient la raison d'Etat et l'opinion de l'armée, il avait finalement fondu en larmes, répétant qu'on cherchait à le déshonorer.

Devant cette explosion de sensibilité, l'opposition avait désarmé subitement et il avait été décidé que j'échapperais à la fusillade finale.

Voilà le fait tel qu'il m'a été transmis par Edmond Adam. Parmi les nombreuses surprises dont ma vie a été émaillée, celle d'avoir fait pleurer Thiers restera peut-être la plus saisissante.

En dehors de l'agent de police qui déposait m'avoir vu présider au pillage d'une église en « pantalon gris perle », je n'avais contre moi d'autres témoins à charge que mes articles. L'essentiel était donc d'atténuer l'effet des calomnies des journalistes et des brochuriers de l'ordre, qui amoncelaient à mon actif toutes sortes de dévalisages de villas. Car le principe des réactionnaires a toujours été d'accuser de vol les républicains.

On l'avait fait pour Orsini, pour Garibaldi, pour Delescluze. On le faisait pour moi. Rien n'était plus conforme aux traditions monarchiques.

Cependant Albert Joly me conseilla d'assigner ce qu'on appelle, en langage judiciaire, des témoins de moralité qui pussent déposer sur la probité de ma vie, car je n'avais jamais dû un sou à personne et n'avais à aucune époque été mêlé à la plus petite opération financière.

Nous convînmes avec mon avocat d'invoquer à cet égard le témoignage du général Trochu qui avait assisté à mes efforts infructueux, mais énergiques, pour faire réduire de la moitié, puis tout au moins du tiers, nos appointements de membres du gouvernement. Pendant les sept derniers mois de l'Empire passés à Sainte-Pélagie, je n'avais pas touché mon traitement de député qu'Ernest Picard, après le 4 septembre, m'avait offert de me faire compter, ce que j'avais refusé catégoriquement.

Ce passé n'était pas précisément celui d'un homme habituellement livré aux vols de bronzes, tableaux et objets d'art. Il aurait fallu que, dans les deux mois de la Commune, j'eusse singulièrement changé.

J'ajouterai que durant mon court séjour parmi les membres de la Défense nationale j'avais eu à subir de nombreux assauts de la part de négociants en fusils destinés à la garde nationale, et dont les tentatives de corruption m'amusaient. Une aventurière notamment, dont j'ai retrouvé le nom dans le procès de l'industriel Ferrand, principal commanditaire de la *République française*, m'avait accablé de propositions qui, pour être déshonnêtes, n'en étaient pas moins brillantes et dont j'avais fait part à mes collègues de l'Hôtel-de-Ville.

J'adressai donc au général Trochu la prière de vouloir bien consentir à venir déposer devant le conseil de guerre sur les faits que je lui indiquais dans une lettre naturellement très courtoise, où, laissant de côté toute préoccupation matérielle, je ne mettais en jeu que les attaques dont ma considération personnelle était l'objet. Je lui disais d'abord :

« Je ne vous aurais certainement pas causé ce dérangement si mon pauvre honneur qu'on vilipende et tout mon passé qu'on incrimine n'avaient pas le plus sérieux besoin de votre honorable témoignage. »

Je lui rappelais que j'avais quitté le gouvernement avec quarante francs dans ma poche. Or, immédiatement après mon départ, un éditeur de journaux était venu m'offrir, pour en fonder un, cinquante mille francs que j'avais refusés pour ne pas entraver la défense et de peur d'avancer, fût-ce d'un jour, la capitulation.

Et je terminais par ces mots qui indiquaient quelles étaient mes préoccupations :

« Je ne sais, général, si vous consentirez à me prêter votre appui pour témoigner au moins de mon peu d'ambition et de mon désintéressement. Si, ce qui est probable, je suis condamné, je voudrais bien sortir pur de cette épreuve. »

C'était donc le souci de mon honorabilité qui seul m'inquiétait, puisque, sûr comme je l'étais de ma condamnation, je ne prenais même pas la peine de dissimuler cette certitude.

Trochu, appelé en témoignage sur des faits patents, pouvait se refuser à déposer. Ce dont il n'avait le droit sous aucun prétexte c'était de donner à une lettre écrite pour lui seul une publicité énorme en la colportant dans les bureaux de rédaction, et, afin de montrer à quel point il fraternisait avec tous les ruraux les plus scandaleusement réactionnaires, de communiquer également à la presse monarchique sa réponse qui, lorsqu'elle me parvint dans ma cellule, avait déjà paru partout.

C'était l'acte non seulement d'un méchant mais d'un malhonnête homme — presque d'un lâche. Ou plutôt, c'était l'acte d'un clérical et d'un familier des sacristies, qualificatif qui comprend à lui seul toute la gamme des ignominies et des trahisons.

A ma requête qui était celle d'un homme politique désireux de ne pas passer plus longtemps pour un voleur, voici l'odieuse réponse que toutes les feuilles de la réaction servirent joyeusement à leurs lecteurs :

1ᵉʳ septembre 1871.

Monsieur,

J'ai reçu à Paris la lettre que vous venez de m'écrire. Si je suis appelé devant la justice, soit par elle, soit par vous, j'aurai à déposer des faits suivants, qui sont l'expression de la vérité absolue :

La députation qui est venue au Louvre, le 4 septembre, me voir pour me demander de me rendre à l'Hôtel-de-Ville, me remit une liste des membres du gouvernement où votre nom ne figurait pas. C'est à l'Hôtel-de-Ville que je fus informé de votre présence dans le gouvernement où on me demandait d'entrer comme ministre de la guerre sous la présidence de M. Jules Favre.

J'acceptai, sous la condition que le gouvernement admettrait certains principes que je formulai immédiatement. Après avoir reçu de lui la réponse la plus affirmative, je me rendis auprès du ministre de la guerre, général Palikao, pour l'informer de l'état des choses. A mon retour à l'Hôtel-de-Ville, j'exprimai l'opinion que ce qui restait de l'armée se rallierait autour de moi si j'étais le chef du gouvernement de la Défense, mais ne se rallierait probablement pas autour de M. Jules Favre.

Immédiatement et sans discussion d'aucune sorte, je fus nommé président du gouvernement de la Défense, au lieu et place de M. Jules Favre, devenu vice-président.

Vous n'avez donc pas été dans le cas d'insister, comme vous le dites, pour ma nomination à la présidence, car cette nomination a été faite sous mes yeux, à l'imprévu, et sur des observations relatives à l'esprit de l'armée, que j'avais présentées moi-même.

Je vous ai vu ce jour-là pour la première fois et je vous ai vu pour la dernière la veille du 31 octobre.

Dans l'intervalle, c'est-à-dire pendant le temps que vous

avez siégé à l'Hôtel-de-Ville, je vous ai trouvé très activement occupé à la défense, sans ambition personnelle apparente et plus modéré que votre notoriété ne me l'aurait fait supposer. Plusieurs des mesures d'un caractère conservateur, que je proposais, ont été appuyées par vous. L'un de vos actes m'avait particulièrement touché : avec un autre membre du gouvernement dont je n'ai pas à rappeler le nom, vous avez refusé tout traitement pour votre participation à la direction des affaires. Mais j'ai appris depuis qu'après ce refus public — car il avait été fait en conseil — vous auriez *secrètement* réclamé le traitement dont il s'agit ; circonstance qui a gravement compromis dans mon esprit votre caractère.

Je ne me rappelle pas vous avoir vu à l'Hôtel-de-Ville, le 31 octobre, au milieu des périls communs. Le lendemain, vous avez donné votre démission.

Mais je me refuse à admettre absolument qu'elle ait eu pour cause, comme vous le dites, la négociation d'armistice que M. Thiers poursuivait en ce moment à Versailles. Vous saviez comme nous tous que l'idée de cet armistice venait du dehors, que le gouvernement, informé, en avait délibéré, qu'il s'était unanimement, vous présent, prononcé pour un ultimatum qui était *l'armistice avec le ravitaillement de Paris, l'élection dans tous les départements et la réunion d'une Assemblée nationale.*

Ces délibérations, antérieures au mois d'octobre, ne vous avaient pas conduit à vous retirer. Enfin, votre lettre de démission, lue au conseil le 1ᵉʳ novembre, exprimait purement et simplement qu'en présence des événements survenus vous ne pouviez pas suivre le gouvernement dans la voie où il s'engageait. Or, cette voie, c'était la lutte avec la démagogie dont les chefs venaient d'être décrétés d'arrestation.

Depuis, j'ai échangé avec vous une lettre au sujet d'une mère de famille dont le mari avait été tué à l'ennemi et pour laquelle vous me demandiez en bons termes d'obtenir un secours du ministre de la guerre.

Là se sont arrêtés mes rapports avec vous.

En dernier lieu, on m'a fait lire dans les journaux, pendant le règne sanglant de la Commune, des articles tirés du journal le *Mot d'Ordre* qui vous appartenait. Ils étaient du plus abominable caractère. L'un d'eux provoquait la foule à la destruction de la maison de M. Thiers. Il vous a achevé dans mon esprit.

Général Trochu.

Cette lettre jésuitique était mensongère d'un bout à l'autre. Je n'avais pas déclaré ne vouloir toucher aucun traitement, d'abord parce que tout travail mérite salaire et que rien n'est antidémocratique comme la gratuité des fonctions.

En second lieu, étant sorti de Sainte-Pélagie sans un sou, je ne pouvais refuser mes appointements sans m'exposer à mourir de faim. J'avais simplement protesté contre les cinq mille francs par mois que nous nous étions attribués et que je voulais réduire à deux mille. C'est après ma démission que j'en ai réclamé le reliquat parce que m'étant imposé de ne pas écrire jusqu'à la fin du siège, pour ne pas entraver la défense, j'avais besoin de vivre et de faire vivre mes enfants.

Les réflexions de Trochu à propos de ma démission constituaient les calomnies les plus impudentes. Je l'avais donnée non après, mais deux jours avant le 31 octobre; il n'y pouvait donc pas être question d'événements qui ne s'étaient pas encore produits.

Je me retirais simplement parce que mes collègues persistaient à refuser à la population parisienne les élections municipales qu'ils lui avaient formellement promises.

Quant à l'affirmation de Trochu constatant mon absence pendant la journée du 31 octobre, l'imposture était si flagrante qu'elle indigna tous ceux qui m'avaient vu ce jour-là à l'Hôtel-de-Ville où j'étais venu pour demander pourquoi ma démission n'avait pas encore paru à l'*Officiel*. C'était moi et moi seul qui avais reçu le premier choc des envahisseurs au-devant desquels je m'étais porté, tandis que Trochu, tout pâle et décontenancé, faisait l'ours le long du mur du fond de la salle des séances.

J'avais, avant de me rendre à l'entrée de la salle, exigé qu'on m'autorisât à renouveler au peuple l'assurance que les élections municipales allaient être décrétées. Tous mes anciens collègues, Trochu comme les autres, me donnèrent pleins pouvoirs.

Je m'exposais donc bénévolement, pour le gouvernement dont je ne faisais plus partie, à des violences populaires qui n'étaient certainement pas sans danger. Nier non seulement le concours que j'avais prêté au gouvernement, mais ma présence à l'Hôtel-de-Ville, « au milieu du danger commun », c'était de la part du général Trochu, se déshonorer par le plus faux des témoignages.

Je me rappelai heureusement l'intervention de Schœlcher qui m'avait accompagné dans cette mission conciliatrice. Je lui fis demander de vouloir bien déposer de ce qu'il savait à propos de la journée du 31 octobre et voici la lettre qu'il me répondit, car s'il était ombrageux et bizarre, Schœlcher, comme je l'ai dit plus haut, était essentiellement honnête :

Samedi, 16 septembre 1871.

Mon cher et ancien collègue,

Vous m'informez que le général Trochu, dans une lettre qu'il vous aurait écrite, vous accuse de n'avoir pas été à l'Hôtel-de-Ville le 31 octobre, et vous me demandez de témoigner de ce que je sais à cet égard.

J'affirme de la manière la plus positive que le général Trochu se trompe; j'affirme que je vous ai vu sortir (il pouvait être deux heures ou deux heures et demie) de la salle du conseil du gouvernement pour aller calmer la foule des envahisseurs qui occupaient la salle du trône.

Vous m'avez prié de vous y accompagner. Nous y avons pénétré ensemble; vous êtes monté sur une table pour parler, mais à peine aviez-vous dit quelques mots d'apaisement, que vous avez été interrompu par des vociférations.

Là-dessus, pas le moindre doute; mes souvenirs sont absolument certains, car je me rappelle vous avoir défendu contre les invectives d'une personne (depuis membre de la Commune) qui, au pied de la table, vous reprochait avec violence de déserter la cause du peuple et d'être un traître.

Après de vaines tentatives, de votre part et aussi de la mienne, pour être entendus, nous nous sommes retirés ensemble dans la pièce intérieure, et je vous ai quitté à la porte du conseil où vous êtes entré.

Je regarderai comme un devoir de rendre compte de ces faits à l'audience, si vous le jugez utile à votre défense, mais je vais partir pour Londres et je crois que la présente lettre vous servira, dans tous les cas, aussi bien que ma déposition verbale. Je vous autorise donc à en faire tel usage qu'il vous conviendra.

V. SCHŒLCHER.

Mon ami Destrem s'empressa de communiquer aux journaux antiversaillais ce démenti humiliant, que Trochu accepta sans broncher. Il l'offrit probablement à son Dieu, qui lui inspirait de si gros mensonges.

La lettre sur l'effet de laquelle il avait probablement compté pour attirer sur moi la dernière peine, souleva d'ailleurs jusqu'à la conscience du président du 3ᵉ conseil, qui, ayant eu, au cours de mon procès, à prononcer deux ou trois fois le nom du général

Trochu, le souligna d'un geste de dédain qui n'échappa à personne.

Ce président était un colonel nommé Merlin, irrémédiablement clérical et bonapartiste, mais, comparativement aux officiers qu'il présidait, d'une intelligence au-dessus de la moyenne. Il était, m'a-t-on assuré plus tard, parent d'un autre Merlin, sénateur, qui, lors du procès qu'on m'intenta de compte à demi avec le général Boulanger, fut également président de la commission d'instruction de la Haute-Cour et expectora contre moi toutes sortes d'accusations folichonnes. J'étais destiné à collectionner les Merlin.

Je comparus devant lui en compagnie d'Henry Maret, rédacteur du *Mot d'ordre*, et de notre secrétaire de rédaction. Je dois reconnaître que son interrogatoire n'eut rien de particulièrement agressif. Il consista plutôt en une sorte de dialogue établi sur un ton assez courtois.

J'ai su depuis qu'il avait été prié de ne pas entreprendre contre moi de charge à fond qui eût pu pousser ses autres collègues du tribunal militaire à un arrêt inexorable. Je reproduis ici, d'après le *Droit*, la physionomie des débats, d'où jaillit plus clairement que d'aucune réflexion l'esprit incurablement réactionnaire qui animait nos ennemis.

JURIDICTION MILITAIRE

3ᵉ conseil de guerre de la 1ʳᵉ division militaire, séant à Versailles.

Audience du 20 septembre 1871.

PRÉSIDENCE DE M. MERLIN, COLONEL DU GÉNIE

Affaire Rochefort, Maret et Mourot. — Journal frappé de suspension. — Fausses nouvelles publiées de mau-

vaise foi et de nature à troubler la paix publique. — Complicité d'attentat ayant pour but d'exciter à la guerre civile. — Complicité par provocations au pillage et à l'assassinat. — Offenses envers le chef du gouvernement. — Offenses envers l'Assemblée nationale.

... Le conseil entre en séance et les trois accusés sont introduits. L'accusé Rochefort est, non pas maigri, mais singulièrement vieilli. Il demeure calme et pour ainsi dire impassible ; c'est avec beaucoup de convenance, et sans exagération de politesse, qu'il répond aux questions du président. Ses deux co-accusés paraissent indifférents.

M. le commandant Gaveau occupe le siège du ministère public.

Mᵉ Albert Joly doit présenter la défense de M. Rochefort.

Le président. — Vous êtes venu à Paris?

Rochefort. — Le 2 avril.

Le président. — Il y a une lettre de vous, écrite à Mourot, qui vous a précédé.

Rochefort. — Je suis revenu à Paris sur une lettre de ma sœur qui m'apprenait que mon père était à toute extrémité.

Le président. — Dès votre arrivée vous avez fait reparaître le *Mot d'Ordre* et demandé la poursuite de la guerre que soutenait la Commune.

Rochefort. — Je demande à expliquer ma conduite en remontant plus haut; je n'ai pas pour habitude de reculer devant la responsabilité de mes actes; ma conduite de journaliste sous l'Empire le prouve; mais je ne puis accepter d'être ainsi le pivot d'actes que je ne connais même pas.

Quand la guerre commença, j'étais à Sainte-Pélagie; j'avais l'idée qu'elle nous serait funeste, et, quoique ce fût risquer ma popularité, je pris la résolution de supprimer moi-même la *Marseillaise*, ne voulant pas semer le découragement. Arriva le 4 Septembre : on m'arracha de Sainte-Pélagie, et j'étais dans la fraîcheur de cette popularité qui m'a quitté depuis ; aujourd'hui, on me traîne dans le ruisseau. J'avais alors une occasion unique d'arriver au but de mon ambition, si j'en avais conçu une d'aucune sorte. J'eus confiance dans la résolution du général Trochu de défendre Paris, confiance à ce point que l'on m'accusait de m'être laissé subjuguer par lui.

Oui, j'étais subjugué par l'intérêt public de la défense, qu'il a représenté quelque temps pour moi. Ce n'est pas de lui que j'aurais dû attendre le reproche d'avoir touché mon traitement de membre du gouvernement de la Défense nationale. C'est pour lui, pour le protéger contre les attaques de Cluseret, que je sacrifiai non seulement ma popularité, mais encore ma fortune, en écrivant dans les journaux que je n'appartenais plus à la *Marseillaise*. Le journal me rapportait 18 à 20,000 francs par mois.

Je refusai plus tard d'accepter 9,000 francs qui m'étaient dus comme représentant. Je ne voulais pas obérer les finances de la République se défendant contre les Prussiens. Enfin, quoique l'on m'offrît des sommes considérables pour la fondation d'un journal, — car je suis journaliste, en somme, — je restai jusqu'à la fin du siège sans écrire, ce qui me conduisit à un état de gêne tel que je dus toucher ce traitement que moins que tout autre le général Trochu devrait me reprocher, puisque je gardais le silence pour ne pas entraver ses plans de défense.

Aujourd'hui je suis ici sous le coup d'une accusation singulière, et ceux qui n'osent pas avouer leur haine contre l'auteur de la *Lanterne* la font retomber sur l'écrivain du *Mot d'Ordre*.

Vous trouverez dans mes écrits des violences de langage ; mais c'était l'expression d'une indignation bien naturelle en voyant pleuvoir des obus autour de moi.

Quand j'étais prisonnier à Meaux, un général prussien tvenu dans ma cellule m'offrir la liberté et j'ai refusé.

LE PRÉSIDENT. — Avec ces sentiments patriotiques et avec votre intelligence, vous comprenez bien que cela ne vous exonère pas de ce fait que vous avez soutenu une guerre que vous compreniez bien être dirigée contre un gouvernement régulier. Vous avez tourné ce gouvernement en ridicule dans vos articles et vous savez qu'en France le ridicule tue.

Ainsi, dans l'article intitulé : *Tous brigands*, article que l'on vous lira, vous dites que « la maison de santé a résolu d'envoyer contre Paris des *pensionnaires* tels que Vinoy, Canrobert et autres ». Vous assimilez l'Assemblée nationale à une maison de fous.

ROCHEFORT. — Mais j'ai accepté un gouvernement de fait que je n'ai contribué en rien à établir. Pour s'expliquer ma façon d'écrire plus ou moins nerveuse, il faut aussi voir comment le *Vengeur* me traînait dans la boue. (L'accusé lit un article du *Vengeur* et un autre article signé Paschal Grousset dans l'*Affranchi*, dans lesquels il est violemment attaqué comme réactionnaire digne du *Figaro*). Voilà comment, ajoute l'accusé, j'étais traité par les membres de la Commune.

LE PRÉSIDENT. — Dans ce moment, il n'est question que de vos articles. Ainsi le 2 avril, en parlant de M. Thiers et de ses efforts pour réduire l'insurrection, vous le prévenez avec des grossièretés qu'on emploiera contre lui tous les engins mortifères que l'on pourra inventer. C'était bien là une excitation à la guerre civile.

R. Non, c'était une prédiction.

LE PRÉSIDENT. — On pourra expliquer vos articles dans le sens que vous voudrez leur donner, mais il n'en restera pas moins qu'ils devaient avoir une influence dangereuse sur les lecteurs du *Mot d'Ordre*. Le 3 avril, vous complimentez très chaudement le Comité central, que vous trouvez capable de très bonnes choses, et vous traitez de guignols les membres du gouvernement.

R. Je fais allusion dans cet article aux prochaines élections de la Commune, plus sérieuses que celles du Comité central, et je voulais dorer la pilule à ce dernier.

LE PRÉSIDENT. — Vous dites dans ce même article qu'il est heureux que les élus soient les premiers venus, des passants. Pensez-vous donc que la France doive être ainsi gouvernée par des passants? Tout le monde se croira le droit d'être de ceux-là. Le 5 avril, vous vous plaignez du bombardement, vous en accusez l'armée de Versailles, quand la Commune n'avait qu'à déposer les armes pour le faire cesser. Vous dites : « Ce n'est pas voler que de donner des liasses de billets de mille francs à Vinoy pour détruire l'Arc de Triomphe, mais prendre trente sous aux finances pour les gardes nationaux, voilà un vol. »

Le 12 avril, vous recommandez de voter, « car l'abstention, dites-vous, serait la preuve d'un commencement de fatigue dont s'empresseraient de profiter les pirates de Versailles, nos exécuteurs. Ceux qui accorderaient la moindre concession à ces égorgeurs s'en mordraient les pouces et s'en arracheraient les cheveux. »

Pensez-vous que ce ne soit pas là une excitation à la lutte ?

R. Le fond de ma pensée n'a jamais cessé d'être une transaction.

LE PRÉSIDENT. — Et c'est pour cela que vous recommandez de ne nommer à la Commune que des républicains caractérisés, — on sait ce que ce mot voulait dire! C'est pour arriver à cette transaction que vous vous écriez : « Nous comptons sur les batteries de la porte Maillot pour arrêter les Versaillais, c'est vrai, mais nous comptons surtout sur les grandes villes. » Puis, plus loin : « Nous soutenons la Commune sans arrière-pensée. »

R. Je ne dis pas que ces articles-là ne soient pas violents, parfois grossiers; mais il faut voir autre chose que la forme, car au fond il y avait toujours une idée conciliatrice.

LE PRÉSIDENT. — Il faut être très intelligent et très fort pour comprendre vos articles ainsi que vous le désirez, et les gens qui lisaient le *Mot d'Ordre* les interprétaient autrement. Mais il en est d'autres qui n'ont pour tout le monde qu'un sens possible. Ainsi le 1ᵉʳ mai, sous la rubrique *Chronique rurale*, on lit dans le *Mot d'Ordre* un article qui commence par ces mots : « Paris se lève contre toutes les tyrannies. »

La tyrannie de la Commune n'a donc pas été la plus sanglante de toutes ?

Vous vous adressez ensuite aux soldats pour leur dire : « Quelle frénésie vous pousse, soldats égarés, à combattre contre vos frères? Que gagnez-vous à servir ces propres à rien qui sont vos officiers? »

R. Ce n'est pas moi qui ai écrit ces articles. Voyez la signature.

Le président. — Ils ne sont pas signés, mais comme gérant votre devoir était de les arrêter. Plus loin, le *Mot d'Ordre* accuse l'armée de Versailles d'envoyer des bombes chargées de pétrole, et vous excitez à des représailles.

R. Si j'avais vu cet article, il est probable que j'en aurais empêché l'insertion.

Le président. — Le 5 mai, vous prenez très chaudement la défense de Blanqui, dont vous blâmez l'arrestation.

R. Si le gouvernement avait voulu rendre Blanqui, on lui aurait rendu tous les otages, voilà ce que j'aurais voulu faire comprendre.

J'ajouterai ceci, c'est que Blanqui, qui est un conspirateur émérite, est un cerveau organisé, et s'il avait fait partie de la Commune, il eût été un des plus modérés ; avec son autorité et son âge, il aurait empêché bien des malheurs. J'en suis certain, car les partisans de Blanqui étaient ces réactionnaires qui formaient la minorité de la Commune. Si donc Blanqui avait été de la Commune, les incendies et les massacres bien certainement n'auraient pas eu lieu.

Le président. — Il est certain, cependant, que Blanqui est le représentant par excellence des mesures violentes.

R. C'est lui qui a empêché de fusiller le général Trochu, le 31 octobre, et non pas Flourens, comme on l'a dit.

M. le colonel Merlin cite encore un grand nombre d'articles du *Mot d'Ordre*, puis il arrive à ce qui touche à la complicité de l'accusé dans la démolition de l'hôtel de M. Thiers.

Le président. — Le 12 avril, plus d'un mois avant le décret de la Commune relatif à la démolition de l'hôtel de M. Thiers, vous avez signalé son hôtel place Saint-Georges, ainsi que les trois maisons de M. Picard, maisons d'un grand rapport, dites-vous. Et, dans le même article, vous parlez aussi de l'appartement de M. Jules Favre, rue d'Amsterdam, et vous écrivez : « Que diraient ces propriétaires si, à chaque obus qu'ils lancent contre nos maisons, on répondait par un coup de pioche dans les murs des leurs? »

R. J'étais très excité par le bombardement; mais il est certain que, loin de pousser à la démolition de l'hôtel de M. Thiers, je l'ai au contraire déconseillée.

Le président. — C'est vrai, en disant plus tard que vous n'étiez pas partisan de cette destruction, car, après tout, le gouvernement de Versailles pouvait payer l'hôtel de M. Thiers le double de sa valeur et qu'en fin de compte ce seraient encore les contribuables qui payeraient. Mais qu'est-ce que cela pouvait faire à ceux que vos écrits avaient poussés à la vengeance?

R. Voici comment cet article m'avait été inspiré. Un jour, j'étais allé me promener en voiture aux Champs-Elysées; un obus tomba près de mon cheval, qui s'emporta, et alors j'entendis des gens du peuple dire autour de moi : « Si cependant on démolissait les maisons de ceux qui tirent sur nous, comme ils cherchent à nous démolir! » Le soir, je me suis rappelé cela et j'ai écrit l'article dont il s'agit, mais je n'ai jamais songé à faire détruire la maison de M. Thiers, et cela m'est facile à prouver. Je suis journaliste depuis longtemps et je sais comment il faut insister pour faire accepter une idée et pousser à son exécution. Or, lorsque l'hôtel de la place Saint-Georges a été démoli, il y avait trente-neuf jours que mon article avait paru; je n'en avais plus parlé une seule fois.

De plus, non seulement j'ai gardé le silence pendant trente-neuf jours, mais encore j'ai répondu à un article du

Gaulois, article de M. Sarcey, mon ennemi personnel, dans lequel il était dit que les meubles de M. Thiers avaient été vendus sur le trottoir de la place Saint-Georges, aux cris de : « Vive Rochefort! » Dans cet article j'ai répondu que tout Paris savait bien que pas une épingle n'avait été enlevée de l'hôtel, que Versailles ne pouvait pas l'ignorer davantage, mais que l'histoire était d'ailleurs si bien réussie qu'elle paraissait vraisemblable.

Le président. — Non seulement vous ne vous êtes pas élevé contre ce décret de démolition, mais, au contraire, le 15 mai, vous dites : « Ce décret est une satisfaction nécessaire donnée à l'opinion publique ».

R. D'abord, ce n'est pas moi qui ai écrit cet article, mais l'eussé-je écrit qu'il ne me rendrait pas responsable de la démolition, puisque je n'avais pas dit un mot de cet hôtel depuis trente-neuf jours.

Le commissaire du gouvernement. — L'accusé n'en a pas moins eu l'initiative de cette destruction.

Le président. — Vous êtes accusé de complicité dans la destruction des monuments publics : d'abord pour votre article contre la statue du maréchal Ney, dont vous demandiez la transformation en monnaie de billon.

R. Je n'ai jamais écrit cela.

Le président. — Il fallait, lorsque vous avez lu cet article, en ordonner la suppression ou la rectification.

R. J'avoue que je n'ai pas attaché à cela une telle importance.

Le président. — Le 13 avril, vous écriviez : Les Versaillais se conduisent avec nos prisonniers comme des misérables et on comprend l'exaspération de la population de Paris, qui songe aux représailles. La maison du prince Bonaparte a été un peu secouée, mais le sort de la demeure de ce prince assassin intéresse peu le monde ». Ainsi, vous appelez assassin l'homme qui s'est défendu lorsqu'on l'a attaqué chez lui?

J'étais donc poursuivi pour avoir, avec toute la

France, qualifié d'assassinat l'attentat dont Victor Noir avait été victime. Cette imprudente parole du colonel bonapartiste Merlin constituait pour moi la plus claire et la plus probante justification. Il continuait dans son incontinence cléricale :

J'arrive maintenant à la complicité relevée contre vous dans le pillage des églises. Dans divers articles, vous faites des comparaisons entre ce qui s'est passé à l'égard des biens de l'Eglise en Italie et en Allemagne. Vous auriez pu dire en France à l'époque de la première Révolution. Mais aujourd'hui la situation de l'Eglise n'est plus la même en France. Il n'y a plus de bien du clergé ; ce que les églises possèdent en objets d'art, en choses précieuses, sont des dons particuliers et lui appartiennent tout aussi bien que votre montre est votre propriété.

. . . .

Cet homme à graines d'épinards tranchait ainsi, du haut de son comptoir, la terrible et capitale question des biens de l'Église. Il décidait sur mon dos que ce que le clergé a acquis par le mensonge, la captation et la promesse à de vieilles folles d'un paradis qui n'est pas à lui et dont il ne peut garantir l'existence, lui appartenait en légitime propriété.

Mon procès devenait ainsi celui de la libre pensée.

Bien que je n'eusse envie de me soustraire à aucune responsabilité, au point que j'avais conseillé à mes co-accusés de tâcher de se tirer d'affaire en me mettant tout sur le dos, on peut remarquer qu'à plusieurs reprises j'ai renié, dans mon interrogatoire, quelques articles dont je n'étais pas l'auteur. C'était de ma part une vengeance inoffensive dont voici l'explication :

Parmi les journalistes qui avait collaboré au *Mot d'Ordre* pendant la Commune, j'avais recueilli un mulâtre de la Martinique, très connu sur le boulevard et dans les bureaux de rédaction. C'était un gros garçon dont le rire perpétuel montrait les dents blanches éclatant dans le noir de sa peau. Il s'appelait Cochinat.

On avait dit de lui à son premier volume :

— On savait déjà que les quarterons faisaient des livres.

A ce moment, sans journal et consécutivement sans ressources, Cochinat était venu me demander un coin pour des reportages qui l'aideraient à ne pas mourir de faim. Mais, dans son instinct de Caraïbe, dès qu'il avait vu notre situation s'assombrir, il nous avait quitté pour aller renforcer le bataillon des journalistes versaillais.

Par une coïncidence à laquelle j'aime à croire qu'il n'avait pas aidé, il avait été chargé par une feuille de l'ordre d'y rendre compte des débats de mon procès devant le 3º conseil de guerre. Avec un aplomb un peu trop nègre, il s'était campé juste en face de moi, inscrivant sans sourciller sur son papier mes réponses.

Or, un des articles dont le colonel Merlin me reprochait la violence était précisément de ce Cochinat, qui pâlit sous sa couche de palissandre en se voyant ainsi mis en cause. Par une perfidie que je considérai comme légitime, je désavouai le reportage incriminé, tout en fouillant des yeux le buvard derrière lequel le tremblant Cochinat s'était instantanément caché. Il crut sans doute que j'allais interrompre le président pour lui dire, la main tendue vers mon ex-complice :

— L'auteur de ces lignes incendiaires, le voilà !

Car, incapable de supporter plus longtemps l'idée de cette épée suspendue sur sa tête broussailleuse, le Damoclès de la Martinique se leva subitement et sortit tout ruisselant.

Je dois reconnaître qu'il ne me tint aucun compte de ma discrétion et que son compte rendu fut pour moi aussi désagréable que possible.

Le commandant Gaveau, qui prononça le réquisitoire, était un grand efflanqué au front déprimé, à l'œil éteint et dont la voix sourde ne passait pas la rampe, comme on dit au théâtre. Il basa toute son argumentation sur la publication de la *Lanterne* dans laquelle j'avais outragé ce qu'il y avait de plus sacré en France. C'était la paraphrase de l'accusation dressée par le capitaine d'Hamelincourt, lequel dans son inconscience bonapartiste avait écrit : « Ayant insulté dans sa brochure l'empereur, l'impératrice et le prince impérial, il fut au 4 Septembre nommé membre du gouvernement ».

Rien n'était plus blessant que cette appréciation pour mes anciens collègues, dont plusieurs étaient encore ministres, mais la *Lanterne* tenait tellement au cœur de ces gradés de l'Empire qu'ils en oubliaient toute prudence.

Gaveau m'appela naturellement le « chef occulte » de la Commune, ce qui permettait de m'attribuer toutes les arrestations, toutes les exécutions et tous les incendies. Bien qu'il lût son morceau que lui avaient soi-disant inspiré la marche et les révélations du procès, le pauvre commandant s'empâtait souvent au point de gêner le président qui, malgré lui, me lançait des coups d'œil presque suppliants, comme pour réclamer mon indulgence.

Tant de travail, de préoccupations et d'efforts firent du reste bientôt éclater la boîte cranienne de ce représentant de la vindicte publique. A quelques jours de là, ce Gaveau fut pris de vertiges et d'hallucinations. Il paraît qu'il me voyait toujours me dressant devant lui et le désignant à des bandes armées qui le couchaient en joue.

Il demandait qu'on m'enfermât jusqu'à la fin de mes jours et c'est lui qui le fut jusqu'à la fin des siens, car il mourut au bout de trois mois dans une maison d'aliénés. Je pourrais me sentir le remords — que je ne me sens pas — d'avoir amené indirectement cette catastrophe. En effet, plusieurs de mes amis, qui avaient combattu avec moi le régime du 2 Décembre, me confièrent, après mon retour en France, qu'ils n'avaient cessé d'envoyer à Gaveau des lettres anonymes où ils l'avertissaient que ma condamnation ne précéderait sa mort que de très peu de jours.

J'ignore comment ce militaire s'était, pendant la guerre franco-prussienne, tenu sous les balles, mais il se tint si mal sous les menaces, même non signées, que sa tête en déménagea.

D'après la tournure qu'avait prise l'affaire et, en somme, le vide de l'accusation, j'avais cru, en ce qui me concernait, à une condamnation à la déportation simple. Pendant la prétendue délibération des membres du conseil, dont naturellement l'arrêt avait été rédigé d'avance, on nous avait fait retirer tous les trois dans une salle assez vaste où nous nous promenions sous l'œil de beaucoup de gendarmes et de pas mal de policiers.

Une parole prononcée à trop haute voix faillit aggraver singulièrement notre cas. Je dis à mes deux co-accusés :

— Il me serait encore égal d'être condamné par

des juges doués de quelque intelligence; mais par de pareils idiots, c'est bien humiliant.

Un brigadier entendit le propos et me dit en se campant devant moi :

— Ah! vous traitez d'idiots les juges des conseils de guerre? Très bien ! Je vais aller leur faire part de votre opinion sur eux. Elle va vous coûter cher, je vous en réponds.

Par une veine inespérée, ils étaient déjà enfermés dans la salle des délibérations et, ne sachant ce que venait leur communiquer ce brigadier, refusèrent de le laisser entrer. Sans quoi, je ne sais trop ce qui nous eût été réservé.

Nous fûmes atteints, moi, de la peine perpétuelle de la déportation dans une enceinte fortifiée; le secrétaire de la rédaction du *Mot d'Ordre* de la déportation simple, et Henry Maret, de cinq années d'emprisonnement.

C'est surtout en politique qu'on peut demander :

— La perpétuité, combien de temps ça dure-t-il?

Cependant je considérais comme exagérée cette déportation dans une enceinte fortifiée, en quoi j'avais grand tort, les événements ayant démontré qu'on y était beaucoup mieux traité, beaucoup plus libre et beaucoup mieux nourri qu'à la déportation simple.

CHAPITRE XVII

Au Fort Boyard. — Projets d'évasion. — L'amiral Ribour. — Les attaques de la presse. — La « Danaé ». — Une fosse aux ours. — A Oléron.

Dans les circonstances les plus ténébreusement désespérées, j'ai toujours été servi par le hasard et aussi par l'imbécillité ou l'ignorance de mes adversaires. Le gouverneur de la Nouvelle-Calédonie avait conseillé au gouvernement l'île des Pins, située à environ dix lieues de Nouméa, comme lieu de déportation simple, et l'île Ducos, située à vingt lieues de la capitale néo-calédonienne, comme lieu de déportation fortifiée.

Le séjour sur cet îlot désert et uniquement peuplé de moustiques eût été pour nous la mort lente, peut-être même rapide, tant nous y eussions été privés de tout et dévorés par les insectes. Mais en consultant les cartes marines récentes, nos géographes de gouvernement ne parvinrent pas à y découvrir l'île Ducos et la confondirent avec la presqu'île Ducos, proche de Nouméa, dont le voisinage allait devenir si précieux pour nous.

Quant à l'île des Pins, très éloignée de la grande

terre et entourée de récifs de coraux, elle aurait eu pour moi l'incomparable désagrément d'offrir à toute tentative d'évasion une barrière infranchissable.

L'ignorance des employés de la marine avait donc eu pour résultat de faire appliquer aux moins coupables, c'est-à-dire aux moins condamnés, un traitement considérablement plus rigoureux qu'aux autres, puisque les premiers étaient privés de toute communication avec l'extérieur, tandis que les seconds se trouvaient à portée des nouvelles et en mesure d'entamer au besoin des négociations avec les commandants des navires étrangers qui venaient relâcher dans la rade.

Mais aussi peu que nos marins officiels au courant de la topographie des antipodes et ne sachant pas au juste ce qu'on appelait « enceinte fortifiée », je me vis par la pensée enfoui pour un temps indéterminé dans quelque casemate bâtie sur un rocher dont la descente serait pour moi on ne peut plus ardue.

Cependant, comme les morts seuls ne reviennent pas, j'acceptais assez gaiement cette perpétuité avec l'espoir de l'abréger de mon mieux.

Le personnel de la prison de Versailles, que je réintégrai après l'arrêt, sembla le comprendre ainsi, car le directeur, jusque-là très rigide, poussa la complaisance jusqu'à me prêter son bureau pour recevoir mes enfants. Je m'y rencontrais avec les sœurs de Rossel, qui nous lançaient, à eux et à moi, des regards de douloureuse convoitise et pleins de cette amère réflexion :

« Si seulement notre pauvre frère pouvait aussi échanger la peine de mort contre la déportation, dût-elle ne jamais finir. »

Victor Hugo obtint l'autorisation spéciale et inusitée de me voir dans ma cellule même. Je lui en fis les tristes honneurs et il y passa avec moi plus d'une heure et demie. La lettre de Trochu l'avait indigné au point que, dans l'*Année terrible*, il en flétrit l'auteur en vers superbes.

Il m'apprit que je serais vraisemblablement transféré à la prison de Tours, que je connaissais pour y avoir passé lors du procès de Pierre Bonaparte. Je lui fis remarquer que rien ne serait plus fâcheux pour ma bonne renommée que cette espèce de distinction entre moi et les autres condamnés dont un assez grand nombre avaient été distribués dans le fort de Quélern et le fort Boyard.

Aussi résolus-je de réclamer l'application intégrale de la peine que je devais et que je voulais subir dans les mêmes conditions que mes compagnons de misère et de captivité. Le lendemain de la visite de Victor Hugo, j'écrivis au ministre de l'Intérieur qu'aussi condamné que plusieurs des membres de la Commune, je demandais à les rejoindre au dépôt de « rebelles » qui leur avait été assigné, tenant à ne bénéficier d'aucune apparence de faveur.

Ma réclamation, que je fus obligé de renouveler, finit par aboutir, et un beau soir on m'ouvrit les portes de la maison d'arrêt de Versailles pour m'enfourner dans une voiture cellulaire où je retrouvai une douzaine de victimes des conseils de guerre, notamment l'ancien secrétaire du gouvernement de Tours, Georges Cavalier, que Vallès a quasi immortalisé sous le nom de Pipe-en-bois.

Nous mîmes deux interminables jours à atteindre la Rochelle. Cependant ni Pipe-en-Bois ni moi ne subîmes le supplice de la boîte cellulaire et le voyage se fit pour nous deux dans le couloir du panier à salade, où on nous allongea des matelas pour la nuit.

La géhenne de la voiture cellulaire est pour les condamnés de droit commun un effrayant rappel des tortures le plus moyen âge. A travers le plancher de chaque cabanon passent des grosses chaînes terminées par des cercles de fer dans lesquels on emboîte les pieds du voyageur malgré lui et qui les lui immobilisent jusqu'à l'arrivée à destination.

Il en résulte un arrêt presque complet dans la circulation du sang et le développement d'un froid intense aux extrémités. Et ces trains de détenus sont généralement considérés comme des trains de marchandises, et soumis presque à chaque gare à des arrêts d'une, deux et trois heures. Quand on retire les malheureux de leurs cercueils roulants, il est rare qu'ils ne se soient pas momifiés, gelés ou ankylosés en route.

En débarquant à la douane, pour nous rembarquer sur la canonnière qui chauffait en vue du fort Boyard, je frôlai un des gendarmes rangés en haie sur notre passage. Il me dit tout bas d'un ton sincèrement ému :

— A quoi êtes-vous condamné ?

— A la déportation, répondis-je.

— Pour combien de temps ?

— Mais pour toujours.

— Ah !

Et le soupir qui accompagna ce : ah ! était si incontestablement sincère qu'il me rouvrit les portes de l'espérance. Je réfléchis que puisqu'un gendarme chargé de me surveiller me témoignait cette sympathie dès la première station de mon calvaire, il y avait lieu de supposer que je rencontrerais d'autres compatriotes disposés à me plaindre et peut-être à me secourir.

L'attitude des Rochellois, qui nous regardèrent monter à la première heure sur le bateau à destination du fort, fut également presque amicale. Après les ordures dont on nous avait vidé des paniers sur la tête, c'était pour nous une consolation de constater les bons sentiments que nous gardait la province.

Notre cœur ne s'en serra pas moins quand le mastodonte en pierre bâti sur la roche Boyard nous apparut dans les rougeurs du matin. Noire et percée de sabords d'où sortaient des yeux féroces, figurés par les canons qui semblaient nous suivre du regard, cette bête apocalyptique avait tout l'air de nous attendre pour nous dévorer.

La perspective d'être avalés par le monstre sans savoir quand nous pourrions sortir de son horrible ventre n'avait rien que de profondément décourageant. D'autant que, battu par les vagues d'une mer toujours mauvaise, il ne laissait à la vue d'autre prise que celle d'une agglomération de flots incohérents qui tournoyaient constamment autour de nous, glauques et vides, car il était enjoint aux bateaux de pêche de se tenir loin de nous à une distance déterminée.

Notre arrivée produisit un certain remous parmi les deux cent cinquante ou trois cents Jonas qui grouillaient dans l'intérieur de cette baleine monumentale. Je revis ou je vis là pour la première fois beaucoup de déportés dans la compagnie desquels je devais passer un bail de trois, six, neuf, lequel n'était malheureusement pas révocable à la volonté du preneur.

J'y connus Henry Bauër qui, m'ayant précédé à

Boyard, devait me précéder aussi en Nouvelle-Calédonie où il partit par le premier bateau, par le premier convoi, devrais-je dire, car ces voyages trans-océaniens ressemblaient surtout à des enterrements.

Je m'y liai avec Assi, l'ancien organisateur de la grève du Creusot, et qui, bien que très brave de sa personne, me parut un cerveau aussi peu solide que peu meublé. Les galons de colonel, qu'il avait portés pendant la Commune, le préoccupaient certainement plus que l'issue de la lutte entre Versailles et Paris.

Ses co-accusés du conseil de guerre me racontèrent que, pendant ce procès, où chacun y allait de sa tête ou de son corps, Assi ne pensait qu'à laisser pendre ses bras en dehors de la barre, afin que le public ne perdît pas une passementerie des insignes de son grade.

Il était mécanicien de son état et rêvait de nous faire tous évader au moyen d'un ballon. Seulement, on aura peine à le croire, il voulait, faute d'étoffe, le construire en briques. Et comme Paschal Grousset et moi essayions de lui faire comprendre l'insanité de son projet, il nous répétait avec une obstination désolante :

— Mais la brique, c'est plus lourd que l'air ; vous voyez donc bien !

Le directeur du fort était un fonctionnaire sans aucune prétention à la poigne, qui ne demandait qu'à entrer en conciliation avec ses pensionnaires. Malheureusement il était contrecarré dans ses bonnes intentions par un capitaine d'infanterie de marine qui avait le commandement militaire du dépôt et qui, toujours entre deux absinthes, passait son temps à nous chercher noise.

Sa brutalité envers les parents des déportés qui

avaient obtenu de l'amirauté l'autorisation de rendre visite à ces derniers faillit amener une révolte. Il mit le comble à son impopularité en refusant l'entrée du fort à ma sœur et à mes deux enfants qui avaient fait près de trois heures de mer pour venir m'embrasser.

Mes compagnons exaspérés couvrirent cet ivrogne d'injures auxquelles je mêlai les miennes, et la mutinerie prit de telles proportions que le directeur vint me supplier d'user de toute mon influence pour calmer les colères, me promettant, d'ailleurs, que ma famille allait avoir l'entrée libre, que le capitaine la lui accordât ou non.

Il était temps, car déjà un déporté m'avait crié :

— Citoyen Rochefort, voulez-vous que nous foutions à l'eau ce marsouin-là ?

Une émeute, en effet, eût été d'autant plus difficile à réprimer que les quelques fantassins de marine éventuellement préposés à notre garde fraternisaient constamment avec nous, se chargeant de commissions au dehors et notamment d'achats de tabac pour lesquels je donnais tout mon argent, car la privation de cette moisissure en feuilles hachées ou roulées était pour beaucoup de mes camarades à peu près intolérable.

Moi qui, de ma vie, n'ai seulement mis une cigarette entre mes lèvres, je dépensai, dans les six mois que je passai au fort Boyard, un peu plus de quatre mille francs de caporal.

A la prison de Versailles, j'avais eu presque sous les yeux le terrible exemple d'un malheureux sur qui la défense de fumer avait produit des ravages foudroyants. Il demandait à mains jointes du tabac que les règlements de la maison d'arrêt ne permettaient pas de laisser délivrer aux prisonniers. Après des souffrances qui se traduisaient par de véritables hurlements, il tomba dans un état de consomption quasi comateux, s'alita et mourut.

Huit jours avant le dénouement, le médecin de la prison lui avait enfin prescrit le tabac qu'il réclamait à cor et à cri. Mais il était trop tard et comme m'avait dit mon gardien, sans se douter de ce que ce jeu de mots avait de sinistre :

— Il a cassé sa pipe au moment où on lui avait donné l'autorisation de l'allumer.

J'avais encore dans l'oreille les cris de cette victime d'une passion que je constatais sans la comprendre, et dès qu'un des déportés de Boyard se plaignait à moi d'être à sec de tabac, je lui en faisais délivrer à mes frais. Cependant j'étais bien obligé de restreindre mes distributions, sous peine d'être bientôt moi-même à sec d'argent. Alors ces monomanes de nicotine, essayant de tromper leurs appétits fumivores, retenaient à leurs voisins les résidus de leurs chiques et, bien que tout le jus en fût parti, en tiraient encore, sous forme de cigarettes, une seconde mouture.

On vint un jour me dénoncer un tout jeune homme d'à peine dix-huit ans, car les égorgeurs du gouvernement rural condamnaient à perpétuité jusqu'aux enfants échappés à leurs balles. Ce petit enragé était fumeur à ce point qu'il vendait la viande de son dîner et de son déjeuner pour le contenu d'une simple bouffarde.

Il s'épuisait donc à la fois parce qu'il fumait trop et ne mangeait pas suffisamment. Il était, en effet, tout chancelant et pâle comme un mort. Je compris bien vite que sa maladie résisterait à tous les raisonnements et j'allai au plus pressé en lui allouant cinq sous de tabac par jour, ce qui lui permettait de manger à sa faim.

Eh bien, au bout de huit jours, je fus de nouveau averti qu'il consommait d'abord mes cinq sous et qu'il vendait tout de même sa nourriture pour augmenter sa provision de tabac. En essayant de le sauver, j'avais tout bonnement contribué à le détériorer davantage.

Le fort Boyard était en somme moins diable qu'il n'était noir. Nous jouissions du droit de nous réunir tous et de nous promener à notre fantaisie sur le sommet de la citadelle où nous respirions un excellent air salin. J'avais, dès mon arrivée, été installé à l'infirmerie, c'est-à-dire dans une casemate que je partageais avec Grousset, le docteur Rastoul et Billioray, que les feuilles de la réaction qualifiaient de joueur de vielle, personne n'a jamais su pourquoi.

Cette erreur sur la profession avait servi aux soldats de l'ordre de prétexte à l'exécution, c'est-à-dire à l'assassinat de quatre ou cinq joueurs de vielle auxquels ils disaient :

— Toi, je te connais, tu t'appelles Billioray !

Et qu'ils fusillaient sans leur laisser le temps de répondre. Ce Billioray, le seul authentique, mourut phtisique en France, car son état de santé avait interdit son transport en Nouvelle-Calédonie.

Rastoul, médecin méridional et un peu gasconnant, vivait dans la perpétuelle attente d'une amnistie qui reculait tous les jours et passait son temps à écrire des lettres aux autorités pour solliciter une commutation qui n'arrivait jamais. Quelques années plus tard, hanté par le succès de mon évasion, il en risqua une à laquelle la plus intense folie avait présidé. Avec du bois coupé au hasard dans les forêts de l'île des Pins, quelques-uns de ses co-déportés et lui avaient construit un bateau non ponté susceptible de contenir à peine huit fugitifs.

Ils s'y entassèrent une vingtaine et cinglèrent vers l'Australie, presque sans vivres, pour un voyage qui devait au minimum durer un bon mois. Hélas! ils n'eurent pas à connaître les tortures de la faim, car ils furent engloutis au premier coup de mer.

On retrouva pour toute épave quelques planches de la barque. Eux élurent probablement domicile dans le ventre d'une famille de requins et aucun de leurs cadavres ne fut repêché.

La tentative de l'infortuné et peu sérieux Rastoul était d'autant moins excusable qu'il avait nettement refusé, quand il était interné en même temps que nous, de s'associer à mon premier projet d'évasion, qu'un exécrable hasard fit avorter, mais qui présentait les chances de succès les plus réelles.

C'était moi qui l'avais conçu, et voici comment il avait été mis à exécution :

J'avais, dans l'ombre de ma casemate, coupée en deux par une énorme pièce de huit qui allongeait son museau hors du sabord, rédigé à l'adresse de Mme Saint-Ch..., amie intime de mes sœurs, une lettre détaillée et explicative sur le plan du fort, dont je donnais en outre le dessin.

A marée basse, le brise-lame, qui avançait comme la proue d'un navire, était complètement hors de l'eau. Par une nuit noire, un canot pouvait donc y aborder assez facilement, la surveillance de notre côté étant à peu près nulle.

Si le capitaine d'un bateau, soit français, soit étranger, consentait, moyennant une somme débattue, à venir nous attendre dans sa baleinière auprès du terre-plein du brise-lame, nous n'avions qu'une mince difficulté à descendre de notre sabord au moyen de nos draps solidement roulés et attachés à l'affût du canon.

Je recommandais à Mme Saint-Ch... de communiquer ma lettre à mes sœurs dont les noms sur une enveloppe eussent éveillé les curiosités de la poste. Elles devaient m'avertir de l'époque où notre sauvetage aurait été décidé et de l'heure choisie, mais au moyen de mots insignifiants, comme par exemple :

« Le 8 de ce mois, nous devons partir pour la campagne. Nous prendrons le train de minuit. Si ce n'est pas le 8, ce sera le 9 ou le 10. »

Ce qui pour moi voudrait dire :

« Le bateau sera au bas du brise-lame sur les minuit, le 8, 9 ou 10 du mois. »

J'avais, en outre, indiqué dans mon mémoire que nous laisserions pendre jusque sur le terre-plein une ficelle à l'extrémité de laquelle serait attaché un gobelet de fer-blanc posé sur la fonte du canon de la casemate. Il suffirait de tirer cette sonnette de nuit pour provoquer par le choc des deux métaux un bruit qui nous avertirait de la présence de nos amis.

La descente s'opérerait ; puis nous prendrions place dans le canot qui nous mènerait au navire à voiles ou à vapeur ancré à quelques centaines de mètres et qui déraperait sans demander son reste.

Billioray, Paschal Grousset, Ballière, avec lesquels je m'évadai deux ans et demi plus tard de Nouvelle-Calédonie, Rastoul et moi devions profiter de cette aubaine, pour laquelle j'avais versé dix mille francs et Grousset huit mille, que je tins à lui restituer après l'échec de la combinaison, dont la responsabilité m'incombait.

Je tenais ma lettre à la main, mais je ne savais par qui la faire mettre à la poste, attendu que la confier au greffe, c'était me livrer moi-même. Alors, que fîmes-nous? car la solitude de la prison développe dans des proportions étranges l'ingéniosité de certains prisonniers, s'il en abrutit d'autres. Nous démontâmes aux trois quarts la serrure de notre casemate dans laquelle il était ainsi devenu impossible de nous boucler le soir, le couvre-feu ayant été conservé spécialement pour les détenus.

Le directeur, averti de cet état de dégradation, fit appeler un serrurier qu'il chargea de la réparation des verrous et des pênes endommagés.

L'ouvrier, qui croyait travailler à assurer notre emprisonnement, était à cent lieues de se douter qu'il aidait à notre délivrance.

Au bout de deux heures, nous étions tous au mieux avec ce brave homme que nous attendrissions sur nos souffrances présentes et futures. J'inventai tout exprès pour lui une histoire de femme à laquelle il m'était interdit d'écrire, nos parents seuls ayant droit de correspondance avec nous, et qui se mourait d'inquiétude sur ma santé que les journaux disaient très mauvaise.

Lorsque je le vis suffisamment ému par le désespoir de cette amoureuse imaginaire, je lui demandai s'il se refuserait à faire partir de La Rochelle une lettre pour cette adorée à laquelle je faisais ainsi savoir que j'étais bien portant et que je l'aimais toujours.

Il eut un léger soupçon et me dit :

— Oui, mais vous savez comme ces choses-là nous

sont défendues. Vous ne lui parlez que de vous, au moins ?

— Parbleu ! répondis-je, à une femme, de quoi voulez-vous qu'on parle ? Du reste, voyez l'enveloppe.

Quand il eut lu le nom de Mme Saint-Ch..., il se crut un simple messager d'amour et emporta en toute confiance mes instructions.

Elles furent exactement suivies. Huit jours après le départ de notre serrurier, je reçus d'une de mes sœurs une lettre me prévenant en style convenu que l'homme et le navire étaient trouvés et que la quinzaine suivante, entre minuit et deux heures du matin, nous eussions à nous attendre à l'apparition du canot sauveur.

Nous commençâmes les préparatifs de notre descente, et tous les soirs nous laissions pendre jusque sur le terre-plein la ficelle à laquelle était attaché le gobelet avertisseur, dont le choc sur la fonte de la pièce de huit produisait un bruit à réveiller un mort et surtout un prisonnier.

Nous veillions, du reste, pour plus de certitude, jusqu'à deux heures de la nuit, après quoi nous prenions la précaution — qui, d'ailleurs, nous perdit — de retirer et de rentrer la corde qui aurait pu frapper l'attention des hommes de ronde.

Comme nous nous promenions anxieux sur la terrasse du fort, regardant à l'horizon si nous ne voyions rien venir, on nous signala un navire norvégien chargé de pitch-pin, qui se tenait à la distance réglementaire, mais qu'avec une bonne lorgnette il était possible d'apercevoir.

Nous devinâmes que c'était le nôtre. Mais nous ne

savions si l'expédition était pour le soir même, le lendemain ou le surlendemain. L'essentiel était donc de nous tenir rigoureusement prêts.

Sur le coup de dix heures du soir, tout le monde étant calfeutré jusqu'au lendemain, nous préparâmes soigneusement notre sonnette d'alarme, sans avoir suffisamment remarqué que la mer était passablement houleuse. Onze heures, minuit, une heure, deux heures ; notre timbale de fer-blanc ne rendait aucun son et pour éviter une surprise nous retirâmes notre ficelle en nous répétant :

— C'est pour demain !

Hélas ! c'était bien pour cette nuit-là. Mais, par une déveine désespérante, les deux hommes qui manœuvraient le canot libérateur eurent à lutter pendant trois heures contre des vagues qui en se brisant sur le fort les rejetaient constamment au large. Ils n'abordèrent au terre-plein que vers deux heures et quart du matin, quinze minutes après le remontage de notre avertisseur. Ils cherchèrent longtemps la corde et, effrayés par l'état de la mer qui grossissait, ils se rembarquèrent pour rejoindre le bateau norvégien

Peut-être auraient-ils pu essayer de lancer dans les carreaux de notre casemate quelques pierres qui nous eussent mis debout, mais ils ignoraient naturellement quelle pièce nous habitions et probablement n'osèrent rien risquer, de peur de donner l'éveil.

Pour comble de malheur, un de ces braves matelots, s'étant mis à la mer pour atteindre le canot, fut pris par une lame et, emporté aussitôt par le courant, se noya malgré les efforts de son camarade dont la nuit paralysa les recherches.

Le corps du pauvre garçon fut retrouvé le lendemain sur la grève de l'île d'Oleron et l'inscription norvégienne brodée sur ses vêtements, rapprochée de la présence du navire dans les eaux de la roche Boyard, mit la puce à l'oreille du préfet maritime de Rochefort, qui ordonna incontinent une enquête.

L'amiral Ribour, flanqué de quelques officiers de marine, fit le lendemain dans les casemates de l'infirmerie une apparition sensationnelle. Il était huit heures du matin, j'étais encore couché et, en voyant entrer cette « grosse cravate », je me tournai la face du côté du mur, sans paraître prendre garde le moins du monde à ses investigations.

Il n'osa pas nous faire subir un interrogatoire, auquel je me serais du reste refusé, et ayant examiné avec la dernière minutie et les dispositions de notre chambre et les ouvertures de nos sabords, il ordonna la construction de guérites qui surplomberaient le long de nos fenêtres et où des soldats d'infanterie de marine feraient constamment faction.

Au sommet du fort, des sentinelles furent installées, avec mission spéciale de surveiller attentivement l'horizon. Toutes ces mesures n'étaient en somme que de la moutarde après dîner, attendu que, notre coup étant manqué, il nous devenait à peu près impossible d'en organiser un autre, tout au moins dans les mêmes conditions. J'en étais pour mes dix-huit mille francs et la perte à jamais regrettable et douloureuse d'un pauvre diable qui était venu de Norvège tout exprès pour nous sacrifier sa vie. Et nous avions manqué notre délivrance d'un quart d'heure !

Ce même amiral Ribour, qu'à l'instar des Merlin du conseil de guerre et de la Haute-Cour je devais rencontrer perpétuellement sur ma route, fut également chargé d'une autre enquête au sujet de l'évasion, réussie cette fois, que nous opérâmes en Nouvelle-Calédonie, Paschal Grousset, Ballière et moi, qui l'avions déjà tentée ensemble au fort Boyard, mais il eut beau destituer tous les fonctionnaires de la colonie qu'il accusait bêtement de complicité dans notre fuite, il arriva simplement à constater, après avoir fouillé notre nid de fond en comble, que les oiseaux s'étaient envolés.

Nous nous résignâmes donc à attendre des jours et des circonstances plus favorables à une seconde tentative, mais pendant longtemps nous restâmes sombres à la pensée de cette liberté chérie que nous avions touchée comme avec la main et qui nous était si cruellement échappée. Il m'eût été pourtant bien doux, pour ma part, de brûler la politesse aux journalistes versaillais qui, me sachant ou me croyant à jamais enfoui dans les *in-pace* de la réaction, dépassaient à mon égard toute mesure.

Il est probable que jamais la lâcheté humaine ne s'est exercée avec plus d'abjection et de raffinement sur un homme enchaîné, emmuré et sans défense. Tous ceux dont le bruit fait autour de moi pendant trois ou quatre ans avait exacerbé la jalousie basse; tous les bonapartistes de plume que les événements avaient momentanéments réduits au silence, s'amusaient à jouter entre eux d'épithètes insultantes et de monstrueuses calomnies. Edouard Portalis, que je ne connaissais pas et qui, après avoir commencé dans la politique suspecte, a fini par le chantage vulgaire, dirigeait alors le journal *la Vérité* et tenait assez courageusement tête au régime de l'état de siège, dont un général, du reste aussi peu lettré que les autres et nommé Ladmirault, était le plus haut représentant.

Edouard Portalis m'avait, après ma condamnation, fait proposer d'écrire pour son journal une *Histoire du second Empire* qu'il aurait publiée en feuilleton et pour laquelle il me faisait des offres éblouissantes ; mais tous les directeurs de prison, ayant été fonctionnaires sous Napoléon III, n'auraient pas lu sans grimace mon manuscrit et eussent considéré comme un devoir d'intercepter mes documents.

Je m'étais donc contenté de répondre au directeur de *la Vérité* que je le remerciais de tout mon cœur, mais qu'à l'instar des éléphants, je ne me reproduisais pas en captivité.

Néanmoins le bruit s'était répandu que je préparais un ouvrage relatant les principaux épisodes du règne de Napoléon III, et la presse badingueusarde en prit aussitôt les armes.

Villemessant demanda qu'on me retirât encre, plumes, papier et tout ce qui était de nature à m'aider dans la perpétration de ce nouveau crime.

Le *Constitutionnel* poussa l'indignation jusqu'à soutenir que je n'avais pas le droit d'écrire une histoire de l'Empire, attendu que j'avais été condamné « non comme homme politique, mais comme malfaiteur ».

A quoi Ernest Blum, dans ses *Zigzags dans Paris*, du *Rappel*, répondait spirituellement :

« Mais si Rochefort est un malfaiteur, il est plus apte que qui que ce soit à raconter la vie de Louis Bonaparte, qui est un malfaiteur aussi. On ne peut être mieux jugé que par un confrère. »

J'aurais bien essayé de m'atteler à une besogne littéraire quelconque, mais en prison le néant des événements entraîne le vide du cerveau. Nous étions toujours sur le qui-vive, dans l'attente d'un départ prochain, et entreprendre un roman susceptible d'être interrompu par une traversée de six mille cinq cents lieues nuisait à toute concentration d'esprit.

On jouait aux cartes ou aux dominos. On essayait de tuer le temps par des représentations vaudevillesques à l'organisation desquelles beaucoup de détenus apportaient tous leurs soins. En ma qualité d'exauteur dramatique, j'étais spécialement consulté sur la mise en scène ou la distribution des rôles, et j'étais surpris de l'importance qu'attachaient à ces distractions des hommes totalement séparés du monde et qu'un voyage aux antipodes allait en séparer bien davantage.

Mais j'ai pu faire alors la remarque que presque tous mes compagnons de forteresse avaient été, à leurs débuts, attirés vers le théâtre. La gloire des Frédérick-Lemaître, des Arnal ou des Bouffé leur apparaissait comme la plus enviable, et j'en conclus que, pour un grand nombre d'entre eux, l'uniforme et les galons n'avaient pas été étrangers à leur immixtion dans les rangs de la Commune.

Tout à coup l'arrivée de la frégate de guerre la *Danaé* dans les eaux de l'île d'Aix vint modifier l'affiche et changer les rôles. On avait un peu compté sur l'amnistie, et l'armement de ce premier transport démontrait dans quelle erreur nous nous étions tous plus ou moins endormis. Une centaine de déportés furent traduits devant une commission médicale qui, sauf Billioray, les jugea tous bons pour l'embarquement.

Avant cette suprême consultation — non gratuite — le directeur du dépôt des rebelles nous avait, les uns après les autres, appelés dans son cabinet pour nous demander s'il ne nous convenait pas de signer un recours qui serait soumis à la commission des grâces, qu'un député qualifia plus tard de « commission d'assassins », tant elle ordonna d'exécutions.

Je fus, je crois, interrogé le premier, et comme

j'avais déclaré ne vouloir adresser aucun recours à aucune commission, le directeur me pria de signer de mon nom la résolution que je lui communiquais. Je lui fis alors observer que je regrettais de paraître élever un soupçon contre sa loyauté, mais qu'au milieu de l'avalanche de calomnies qui m'assaillaient de toutes parts je ne saurais trop me garder à carreau ; qu'au-dessus de ma signature, apposée sur le papier le moins important en apparence, une main ennemie pourrait glisser quelques lignes compromettantes pour mon honneur, et que pour ma sécurité et celle de ma réputation je préférais m'abstenir de toute signature.

Mes autres camarades firent comme moi et toutes les feuilles, préparées à l'avance par le conciliant directeur, restèrent d'une blancheur immaculée.

La *Danaé* mit le cap sur Nouméa, emportant notamment Henry Bauër, aujourd'hui un des principaux rédacteurs de l'*Echo de Paris*, et Amilcare Cipriani, le révolutionnaire italien, qui, après les horreurs de la captivité dans notre pays, connut dans le sien à peu près toutes les tortures humaines, étant resté pendant quatre ans rivé par une courte chaîne au mur d'un cachot, comme un nouveau prisonnier de Chillon.

Il fallut, pour le désenchaîner, le vote neuf fois répété des électeurs de Forli et de Rimini qui l'envoyèrent obstinément siéger à la Chambre italienne. Son voyage franco-océanien sur la *Danaé* inaugura sa vie de douleurs et d'épreuves. Le commandant du navire était un capitaine de frégate nommé Kerprigent, qu'on avait choisi spécialement pour sa férocité bestiale.

Ce monstre, car c'en était un, sans l'ombre d'un motif, sans même que Cipriani eût trouvé le temps de s'installer dans la cage où il avait sa place, le fit descendre dans la cale du transport, la tête sous la machine dont la chaleur, quand on naviguait à la vapeur, lui brûlait les sourcils, lui faisait rentrer la respiration dans la gorge, et dont le bruit régulier et continuel lui interdisait tout sommeil.

Il passa là, dans cet enfer, sans que personne eût daigné lui dire pourquoi, toute la traversée qui dura CINQ MOIS! Il fallut à Cipriani son indomptable énergie et tout son stoïcisme pour garder son cerveau intact. Mille autres seraient devenus fous et il m'a raconté qu'à plusieurs reprises il s'était senti le devenir.

Après l'amnistie de 1880, son premier soin, en revenant en France, fut de se rendre à Brest où habitait le capitaine bourreau, qu'il eût provoqué et qu'il eût tué comme une bête puante si le misérable avait refusé d'aller sur le terrain. Le malheur voulut que le Kerprigent eût d'avance échappé par la mort au châtiment qui l'attendait. Cipriani m'avoua que l'une des plus grandes douleurs de sa vie avait été d'apprendre que le scélérat n'était plus là pour lui payer tant d'abominables souffrances.

A la *Danaé* succéda la *Guerrière*, autre frégate à vapeur et à voiles, qui pratiqua une nouvelle brèche dans le personnel de notre dépôt. Paschal Grousset, Olivier Pain, Jourde, Ballière et Granthille, avec lesquels je devais m'évader plus tard, firent partie de ce nouveau convoi. Mais ces embarquements réitérés n'entamaient que difficilement l'indéracinable confiance de mes codétenus dans une amnistie prochaine. Plusieurs poussaient l'illusionnisme jusqu'à me soutenir que ces prétendus voyages n'étaient que de fausses alertes et que la *Guerrière* allait tout simplement débarquer ses passagers sur les côtes d'Angleterre.

Et tous les raisonnements échouaient devant ces entêtements indécrottables. Je me rappelle un déporté que j'avais toujours connu porteur d'une grande barbe, laquelle lui descendait au creux de l'estomac. Il se présenta un jour à moi complètement rasé et, comme je m'étonnais de ce changement de physionomie qui au premier abord m'avait empêché de le reconnaître, il me fit cette confidence :

— Je vais vous dire, citoyen Rochefort; j'ai appris par la lettre d'un ami que ma femme a quitté la maison pour aller vivre avec un voisin. Alors, comme l'amnistie va être certainement votée ces jours-ci, je me suis fait couper la barbe pour pouvoir les surprendre à mon arrivée à Paris. Oh! je vous jure que je les tuerai tous les deux!

Il partit peu de temps après pour l'île des Pins où il resta huit ans. On comprend que sa barbe ait eu tout le temps de repousser.

Beaucoup de ces esprits simples confondaient d'ailleurs le mot « amnistie » avec « armistice ». Déjà, pendant le siège, à la suite de la démarche de Jules Favre à Ferrières, j'avais vu passer un groupe d'adolescents portant un drapeau sur lequel flamboyaient ces mots :

Pas d'amnistie!

J'étais en train de lire dans ma casemate, quand deux déportés y font triomphalement irruption.

— Cette fois, citoyen Rochefort, ça y est! me crie l'un d'eux en entrant.

— Quoi donc?

— L'amnistie. Guizot vient de la proclamer.

— Comment! Guizot? Vous voulez dire Thiers?

— Non, c'est bien Guizot. Lisez vous-même!

Et, pendant qu'il cherchait dans sa poche le journal relatant ce grave événement, je me demandais si l'Assemblée de Versailles n'avait pas, par quelque coup de tête, renversé Thiers qu'elle commençait à trouver trop libéral, lorsque j'eus l'explication du mystère : un armistice avait été conclu entre les protestants orthodoxes, dont le vieux Guizot était le président, et les anglicans méthodistes, leurs adversaires. Voilà comment il avait proclamé l'amnistie pour les condamnés de la Commune.

Après le départ de la *Danaé*, bientôt suivi de celui de la *Guerrière*, les rangs des pensionnaires du fort Boyard s'étaient singulièrement éclaircis, au point qu'on songea à l'évacuer. J'étais, pour ma part, horriblement fatigué de ce rôle de vigie, et j'aspirais à d'autres spectacles que celui d'une mer tournant autour de moi sans jamais me montrer un coin de sable ou une tranche de rivage. Un matin, en effet, le directeur m'annonça que plusieurs condamnés et moi nous allions être transférés à la citadelle d'Oleron, où nombre de déportés étaient déjà entassés en attendant leur dispersion.

Nous opérâmes ce déménagement en baleinière à quatre ou cinq seulement, sous la conduite de quelques rameurs et d'un contremaître de marine qui ne paraissait pas du tout se rendre compte de l'importance de sa mission. Si quelque navire avait été aposté dans ces parages à mon intention et que j'eusse piqué une tête pour nager ensuite jusqu'à lui, je ne sais pas trop comment on fût arrivé à me reprendre.

La citadelle où nous abordâmes après moins d'une heure de navigation avait contenu dans ses profondeurs, car elle était en grande partie souterraine, quelques-uns des rares prisonniers allemands que nous étions arrivés à faire. Les cages où ils avaient été internés et où, après la signature de la paix, les communards avaient pris la place des Prussiens, étaient creusées à environ huit mètres du sol, ce qui en faisait moins des logements pour des hommes que des fosses pour des ours.

Après les formalités d'écrou, les gardiens de ce puisard me firent descendre, par un escalier en bois pourri, dans une de ces caves où la mer entrait, y entretenant une humidité permanente. Dix ou douze détenus auraient à peine pu y vivre. Plus de cinquante s'y trouvaient enserrés.

Le directeur, avec un sentiment profond de l'égalité devant la condamnation, y fit étendre à mon usage, sur la terre nue, une hideuse paillasse qui devait désormais constituer tout mon mobilier. Les murs de ce ghetto étaient noirs, suintants et comme vernis par la crasse qui s'y amoncelait depuis des années.

Je relevai plusieurs noms allemands gravés au couteau dans la pierre par les soldats bavarois prisonniers. L'infection que la présence de cinquante êtres humains et d'un baquet à ordures dégageait dans ce nid à microbes était pour moi intolérable. Et ce n'était rien, quoique ce fût beaucoup. Pendant toute la première nuit que je passai dans ce caveau, d'énormes rats d'eau, gros comme des chats, prirent ma figure et mon corps pour champ de courses et je sentais leurs pattes froides s'écraser sur mes joues.

Le lendemain, mes camarades de fosse aux ours m'apportèrent triomphalement six de ces rats effrayants, qu'ils avaient, comme d'ailleurs à peu près tous les matins, recueillis dans le baquet où croupissait la seule eau que nous eussions à boire.

La fièvre m'assoiffait et le dégoût m'enlevait toute envie de me désaltérer à ce répugnant réservoir. Mais ces divers supplices se compliquaient d'un autre qu'il est impossible d'apprécier si on ne l'a pas subi en personne : celui de l'invasion des puces dont la génération, spontanée ou pas, se développait dans des proportions de fléau.

Elles ne se promenaient pas solitaires dans nos linges pour y flâner. Elles ne s'y amusaient pas seulement en famille, picorant çà et là plus ou moins discrètement dans nos épidermes. C'était par escadrons qu'elles nous envahissaient, ne laissant pas intact un « pouce de notre territoire ». Nos draps se transformaient tous les soirs en fourmilières. J'ai vu emmener à l'infirmerie de la prison un déporté à qui son extrême jeunesse faisait la peau plus délicate qu'à d'autres, et qui, dans un atelier de peintre, aurait pu jouer les écorchés. Ses épaules n'étaient plus qu'une plaie.

J'ai assisté à ce spectacle peu ragoûtant et que je demande pardon de rappeler : des escouades de puces dévorant des punaises! Car il y avait des punaises également. En quelques minutes, celles-ci étaient réduites à l'état de squelettes à figurer chez un naturaliste.

Ces démangeaisons à grattage continu provoquaient chez moi un assoiffement que la chute de tant de rats dans notre seau d'eau m'interdisait de satisfaire. La nausée me donnait des vertiges. Au bout de quelques jours de ce régime de la puce et du rat, je tombai malade et il fallut me porter à mon tour à l'hôpital de la prison, où je trouvai moins d'animaux dans mes draps et dans ma boisson.

Et, pendant que je menais à vingt pieds sous terre cette existence vermineuse, les journaux qui poussaient à mon ensevelissement définitif protestaient au nom de la justice égale pour tous contre « les faveurs scandaleuses » dont j'étais l'objet.

Ma situation était au contraire si atrocement douloureuse que je m'abstenais de recevoir mes enfants. La vue de leur père ainsi fait et défait les eût par trop attristés.

J'avais donné par lettre quelques détails à Edmond Adam sur cette misère générale. Il obtint de Thiers l'autorisation de venir me voir sans témoins et de faire même une enquête sur le système en vigueur dans cette prison pestilentielle. En effet, préparer par un épuisement préalable des déportés à des voyages de trois, quatre et cinq mois dans l'entrepont d'un navire de guerre avec du lard salé et du biscuit de mer pour toute nourriture, c'était aller au-devant d'une épidémie de scorbut.

Edmond Adam resta stupéfait en nous voyant nous promener ainsi dans notre fosse commune. Car j'étais sorti de l'infirmerie et avais repris avec mes rats et mes puces les relations un instant interrompues. Il avertit le directeur du dépôt qu'en présence du danger qu'un tel état de lieux présentait pour la santé de tous il allait formellement demander, en sa qualité de député, des modifications radicales dans cette installation inacceptable.

En effet, quelques jours après sa visite, le directeur, une brute sortie de la plus basse police, reçut l'ordre de nous transférer pour la nuit dans la grande salle d'une caserne où logeaient momentanément des disciplinaires qu'on fit déménager et qui, hélas! nous laissèrent en partant autant de vermine que nous venions d'en quitter.

Tous les soirs, entre huit et neuf heures, nous montions les escaliers conduisant au terrain sur lequel était bâtie la caserne, et nous allions prendre possession de nos paillasses étendues non sur la terre nue cette fois, mais sur un plancher resté gras de toutes les déjections des milliers de camisards qui y avaient dormi. Nous étions moins agglomérés que dans notre premier *in pace*, mais tout aussi dévorés, peut-être même davantage.

Le bruit s'étant répandu dans le pays qu'on pouvait nous voir défiler pour nous rendre à notre abominable dortoir, beaucoup d'habitants d'Oleron se donnaient rendez-vous sur notre passage, soit par sympathie, soit par curiosité, soit aussi pour la satisfaction de voir enfin ces bêtes fauves enchaînées et réduites à l'impuissance.

J'étais, nécessairement, le plus regardé de tous et je me serais peu préoccupé de l'attention spéciale que j'éveillais, si parmi les curieux je n'avais remarqué un capitaine de la ligne en uniforme qui ne manquait jamais d'assister à cette petite représentation et dardait particulièrement sur moi des yeux à la fois triomphants et furibonds.

Un soir, il se permit d'amener avec lui une jeune femme à laquelle il me désigna du doigt avec un sourire qui m'agaça.

Le lendemain, ce brave se trouva de nouveau sur notre chemin non plus avec une, mais avec deux femmes, et se permit à mon endroit des lazzis presque provocants.

Alors je résolus d'en finir. Je montai le lendemain matin au cabinet du directeur et je lui fis cette communication :

— Depuis cinq ou six jours, un capitaine d'infanterie vient avec deux salopes nous narguer tous, moi surtout, quand nous allons de nos casemates au dortoir. Je vous prie de lui dire de ma part qu'il est un lâche, et que si ce soir je l'aperçois de nouveau dans la foule je sors des rangs et je vais lui flanquer deux soufflets retentissants.

— Mais, monsieur, bondit le directeur épouvanté, ce capitaine a le droit de se tenir sur votre route comme tout le monde. D'abord, qui vous dit que c'est vous qu'il regarde ?

— C'est mon affaire, répondis-je. Je vous demande seulement de vouloir bien lui faire ma commission.

Et je redescendis dans mon cul de basse-fosse.

La commission fut certainement faite et dans les termes requis, car jamais je ne revis ce misérable non plus que ses deux drôlesses.

C'est à Oleron que je me liai avec les chefs arabes pour lesquels j'ai si longtemps demandé en vain l'amnistie. Déjà à cette époque je les avais pris en grande pitié, les voyant dépérir tous les jours loin de leur Afrique dont ils me parlaient avec une résignation navrée qui me rappelait le beau vers de Virgile :

> Et dulcis moriens reminiscitur Argos.

Ils m'avouèrent tous que le décret de Crémieux naturalisant Français les juifs algériens, avait été la cause de l'insurrection du Sud-Oranais. Le caïd Ahmet-ben-Resguy, qui, déjà vieux, avait fait autrefois partie de l'état-major du duc d'Aumale, me conta comment le colonel qui l'avait, par ses conseils, poussé dans le mouvement, présidait le tribunal qui l'avait condamné à la déportation dans une enceinte fortifiée. Il lui avait dit :

— Maintenant qu'ils sont devenus Français, les

juifs vont tout te prendre. Si tu ne veux pas mourir de faim, il ne te reste qu'à te révolter. »

Puis, quand l'insurrection éclata, les chefs des bureaux arabes avaient expliqué au gouvernement que l'Algérie était perdue pour nous si on n'y rétablissait pas le régime militaire auquel venait d'être substitué le régime civil. Fomenter l'émeute afin d'établir que le militarisme était seul capable de la répression, tel avait été le plan des Machiavels de caserne.

Ces pauvres gens, qui m'intéressaient au point que mes autres co-détenus se plaignaient que je m'occupasse plus des Algériens que de mes compatriotes, m'apportaient tous les matins de gros bols de lait qui était très bon dans l'île et je leur donnais mon vin en échange. Ils refusèrent d'abord de fausser ainsi compagnie à Mahomet en transgressant un de ses principaux préceptes, mais je leur expliquai que Mahomet, qui les laissait croupir dans la misère et dans l'exil, n'avait droit de leur part à aucune considération et ils finirent par vider leurs gobelets sans aucun scrupule.

J'entamais souvent des parties de dominos avec Ahmet-ben-Dahmani, le caïd de Soukahras, les cheiks Ahmet-ben-Brahim et Brahim-ben-Chérif, qui essayaient volontiers de me tricher et se tordaient de rire quand je les pinçais. Je les appelais alors *sarak*, qui veut dire voleur en arabe, et je les menaçais de les faire partir immédiatement pour la Nouvelle-Calédonie.

Ils répondaient généralement à cette vaine menace par ces mots prononcés avec une mélancolie profonde :

— *Mamenouch Calédonie!*

qui signifiait :

— La Calédonie, c'est bien mauvais !

Je fréquentais aussi un jeune Maure, Ahmet-ben-Ali-S'rir, dont la force au jeu de dames était extraordinaire. Il se laissait prendre six ou sept pions d'un coup, mais après les avoir disposés de telle sorte que les trois ou quatre qui restaient lui suffisaient pour me rafler tous les miens. Je me laissais toujours prendre à ses pièges et, étant abominablement et honteusement mauvais joueur, j'entrais dans des fureurs qui le réjouissaient.

Ce pauvre enfant, car il n'avait pas vingt ans mourut en prison, comme les deux tiers de ses camarades, de consomption et de phtisie. Ces infâmes condamnations, distribuées au hasard, ne furent en somme que des assassinats prémédités, qui s'exécutèrent comme en Chine par ce qu'on appelle : « la mort lente ».

Au fond, ils détestaient les Français et franchement il y avait de quoi. Ce qu'ils me racontèrent au sujet des exactions et des vols dont ils n'avaient cessé d'être victimes me bouleversait d'indignation et de honte pour mon pays. Leur horreur des officiers était telle que, lorsque je fis mon entrée dans la prison, ils me battirent d'abord très froid, ayant entendu dire que j'étais un chef, et dans tout chef voyant un militaire. Ils disaient de moi dans leur langue sabir :

— C'est une grande capote ! Mamenouch grande capote !

Comme nous disons des marins haut gradés :

— C'est une grosse cravate !

C'est seulement quand ils apprirent que moi aussi j'avais été condamné par des officiers qu'ils m'accordèrent leur confiance.

A la suite des rapports d'Edmond Adam sur l'état sanitaire de la caserne d'Oleron, on m'avait assigné une chambre étroite et basse, mais où du moins j'étais seul et où mes puces étaient bien à moi. Mes enfants venaient m'y voir et mes amis les Arabes, que le manque d'argent gênait beaucoup, me demandèrent si mes petits ne consentiraient pas à leur changer des billets de banque dont ils leur apporteraient la monnaie, plus facile à écouler.

J'étais surpris que le greffier de la prison leur eût laissé des billets de banque entre les mains. Ils me confièrent alors qu'ils les avaient dissimulés dans les plis de leurs turbans où personne n'aurait eu l'idée d'aller les chercher. Ma fille prenait les papiers et rapportait des pièces d'or qui leur permettaient d'améliorer leur ordinaire.

Les Arabes avaient de la mer une terreur instinctive qui leur rendait obsédante la perspective de la traversée d'Océanie. Ils ne songeaient conséquemment qu'à s'y soustraire et, comme je m'étais déclaré leur protecteur, j'étais tenu de leur épargner les quatre mois de voyage qu'on leur promettait sur la « bleue ».

— Mamenouch, la bleue !

Tel était leur cri quotidien. Je crus d'abord et tout le monde croira que ce qualificatif « bleue », appliquée à la Méditerranée, est né de sa couleur. Ahmet-ben-Dahmani, le caïd, m'expliqua que, pour lui et ses congénères, tout ce qui est dangereux et menaçant est réputé être bleu. Et comme je m'enquérais de l'étymologie de cette expression bizarre, il m'affirma que, d'après la tradition arabe, l'horreur du bleu venait de l'invasion de l'Afrique par les Européens, c'est-à-dire les barbares, — car on est toujours le barbare de quelqu'un — qui avaient généralement les yeux bleus.

En langage populaire, on dit aussi quelquefois chez nous :

— Celle-là est bleue, par exemple !

Mais je ne pense pas que cette expression familière ait la même origine que l'autre, bien qu'elle puisse nous être revenue des bataillons d'Afrique.

Ces exotiques, encore plus proscrits que nous qui l'étions déjà suffisamment, vinrent en députation, car ils étaient une bonne soixantaine, me supplier, avec d'interminables révérences, d'adresser une lettre au duc d'Aumale, que les plus vieux parmi les condamnés avaient connu et même servi en Algérie.

Tout ce que je pus leur promettre, ce fut de rédiger en leur faveur et en leur nom une requête à M. Edouard Bocher, que j'avais connu fortuitement quelques jours avant la fondation de la *Lanterne*, et qui, en sa qualité d'administrateur des biens de la maison d'Orléans, était en relations journalières avec tous les ducs de la famille.

Je leur confectionnai donc une lettre que je m'efforçai de rendre aussi persuasive et aussi touchante que possible. Mais il est à supposer qu'elle ne persuada guère et ne toucha pas beaucoup M. Edouard Bocher, car il n'y fit ni à eux ni à moi aucune réponse. C'est que nous n'étions plus au moment où les d'Orléans avaient besoin des républicains pour jeter l'Empire par terre. Cette fois, c'était la République qu'il s'agissait d'abattre à leur profit. Or, c'était nous qui la défendions.

Ces pauvres Arabes, dont la douleur muette me

poignait, me placèrent un jour, sans qu'ils s'en rendissent compte, dans une horrible perplexité. Edmond Adam, qui n'épargnait pas ses peines pour peu qu'il s'agît de soulager une misère, était revenu à Oleron afin de juger en personne des améliorations apportées à notre situation. Je lui avais, à sa première visite, dépeint l'état lamentable des indigènes internés avec nous, et demandé conseil sur la possibilité de faire aboutir leurs incessantes demandes en grâce.

Edmond Adam, invité officiellement à dîner chez Thiers avec d'autres députés, lui avait fait part de la commisération que m'inspiraient les chefs de l'insurrection du Sud-Oranais, tombés dans des pièges à eux tendus par les juifs et les anciens commandants des bureaux arabes. Alors Thiers, chez qui le politicien dominait tout d'abord, avait fait à Adam cette proposition :

— Je comprends que M. Rochefort refuse de demander quoi que ce soit pour lui; mais rien ne l'empêche de m'adresser, à moi, chef du pouvoir exécutif, une lettre dans laquelle il sollicitera un adoucissement au sort des indigènes captifs. Dès maintenant vous pouvez lui faire savoir que, sur une recommandation de lui, je m'engage à leur éviter la déportation.

Adam, à son arrivée à la citadelle d'Oleron, me communiqua cette offre on ne peut plus tentante. Je voyais ces étrangers s'étioler dans l'humidité des prisons comme des arbustes du Midi replantés sous le froid du Nord. Une lutte s'entama entre ma dignité et leurs souffrances. Dix fois je pris la plume pour consommer une platitude et je traçai d'une main peu assurée ces mots cabalistiques :

« Monsieur le président, »

Puis je réfléchissais aux formules de politesse et même de respect par lesquelles je me verrais contraint, sous peine de goujaterie, de terminer ma pétition, et, en songeant à ce que j'avais dit de Thiers et à ce que j'en pensais, je m'apercevais que l'extraction de cette incisive m'était réellement trop pénible. Je renonçai donc au bénéfice des ouvertures gouvernementales.

Une partie du public m'accusera peut-être d'égoïsme et d'orgueil mal placé, le salut de quatre-vingts êtres humains innocents, quoique condamnés, devant l'emporter sur toute considération d'amour-propre et de fierté même légitime. Mon excuse est celle-ci : je ne supposais pas que la sentence qui avait frappé ces ilotes pût être jamais exécutée à la lettre et je suis convaincu qu'elle ne l'eût pas été, sans le coup d'Etat parlementaire du 24 mai qui installa un Ramollot au pouvoir et accentua encore la rigueur dans l'exécution des arrêts militaires.

En second lieu, au moment où je partageais le plus stoïquement possible le sort lamentable de mes camarades, me laissant dévorer par les puces sans protester autrement qu'en me grattant du matin au soir, ma réputation et mon honneur étaient la proie des calomnies ineptes, mais accueillies avec transport, qu'imaginaient quotidiennement les plus bas policiers de la presse.

Un certain Jules de Précy, qui cachait sous ce pseudonyme son véritable nom inscrit sur les registres du greffe de Poissy, où il venait de subir une condamnation pour vol, avait appris dans les prisons à fabriquer non seulement des chaussons de lisière, mais des histoires stupéfiantes qu'il servait toutes chaudes aux lecteurs du *Gaulois* et du *Figaro* d'alors. En voici un modeste échantillon :

On m'affirme — mais je n'ai pas eu le temps de vérifier le fait — que la fille d'Henri de Rochefort aurait écrit dernièrement à Mme la marquise de Galliffet pour lui demander d'intervenir auprès du président de la République afin d'obtenir que M. de Rochefort ne partît pas pour la Nouvelle-Calédonie.

Il faut avouer que Mlle de Rochefort a beaucoup compté sur la générosité de Mme de Galliffet.

D'ailleurs, toujours d'après ce qui m'a été dit, l'attente de la pétitionnaire n'aurait point été trompée, et, dans cette circonstance, Mme de Galliffet aurait su oublier les outrages de la *Lanterne* et du *Mot d'ordre* envers elle et le général, pour n'obéir qu'à un noble sentiment de charité chrétienne.

Le pardon des injures est le premier précepte de notre religion.

Or ma fille, installée à Oleron avec ma sœur et un de mes garçons, l'autre, Bibi, étant alors dans la famille Adam, n'avait pas plus songé à écrire à Mme de Galliffet qu'à qui que ce fût; mais le drôle qui écoulait ainsi ses mensonges savait que je n'avais aucun moyen de les réfuter et s'en donnait à cœur-joie.

Je n'avais pas la prétention d'être un lion. Tous les ânes n'en semblaient pas moins s'être réunis pour me donner les derniers coups de pied.

D'ailleurs le bruit commençait à se répandre que Thiers était décidément opposé à mon embarquement, craignant d'assumer la responsabilité des catastrophes dont je pouvais devenir victime pendant la route. A peine cette résolution eut-elle transpiré dans le monde des sacristies que les protestations contre cet attentat à l'égalité de tous les Français devant la loi tourbillonnèrent au-dessus de ma tête.

Le *Figaro* attribuait le sursis dont je paraissais jouir aux demandes suppliantes que j'adressais à la commission des grâces, à qui naturellement je n'avais jamais ni adressé ni fait adresser un mot. J'avais même, pour plus de précaution, écrit à mes sœurs un billet très court où je les prévenais que la moindre démarche de leur part supprimerait instantanément tout rapport entre nous et que je ne les reverrais de ma vie.

Enfin le journal de Villemessant mettait ce retard dans l'exécution de mon arrêt de déportation à l'actif de la franc-maçonnerie, dont j'étais « un des hauts dignitaires ». A aucune époque de ma vie, je n'avais occupé la moindre dignité parmi les francs-maçons, mais c'était une façon d'exciter un peu plus contre moi les séminaires, alors tout-puissants.

Le *Pays* se distinguait au milieu des autres feuilles bonapartistes par un acharnement méritoire. Après avoir obstinément, mais inutilement, réclamé ma tête, il se rattrapait en demandant tous les jours mon départ, qu'il espérait bien être sans retour.

Le futur romancier Georges Ohnet, qui signait à cette époque « Georges Hénot » dans l'ex-journal de l'Empire, ne considérait jamais sa vengeance comme suffisamment rassasiée et, à l'instar du Thésée de *Phèdre*, il chargeait Neptune de donner satisfaction aux rancunes bonapartistes.

C'était naïf à en être amusant. Il parlait de mes crimes comme de ceux de Lacenaire et, dans la galerie des monstres, me plaçait à peu près sur le même rang que Papavoine ou Castaing.

Un silence profond, résultat évident d'un mot d'ordre,

écrivait-il, s'est fait depuis quelques mois autour du prisonnier du fort Boyard.

Les déportés qui avaient été inscrits sur le registre d'embarquement du transport l'*Orne*, en même temps que lui : Bouis, Arnold, Rastoul, Etienne, ont quitté l'île de Ré et voguent à pleines voiles vers la terre de déportation.

Rochefort seul reste en France et bénéficie d'une indulgence et d'une bienveillance que l'infamie de sa conduite fait paraître plus incompréhensibles et plus imméritées.

Et comme plusieurs journaux républicains avaient fait observer qu'il était assez surprenant que je fusse comme ça, d'un jour à l'autre, devenu subitement un assassin et un voleur, Georges Ohnet leur tenait ce raisonnement qu'il était impossible d'imaginer plus péremptoire :

Il est évident qu'avant d'avoir été coupable n'importe quel criminel a commencé par être plus ou moins innocent : il ne s'ensuit pas de ce que la vie de Rochefort n'a point été une longue succession de crimes, que sa période d'honnêteté puisse servir d'atténuation à sa période d'infamie.

En ce qui concerne les sentiments de vengeance qu'on pourrait prêter à M. le président de la République à l'égard de l'instigateur de la destruction et du pillage de sa maison, nous pensons que M. Thiers n'a dû conserver nulle rancune contre Rochefort, au contraire.

Il a été trop bien indemnisé pour cela !

Nous savons que M. Thiers est doué d'une sensibilité d'âme qui a dû évidemment s'émouvoir à la pensée du triste sort auquel étaient réservés les enfants de Rochefort. Mais nous ne voyons pas en quoi le maintien de leur père au secret dans un fort français, plutôt que sa déportation dans une île éloignée, pourrait leur être un avantage.

Leur père au fort Boyard ne pourra pas plus facilement assurer leur existence qu'à la Nouvelle-Calédonie.

Si on veut absolument placer l'intérêt de la famille d'un condamné au-dessus du respect dû à la justice, qu'on mette alors tout de suite Rochefort en liberté.

Aussi bien, le but que les amis de l'ancien rédacteur de la *Lanterne* paraissent viser est d'obtenir la grâce de leur coreligionnaire politique.

Ils tendent à faire déclarer par le président de la République que ce qui a été un crime pour la masse des communards fut un badinage élégant, une facétie gaie, venant d'un homme d'esprit. Pour un peu, ils diraient d'un air négligent : « Le pauvre Rochefort !... Allez donc, il était plus fou que méchant !... Tête légère, mais bon cœur ! »

Nous sommes curieux de voir si M. le président de la République, exerçant sur la commission des grâces une pression sans excuses, consacrera par un aussi éclatant abus de la clémence une théorie aussi monstrueusement cynique.

L'erreur, volontaire ou non, se mariait agréablement à l'invective dans ces réquisitoires, attendu que la commission dite des grâces n'avait eu à subir de la part de l'entourage de Thiers ou de Thiers lui-même aucune sorte de pression, ce comité « d'assassins », comme on l'avait qualifié en pleine Assemblée nationale, n'ayant à s'occuper que des condamnés qui se recommandaient à sa miséricorde.

Ah ! la commission des grâces eût été en effet enchantée que je lui fisse parvenir une supplique authentiquement signée de mon nom ! Seulement on comprend le peu d'envie qui me possédait de lui procurer ce délicieux plaisir.

Cependant je n'avais pas laissé un sou et je souffrais de savoir mes trois enfants à la charge possible de Mme Edmond Adam et de son excellent mari. Je tâchai donc de reprendre sous une forme à peu près permise, mon métier d'écrivain. L'article politique, pour la confection duquel je n'aurais eu d'ailleurs ni renseignements ni informations, m'étant interdit, je me rejetai sur le roman.

J'en conçus un auquel je m'attelai sans documents, sans livres, sans possibilité de contrôler une description de rue, de maison ou d'appartement. Et j'écrivais dans une promiscuité incessante, au milieu de deux cents codétenus qui lisaient par-dessus mon épaule et m'enveloppaient de leur brouhaha, ne me laissant pas une minute pour me recueillir.

Cette gestation fut atroce, mais profitable ; le *Rappel*, qui n'avait cessé de me défendre, prit ce feuilleton que j'intitulai les *Dépravés*, mais que le gouvernement m'interdit de signer, ce qui, même avec le régime de la presse de cette époque, constituait une entorse à la loi, les polémiques politiques étant seules interdites dans un journal sous la signature d'un homme privé de ses droits civils.

Or mon roman était de la vie privée et n'abordait pas du tout la question sociale. Il n'en perdit pas moins son principal élément de succès : mon nom au-dessous du titre. Georges Ohnet, lui-même, pouvait ainsi constater que, si on transgressait la loi, ce n'était pas toujours en ma faveur.

Bien que je fusse resté plutôt en deçà qu'au delà des limites de mon droit, la réaction fulmina contre cette nouvelle « faveur » qui n'en était pas une du tout, puisque, les *Dépravés* n'étant pas signés, personne n'avait qualité pour prétendre que le roman était de moi.

Henry de Pène, qui mourut insolvable et failli

en réclama furieusement l'interdiction. Quoi! je n'étais donc pas mort? J'avais donc encore l'insigne audace de m'agiter dans ma tombe? Les chaînes que j'avais ou que j'aurais dû avoir aux mains ne m'ôtaient donc pas la scandaleuse faculté de tracer à l'encre des caractères sur du papier blanc?

Toutes ces indignations de sacristie firent lire le feuilleton dont le prix fut remis intégralement à Edmond Adam, et qui servit à payer la pension de mes petits. Un des codéportés, qui fit plus tard sur la frégate de guerre la *Virginie*, en même temps que moi et dans la même cage que moi, le voyage de Nouvelle-Calédonie, Henry Messager, eut l'obligeance de me recopier mon manuscrit, de telle sorte que si le directeur, d'ailleurs devenu très plat, l'avait arrêté au greffe, j'en eusse eu un second exemplaire.

Enfermé depuis plus d'un an, je n'avais guère été à même de suivre ce qu'on appelle les « fluctuations de la mode », et comme j'avais à introduire, dans les *Dépravés*, quelques descriptions de toilettes et d'ameublements, j'avais écrit à mon excellent et infatigable ami Destrem de me faire parvenir des journaux traitant de l'élégance parisienne.

Il se rendit aux bureaux du *Moniteur de la mode*, dont la directrice, Mᵐᵉ Emmeline Raymond, Versaillaise et bonapartiste, lui demanda dédaigneusement si j'avais l'intention de faire meubler ma cellule.

Je reçus un stock de ces gravures coloriées qui ne sont que des réclames payées par les couturières et les couturiers dont les noms sont inscrits à la suite de la description des toilettes et des coiffures. Les Arabes, à qui Mahomet a formellement défendu de se faire peindre, jamais on n'a su pourquoi, furent on ne peut plus surpris de cette avalanche de femmes en couleur. Mon camarade Brahim-Ben-Chérif me prit discrètement à part pour me demander mystérieusement si c'étaient mes « moukères ». Il croyait avoir sous les yeux le sérail que je ne pouvais manquer d'entretenir à Paris.

Je lui dis que c'étaient bien mes femmes, dont on m'envoyait les portraits, et il les regardait constamment, les larmes aux yeux, se rappelant sans doute les siennes, qu'il avait laissées là-bas, de l'autre côté de la « bleue », et qui, selon toute probabilité, l'oubliaient avec d'autres Ahmed et d'autres Brahim. Car rien ne rapproche les hommes comme la ressemblance dans la façon dont les femmes les traitent dans les cinq parties du monde et les traiteraient dans la sixième, s'il y en avait une.

Je finis par lui offrir mes gravures de mode, cadeau qui le ravit et qu'il considéra comme princier. Il les colla sur le mur, à la tête de son lit, et tous les soirs il s'agenouillait devant pour faire sa prière.

Les attentions que je témoignais à ces infortunés Arabes, volés, persécutés et condamnés par ceux-mêmes qui les victimaient, m'avaient acquis leurs sympathies les plus vives. Ma fille, quand elle venait me voir, se chargeait de leurs lettres qu'elle mettait à la poste directement et où il leur était ainsi loisible de tout conter à leurs parents, en dehors du contrôle administratif. Ils y vantaient ma sollicitude à leur égard, et comme tous étaient des chefs influents, les premiers de leurs provinces, qu'ils avaient soulevées, ils m'établirent, non pas seulement dans leurs douars, mais presque dans tout l'Islam, une popularité qui va d'Alger à Tombouctou.

Dans ces contrées où les nouvelles se transmettent de bouche en bouche et non comme chez nous par la voie de la presse, les récits acquièrent une force de pénétration extraordinaire et circulent avec une rapidité foudroyante à travers des centaines de lieues.

On supposera volontiers que je m'en fais accroire; je puis pourtant affirmer qu'il n'y a pas un gourbi africain où mon nom ne soit connu comme celui d'un défenseur des Arabes pour lesquels, plus tard, je n'ai d'ailleurs cessé de réclamer l'amnistie. Je traverserais seul, le bâton du voyageur à la main, les défilés les plus mal famés, qu'il me suffirait de me nommer pour écarter de moi tout péril.

Le plus aventureux de mes deux fils, celui que j'ai perdu dans des circonstances si douloureuses, avait conçu et exécuta le projet presque insensé d'aller à cheval, et sans aucune escorte, de Philippeville à Tunis. Il traversa toute la Khroumirie, s'arrêtant dans les douars et dormant sous la tente qu'on pavoisait en son honneur dès qu'il avait prononcé le nom de son père.

Il arriva ainsi en Tunisie sans avoir eu à se défendre contre l'apparence d'un danger et, eût-il rencontré la bande Areski sur sa route, les brigands l'eussent laissé passer sans encombre.

Quand il mourut, en Algérie même, les Arabes envoyèrent à ses obsèques une immense couronne portant cette inscription touchante :

AU FILS DE L'HOMME JUSTE

Pour les Arabes, je suis l'homme juste. Je regrette de ne pas l'avoir été plus souvent pour les Français.

L'insuffisance de notre installation dans les bas-fonds de la citadelle d'Oleron ayant été enfin reconnue, plusieurs d'entre nous furent transférés à celle de Saint-Martin-de-Ré, où Mirabeau a été enfermé pendant quelque temps : j'ai même lu son nom creusé par lui-même, à la pointe d'un couteau, dans un coin de mur.

Cette translation modifia sensiblement mon ordinaire. Le directeur de notre dépôt de rebelles était celui du fort Boyard et son premier soin fut de m'assigner une casemate pour moi tout seul. C'était une chambre de sous-officier, grillée mais spacieuse, et dont j'avais, sauf le soir, la faculté de laisser la porte ouverte ou fermée.

Je pouvais ainsi me livrer à un travail à peu près solitaire et ce confortable relatif me fut d'autant plus précieux que je restai là plus d'un an, dont je profitai pour écrire un autre roman, les *Naufrageurs*, qui parut également dans le *Rappel* et dont les premiers feuilletons me parvinrent en Nouvelle-Calédonie.

Mes enfants, qui se transféraient eux-mêmes partout où j'échouais, trouvèrent, pour les héberger et prendre soin d'eux, un excellent ménage de protestants, la famille Lelorain, dont le chef, ancien commissaire de marine, s'était établi dans l'île où il vivait de sa retraite.

Tous les jours, mes deux petits venaient passer avec moi une heure ou deux et m'apportaient de l'hôtel voisin une nourriture un peu plus variée que celle de la prison. L'air de la mer était extrêmement sain pour eux et la plage d'un sable très doux leur assurait des bains charmants.

Je me serais donc senti presque heureux s'il m'eût été possible de l'être dans l'ignorance où je vivais de tout mouvement intellectuel et artistique. Je menais fatalement la vie bestiale du mouton parqué dans son étable et dont la journée n'est scandée que par les moments des repas.

Une chose en outre épaissit singulièrement pour le prisonnier la muraille qui le sépare du dehors : l'absence de tout visage féminin. Cette existence qui se passe entre hommes, sans aucune apparition d'une jupe ou d'un corsage, semble d'un vide désespérant.

En dehors de tout besoin physique, rien n'est plus énervant que cette impossibilité de poser ou de reposer ses regards sur des cheveux de femme. Le retranchement absolu de cette moitié du genre humain donne aux pensées une toute autre tournure, au point que l'être moral et intellectuel en est radicalement changé.

J'étais, je dois le dire, traité, dans le dépôt, avec une véritable considération, et le gardien-chef, vieux marin du pays, non élevé dans les chiourmes, ne savait comment me témoigner sa sympathie. Un jour, qui fut un des plus beaux de ma détention, je fus demandé par une jeune et charmante dame que j'avais entrevue à Paris deux ou trois fois à peine et qui, par des moyens que j'ignore, avait obtenu l'autorisation de visiter la prison en général et moi en particulier.

Le bon gardien-chef, au lieu de nous introduire dans le parloir commun, mit à notre disposition la petite maison qu'il habitait du côté de la citadelle donnant sur la mer, et où, pendant trois après-midi consécutives, nous fûmes comme chez nous.

Brahim-ben-Chérif qui, avec plusieurs des condamnés arabes, était venu me rejoindre à Ré, voyait avec des yeux de concupiscence la visiteuse traverser la cour pour rentrer à son hôtel et me disait ingénument :

— Elle est bien jolie, ta moukère !

Ces trois demi-journées, qui semèrent de quelques

riants souvenirs ma vie recluse, eurent un résultat autre et inattendu. En regardant par la fenêtre de la chambre du gardien-chef, j'avais constaté que la mer était à deux pas de nous et que si, par une nuit un peu noire, une barque venait s'ancrer à quelques dizaines de mètres de la plage, rien ne serait plus facile à un nageur que d'y aborder.

Par un hasard invraisemblable, j'avais lu dans une histoire du siège de La Rochelle que les calvinistes, préposés à la défense de la citadelle ravitaillée par Buckingham, opéraient contre les troupes royales de fréquentes sorties à l'issue desquelles ils rentraient dans le fort par une porte percée sur un vaste couloir qui régnait sur toute la face du bâtiment.

Je songeai à vérifier l'existence de cette galerie qui pouvait avoir été comblée, mais qui ne l'était peut-être pas. Dans un enfoncement très obscur et surplombé par une des ailes de la maison du gardien-chef, je retrouvai une première porte fermée par un énorme verrou qui, certainement, n'avait pas joué depuis près de deux siècles.

C'était évidemment par cette issue que les calvinistes entraient dans le couloir et par une autre s'ouvrant sur la campagne qu'ils opéraient leurs sorties.

Bien que le verrou fût de la grosseur d'un bras d'enfant et que, pour ainsi dire, il fît corps avec l'alvéole où il était retenu, il ne devait pas être extrêmement difficile de l'ouvrir.

Malheureusement, il m'était interdit d'agir moi-même. En premier lieu, je manquais des instruments nécessaires à ce travail de serrurerie. En outre, je n'aurais pu disparaître ainsi de la cour où je me promenais. Les surveillants se seraient tout de suite demandé ce que j'étais devenu. Il fallait donc mettre un ou deux détenus dans la confidence du secret que j'avais découvert — par induction — et dont j'avais pris la résolution de profiter.

J'avais pour codéporté un ancien collaborateur de la *Marseillaise* qui y avait signé les communications ouvrières et qui fut, plus tard, longtemps employé au journal *La Justice*, notre ami Collot, menuisier de son état et qui s'était organisé dans sa case un petit atelier avec outillage complet. Je lui fis part de ma trouvaille et tâchai de l'intéresser à mon projet.

L'attention ne se portant pas particulièrement sur lui, il lui eût été très aisé de faire sauter ou de dévisser le verrou, de pénétrer dans la galerie longeant le fort et d'aller attaquer la porte extérieure, dont le bas baignait dans les fossés presque toujours à moitié pleins d'eau, mais faciles à gravir et qui, par un talus à pente très douce, nous aurait menés au rivage où la barque nous eût attendus.

Bien que le succès en fût à peu près assuré, Collot ne mordit pas à la proposition. Peut-être lui aussi comptait-il sur l'amnistie. Il fut, à son tour, déporté à la presqu'île Ducos et y resta huit ans. Voilà ce c'est que de ne pas savoir saisir les occasions par le peu de cheveux qu'elles nous offrent.

Collot me faisant faux bond, je fus réduit à m'adresser à un détenu interlope qui, s'étant jeté dans la Commune pour avoir trente sous, ne se préoccupait que d'en gagner de temps en temps trente autres. Il m'avait avoué, car pour presque tous mes codétenus j'étais un confesseur, que sa vie avait été émaillée de pas mal de condamnations pour des faits auxquels la politique était totalement étrangère.

Il m'avait même confié, non sans quelque orgueil, que depuis sa toute jeunesse il n'avait jamais exercé d'autre état que celui de souteneur, et il me fournissait les détails de ménage les plus extraordinaires. Il paraît que dans ce monde, dont il n'était jamais sorti que pour aller se recueillir en prison, la roulée est obligatoire et fait entre l'homme et la femme partie du contrat. Ainsi, le souteneur ne dit pas d'une fille qui lui plaît :

— Je voudrais bien me mettre avec elle.

Mais :

— Je lui flanquerais bien mon poing sur la figure.

Cette formule, qui pour nous semblerait plutôt hostile et malveillante, exprime de sa part une vive sympathie pour celle à qui elle est dédiée. L'amour est ainsi, dans ses manifestations, aussi contradictoire que multiple.

Tel est le personnage que, faute de mieux, je me vis contraint de charger de ma délivrance qu'il eût naturellement partagée et pour laquelle je lui eusse versé plus d'argent que ses femmes ne lui en avaient fourni pendant toute sa carrière.

Il commença par s'adjoindre un camarade, ce qui faisait deux confidents, et ils se mirent à la besogne. Le verrou dévissé en une heure fut remplacé par un cylindre de pain roulé dans la poussière et à l'aspect duquel tout le monde se fût trompé. Quand mes deux complices pénétrèrent dans la galerie souterraine, ils mirent en fuite des centaines de rats et s'enfoncèrent presque jusqu'à mi-jambes dans une boue séculaire qui, entretenue par l'eau du fossé, ne séchait jamais complètement.

A la seconde tentative, ils atteignirent une porte massive bardée de fer, qu'ils essayèrent vainement d'entamer. Ils se convainquirent d'ailleurs, en la perçant d'une vrille, qu'elle avait été, à l'extérieur, recouverte d'un revêtement en briques qu'on eût rencontré devant soi au cas où il eût été possible de la jeter hors de ses gonds.

Le plus simple était de s'attaquer au mur même et d'y ouvrir une brèche susceptible de livrer passage à un homme de grosseur moyenne. C'est ce que je conseillai à mes pionniers et c'est ce qu'ils ne demandaient qu'à tenter s'ils avaient eu à leur disposition les pioches indispensables.

Mes enfants, qui venaient me voir tous les jours, achetèrent dans la ville l'instrument de démolition et mes deux instrumentistes commencèrent à creuser. Mes recommandations étaient précises : je leur avais enjoint de n'enlever que la pierre strictement indispensable à l'évasion d'un corps humain, puis de replacer les matériaux de façon à ce que le trou creusé n'attirât pas l'attention des rondes qui se succédaient autour de la prison.

Quand tout fut prêt et qu'il n'y eut plus qu'à attendre, je fis tenir à mon ami Destrem une lettre où je lui demandais de me dénicher un capitaine de navire marchand dont la barque, à une heure déterminée et convenue, naviguerait en vue de la forteresse. En trois jours, il trouva notre homme : un grand négociant en vins, qui entreprenait fréquemment le voyage d'Angleterre à Bordeaux, ferait en mon honneur escale dans les eaux de l'île de Ré et nous prendrait à son bord, mes sauveurs et moi.

Aucune évasion n'aurait pu être mieux combinée, pas même celle qui, en Nouvelle-Calédonie, réussit plus tard si brillamment; mais tous les cambrioleurs sont les mêmes : ils dépensent une énorme activité et une intelligence remarquable dans la préparation d'un coup, puis se font pincer en payant dans un bouge un verre d'absinthe avec un billet de mille francs.

Au lieu de l'étroite fenêtre plus que suffisante pour que nous nous y glissions tous les trois, ces piocheurs imbéciles pratiquèrent un trou à y faire passer une charrette tout attelée et n'eurent pas même la précaution de le reboucher en attendant l'heure de l'évasion. Le lendemain matin, les soldats de ronde aperçurent le gouffre béant et le signalèrent. Pour la seconde fois, le coup était manqué.

Pour comble d'imprudence, mes deux gaillards avaient tout raconté dans leur casemate et invité vingt ou vingt-cinq de leurs amis qui, à l'heure du départ, se fussent présentés à l'orifice en réclamant leur droit à l'évasion. Le directeur du dépôt ne tarda pas à être informé de toutes les péripéties du drame et me fit demander des explications, devant lesquelles je fis la bête, refusant de répondre, lui dis-je, à des questions que je ne comprenais pas.

Il n'osa pas pousser trop à fond l'enquête, à cause de ma situation particulière, et se contenta de me surveiller de plus près.

Mais si j'avais en vain tout préparé en vue d'un départ pour l'Angleterre, je ne partais toujours pas pour la Nouvelle-Calédonie, et les aboiements de la meute redoublaient de sonorité. Sa dernière menace au pouvoir se concentra sur une demande d'interpellation qu'un droitier adresserait au ministre de l'intérieur au sujet de mon maintien dans une prison française.

Le conseil des ministres, disait la *Liberté*, se réunit aujourd'hui et doit s'occuper de l'interpellation annoncée au sujet de Rochefort, qui n'est pas encore parti pour la déportation.

Le gouvernement désirerait que l'interpellation ne se produisît pas; néanmoins, si elle a lieu, le président fera répondre que, Rochefort ayant été l'instigateur de la démolition de l'hôtel de la place Saint-Georges, M. Thiers ne voulait pas avoir l'air d'exercer une vengeance personnelle.

Et le *Moniteur* complétait ce prétendu renseignement par cet autre :

Un journal assure que M. Henri Rochefort a été visité dans sa prison par une commission médicale spéciale, et que les médecins ont décidé que l'état de santé de l'ancien rédacteur en chef du *Mot d'Ordre* ne lui permettait pas de faire la traversée de la Nouvelle-Calédonie.

M. Henri Rochefort resterait donc en France.

Il est probable que l'interpellation qui devait être faite à la Chambre à l'égard du séjour prolongé de M. Rochefort en France va de nouveau être portée à la tribune.

Je n'avais eu affaire à aucune commission médicale, qui n'avait pas eu à se prononcer sur ma santé; mais comme le transport l'*Orne* était parti sans m'emporter, l'*Ordre* s'exprimait ainsi :

M. Rochefort ne faisant pas partie du convoi de condamnés embarqués sur l'*Orne*, l'interpellation annoncée va suivre son cours.

Enfin le *Constitutionnel* faisait part au public de mon prochain voyage en ces termes visiblement satisfaits :

Le conseil des ministres s'est réuni hier mardi, à midi, sous la présidence de M. le président de la République. La question à l'ordre du jour était des plus importantes : il s'agissait de savoir quelle attitude prendrait le gouvernement vis-à-vis de l'interpellation ayant pour objet la déportation de M. Henri Rochefort.

Le conseil des ministres a décidé que M. Henri Rochefort, actuellement détenu à Saint-Martin-de-Ré, serait envoyé à la Nouvelle-Calédonie.

La *Patrie*, le *Figaro*, le *Pays* poussaient avec la dernière énergie à cette interpellation vengeresse, et, comme elle tardait à se produire, ces feuilles cannibales essayaient de leur mieux de me rendre antipathique aux populations. Sachant que l'abandon d'enfants est ce qui porte le plus sur la sensibilité féminine, elles me reprochaient avec indignation de laisser les miens mourir littéralement de faim. Notez que la responsabilité de cette inanition eût incombé tout entière au gouvernement qui, en me claquemurant pour la vie, m'enlevait tout moyen de nourrir ma famille ; mais je n'en étais pas moins un père dénaturé, bien que mes petits, qui m'avaient suivi dans tous mes lieux d'emprisonnement, fussent aussi heureux et soignés que possible.

On racontait bien que ma fille avait écrit à Mme de Gallifet, mais elle mourait de faim tout de même à la suite du criminel abandon où je la laissais.

Un journal dévot, l'*Union bretonne*, avait corsé le racontar en annonçant à ses lecteurs que, restée sans pain et sans asile, ma fille avait allumé un réchaud de charbon et s'était asphyxiée. Précisément, une dame très pieuse, abonnée à cette feuille d'église, était venue rendre visite aux Lelorain, qui hébergeaient mes enfants.

Elle déplia l'*Union bretonne* et, lisant le récit qui me concernait, elle commença à déblatérer contre le misérable athée chez qui le manque de foi oblitérait ainsi tout sentiment paternel. Mme Lelorain ne répondit rien et se contenta d'inviter sa visiteuse à déjeuner.

Au moment où on se mettait à table, ma fille et mon garçon entrèrent et la bonne Mme Lelorain dit à la fidèle abonnée :

— Permettez-moi de vous présenter Mlle Rochefort, dont vous venez de nous conter la fin tragique. Bien que son père l'ait abandonnée à Paris, elle ira, après le déjeuner, passer deux heures avec lui à la citadelle de Ré.

La stupéfaction de la dame en visite se changea bientôt en colère contre les imposteurs qui avaient ainsi abusé de sa candeur catholique. Sans désemparer, elle demanda une plume et adressa au rédacteur en chef de l'*Union bretonne* un billet lui interdisant de la lui envoyer désormais et le prévenant qu'elle allait s'abonner à une feuille un peu plus sérieuse.

Cette aventure donne le *la* des infamies aussi honteusement stupides que faciles à démentir au régime desquelles j'étais soumis.

Enfin, s'écriait joyeusement le *Pays*, l'ancien directeur de la *Marseillaise* et du *Mot d'Ordre*, ces journaux où on prêchait la révolte, le pillage, l'assassinat et où on dénonçait à la vindicte publique tout *ce qui était sain et respectable*, va partir pour la Nouvelle-Calédonie.

Il était temps.

« Ce qui était sain et respectable », c'étaient le coup d'Etat et l'Empire, puisque la *Marseillaise* avait cessé sa publication un mois avant l'avènement de la République. Ainsi, à un an de la déchéance proclamée solennellement par l'Assemblée de Bordeaux, les feuilles bonapartistes pouvaient librement et impunément réclamer la déportation pour l'homme qui avait le plus protesté contre les déportations et le déportateur de Décembre. C'était sur mon dos que des ministres qualifiés de républicains permettaient qu'on vengeât Napoléon III.

Pour comble de fourberie, ce prétendu projet d'interpellation était né spontanément dans le cerveau dévergondé et sous la plume des réacteurs de la presse, qui s'étaient gardés de désigner les interpellateurs, de peur d'un démenti. Mais lancer ainsi la nouvelle d'une interpellation, c'était peut-être donner à quelqu'un l'idée de la déposer.

Comme je l'écrivais à Edmond Adam, j'étais une simple lettre qu'on jette à la poste, ne réclamant rien et prêt à tout subir. Mais les furibonds qui travaillaient avec cette activité en vue de mon départ ne se doutaient guère, les affamés de chair humaine, que leurs articles répondaient au plus cher de mes vœux. En effet, tenu sous l'œil comme je l'étais et après deux infructueuses tentatives d'évasion, je n'avais plus d'espoir que dans quelque coup tenté dans de nouvelles conditions, soit au cours de la traversée, soit après mon arrivée à la Nouvelle-Calédonie. Je ne demandais donc qu'à partir, presque sûr que mon embarquement était en même temps mon salut.

J'agitais, à ce propos, dans ma tête tant de combinaisons, qu'en prévision d'un ordre de départ ne me laissant pas le temps de me retourner, j'avais prié ma fille de m'apporter une grande plaque de liège que je présentai au directeur du dépôt comme un fond de bain, le contact de la baignoire de la prison m'étant particulièrement désagréable.

Cette fable passa sans aucune difficulté, et quand j'eus ma planche je la coupai en huit morceaux susceptibles, par leur épaisseur et leur résistance, de maintenir un homme dans l'eau pendant de longues heures.

Mon plan, encore vague, consistait en un plongeon dans la mer par un sabord, en vue d'une côte à laquelle j'essaierais d'aborder, et où je n'aurais pas à craindre l'extradition. On verra plus tard que, si mon évasion se fit autrement, mes lièges n'en furent pas moins d'une sérieuse utilité à mes compagnons et à moi.

Tout à coup j'appris par une lettre de l'abbé Foley, l'aumônier de la maison d'arrêt de Versailles, l'état à peu près désespéré de la mère de mes enfants. La pauvre femme en me voyant traîné par les rues, les chaînes aux mains comme un prisonnier gaulois sous les cris de mort des émigrés versaillais, était tombée évanouie et, transportée chez elle, car elle habitait Versailles même, ne s'était plus relevée.

J'ignorais l'extrême gravité de son état et, sitôt que je le connus, je n'eus plus qu'une idée : légitimer par un mariage rapide mes enfants que j'avais reconnus, mais qui, s'ils étaient menacés de n'avoir plus ni mère ni père, auraient au moins un état incontestable et régulier.

Je rédigeai donc à l'adresse du ministre de l'intérieur une demande de transfèrement à Versailles pour y remplir le devoir que mon affection pour mes enfants me commandait. La réponse m'arriva sans délai. Deux agents de police vinrent me chercher et me conduisirent au bateau qui me transporta d'abord à La Rochelle, puis au train de Paris.

Leur surveillance était si molle que, ma parole d'honneur, ils m'auraient laissé filer, je crois, si les circonstances n'eussent rendu de ma part toute fuite inadmissible.

D'ailleurs je me considérais comme moralement

prisonnier sur parole et pour rien au monde je n'aurais abusé de la latitude qui m'était laissée.

Mes deux policiers, chargés de me nourrir en route, me déballèrent, du reste, des victuailles peu ordinaires : un perdreau froid, un pâté truffé, toutes sortes de fruits, et l'un de mes accompagnateurs me confia qu'ayant reçu les recommandations du ministre lui-même, qui était alors Victor Lefranc, celui-ci avait prononcé devant lui et devant d'autres ces paroles significatives :

— Nous devrions rougir en pensant que nous sommes au pouvoir et que Rochefort est en prison.

Cette confession, qui était d'un brave homme, démontrait à quel point le gouvernement d'alors était malgré lui le prisonnier des monarchistes.

Mais, comme avec l'abbé Crozes, j'avais compté sans l'abbé Foley, le prêtre étant toujours là. Il m'avait annoncé le transfèrement de ma femme dans une maison de santé où elle était l'objet de soins continus, et lorsqu'on m'y introduisit je m'aperçus que j'étais tout bonnement dans une maison religieuse, habitée et desservie par des nonnes. L'abbé avait profité de la faiblesse de la malade pour la transporter dans ce moulin à prières, ce qui pour les hommes à soutane était une conquête précieuse.

La mère de mes enfants avait été toute sa vie très ferme, très courageuse et aussi libre penseuse que moi. Je la retrouvai très affaiblie de corps et d'esprit. Il était visible qu'elle avait été enguirlandée par la cafarderie monacale. On avait certainement voulu transformer ce mariage *in extremis* en une espèce d'abjuration de ma part. Tandis que j'étais dans la prison de Versailles où l'on m'avait momentanément rendu ma cellule en attendant la cérémonie, l'aumônier de la soi-disant maison de santé n'avait-il pas eu le toupet de m'apporter un papier à signer par lequel je désavouais tout ce que j'avais écrit contre notre sainte religion et m'engageais à la respecter à l'avenir dans ses mystères et ses dogmes les plus saugrenus?

Ce maître-chanteur tonsuré comptait sur la situation difficile où je me trouvais vis-à-vis de ma femme qui s'était inconsciemment constituée l'otage des béguines, et se hâtait d'exploiter cette aubaine au profit de son Eglise et probablement aussi de son avancement. Je le priai de me laisser tranquille, ne pensant même pas qu'il pût y avoir pour moi un mariage autre qu'exclusivement civil. Aussi, lorsque le maire de Versailles, M. Rameau, député déplorablement centre gauche, eut procédé aux formalités d'usage, fus-je très surpris de voir apparaître dans toutes ses étoles l'aumônier qui se mit en devoir de bénir notre union.

Ce qui révélait le complot plus clairement encore, c'était la présence de deux jeunes gens sociétaires de Saint-Vincent-de-Paul qui s'approchèrent de moi et, après m'avoir donné leurs noms que je n'entendis pas, me demandèrent l'autorisation d'assister à mon mariage. Je leur répondis que c'était là une cérémonie publique qui avait lieu toutes portes ouvertes et que je n'avais pas plus à leur permettre d'entrer qu'à les prier de sortir.

Si j'avais été seul en cause, comme dans la cellule où le prêtre avait eu l'effronterie de venir solliciter de moi une abjuration, on devine la réception que j'aurais faite à l'officiant. Mais ma malheureuse compagne était étendue sur son lit de quasi-agonisante, les deux jambes paralysées, incapable d'être transportée ailleurs, et conséquemment entre les mains des religieuses qui auraient probablement refusé les soins les plus nécessaires à une femme simplement mariée à la mairie.

D'ailleurs, comme il faut être deux pour contracter union, les grimaces du curé bénisseur ne s'appliquaient qu'à celle des deux parties qui consentait à s'y soumettre. Je le laissai donc déverser son fluide qui n'atteignit qu'un de nous deux.

Cet aumônier me parut, du reste, animé à mon endroit de sentiments peu tendres : il projetait sur moi, pendant son travail, des regards d'une acuité menaçante. Il s'était probablement vanté à son évêque d'arriver à me faire signer son papier, et il ne me pardonnait pas de le lui avoir laissé pour compte.

Toute la fourbe ecclésiastique est contenue dans cet épisode de ma vie. Il était peu de situations au monde plus intéressantes, plus attendrissantes même que la nôtre : une femme mourante, un homme condamné à la peine de déportation perpétuelle, et ces deux départs prochains, dans un cercueil pour l'une, dans l'entrepont d'un navire de guerre pour l'autre, allaient laisser orphelins trois enfants désormais astreints soit à mourir de faim, soit à vivre de la charité des amis de leur père.

Eh bien, dans ce drame si sombre, le clergé ne voyait que l'occasion de tenter un chantage et de m'extorquer une signature ! J'en gardai à l'égard de cette misérable et, en somme, imbécile prêtraille, un sentiment de dégoût que d'autres exemples aussi caractéristiques que celui-là n'ont fait qu'accentuer.

Bien que mon voyage de Ré à Versailles n'eût d'autre but que l'accomplissement du plus impérieux devoir, celui de donner à mes enfants un nom légitime, les feuilles dévotes et deux-décembristes en redoublèrent d'invectives. C'était un prétexte que j'avais habilement pris pour m'offrir une promenade aux frais du Trésor public. Je ne trouvais pas le séjour de la citadelle suffisamment confortable et je comptais bien, une fois à Versailles, y rester dans des conditions de bien-être tout spécial.

Edouard Lockroy écrivait à ce sujet dans le *Rappel* :

Depuis que Rochefort est en prison, on dit de Rochefort ce qu'on n'en dirait certainement pas si Rochefort était libre. C'est tout naturel. Quand l'insulté est entre quatre murs et quatre gendarmes, les insulteurs ont beau jeu. Je ne sais quand Rochefort sera « amnistié ». Mais je sais qu'il a un fils. Et ce fils pourrait bien se souvenir, un jour, qu'on a dénoncé, calomnié et traîné dans la boue son père et sa mère.

Le mariage de Rochefort, célébré dans une prison, a rendu enragées les feuilles réactionnaires.

Pour mettre fin à toute équivoque, je fis demander formellement au ministre de l'intérieur de repartir immédiatement pour l'île de Ré où j'avais laissé mes enfants à qui j'avais hâte de donner des nouvelles de leur mère, — laquelle mourut deux mois après la lugubre cérémonie.

Insulté jusqu'à la bride par d'ignobles drôles parmi lesquels le failli Henri de Pène, du *Paris-Journal*, qui m'accusait de me « prélasser au fort Boyard », comme ils auraient pu écrire que Blanqui s'était « prélassé au Mont-Saint-Michel », j'étais aussi défendu par de nombreux républicains et même des républicaines que ma destinée avait émues. On me consacrait des poésies et une jeune Russe écrivait à mon intention tout un poème dont plusieurs journaux donnèrent des extraits.

En revanche, un soi-disant touriste avait rapporté d'une visite au fort Boyard (où personne n'avait le droit de pénétrer) ce renseignement que publiait la *Patrie* et que je copie textuellement :

Dernier détail. Il paraît qu'en quittant le fort Boyard pour aller à Oleron, Rochefort a déclaré au gardien de la prison qu'il ne renonçait pas à l'espoir de recouvrer sa liberté. « Je n'ai, a-t-il dit, rien à attendre des gens de ce gouvernement-ci ; il n'y a que Bonaparte qui puisse me délivrer, et j'espère qu'il reviendra bientôt ! »

Que c'est beau, l'oubli des injures ! — des siennes, s'entend.

On peut juger par ce morceau de l'infamie des autres.

Un homme du monde bien connu, racontait le *Gaulois*, mais que nous ne désignerons pas autrement, disait hier devant nous :

— Si j'avais l'honneur de faire partie de l'Assemblée nationale, savez-vous ce que je ferais ? Je monterais à la tribune et je dirais ceci : « Messieurs, il est criant que tant de misérables qui n'ont guère été, malgré leurs crimes, que des instruments, qui n'ont agi qu'excités, grisés, affolés par les écrits des Rochefort et des Vallès soient déportés chaque jour, pendant que Vallès se promène la canne à la main en Angleterre et que M. Rochefort, entouré d'égards, soigné, abonné à plusieurs journaux, demeure tranquillement dans une forteresse française.

« Cet abus est criant ; eh bien, voici ce que je propose : j'évalue la valeur de M. Rochefort à vingt communard vulgaires. Je demande que M. Rochefort parte immédiatement et qu'en échange on rende la liberté ou du moins qu'on fasse rentrer en France vingt déportés s'étant fait remarquer depuis leur exil par leur repentir et leur bonne conduite. C'est M. Rochefort qui a perdu ces hommes, c'est M. Rochefort qui doit payer pour eux. »

Eh bien, vous verriez que les radicaux hurleraient. Vingt inconnus ? Allons donc ! Qu'importe ! Contre un chef qui, du jour au lendemain, peut recommencer à en embaucher mille !

Cette solution m'aurait beaucoup plu. D'abord parce qu'elle assurait la liberté à vingt communards. En second lieu, parce que je ne redoutais en rien mon départ que je n'avais jamais travaillé à éviter, convaincu que dans le manque d'organisation de la déportation je trouverais à un moment quelconque un jour pour m'échapper. Je ne cessais de répéter à ma fille, découragée par tant d'orages grossissant sur ma tête :

— Aie confiance en moi. Le jour où tu apprendras mon embarquement, tu ne seras pas loin d'apprendre mon retour.

Néanmoins l'heure de mon départ semblait s'éloigner tous les jours. Edmond Adam m'annonça même que Thiers avait pris la résolution définitive de ne m'appliquer la loi que dans sa lettre même, c'est-à-dire de me déporter dans une île « située hors du territoire français », ce qui donnait à l'interprétation de l'arrêt du conseil de guerre une élasticité considérable.

Toute île de l'Océan ou de la Méditerranée peut être, tout autant que la Nouvelle-Calédonie même, considérée comme hors du territoire français. Celle que le gouvernement s'était décidé à me choisir, c'était l'île Sainte-Marguerite où Adam fut averti que je serais transféré dans les derniers jours du mois de mai.

Le gouverneur du fort reçut l'ordre de l'aménager pour un nouveau Masque de Fer dont le cachot serait plus habitable. J'aurais eu la faculté d'en sortir quelquefois pour faire des promenades dans l'île, sur promesse de ne pas chercher à m'évader, à moins, avait dit Thiers à Edmond Adam, qu'il ne se produisît une restauration bonapartiste.

Les impérialistes, qui s'agitaient beaucoup et à qui on avait rendu toutes leurs places et tous leurs privilèges, commençaient à effrayer jusqu'aux conservateurs, et Thiers s'était exprimé ainsi à mon sujet :

— Le premier soin de ces gens-là, s'ils revenaient au pouvoir, serait de faire fusiller Rochefort. Comme il n'a pas été condamné à mort, notre devoir est de parer à cet assassinat.

Ce Thiers était un étrange représentant de la bourgeoisie qu'il gouvernait sans pitié et sans conscience, mais aussi sans haine ni rancune. Du moment où, privé de ma liberté et de ma plume, j'avais cessé de gêner sa politique, il paraissait n'avoir conservé aucun souvenir de mes attaques sans merci contre les égorgeurs de Versailles. Il ne voyait plus en moi que l'ennemi acharné de l'Empire et, l'Empire redevenant menaçant, il croyait de son intérêt de me ménager presque ouvertement.

A parler sans ambages, cet internement dans le fort de Sainte-Marguerite, où l'appartement qu'on avait disposé pour moi servit plus tard à Bazaine, m'apparaissait comme une solution un peu gênante. Je n'avais rien demandé à qui que ce fût et j'étais bien forcé d'accepter le régime qu'on m'imposait, mais il m'était pénible d'avoir l'air d'un condamné amateur qui est à un quart d'heure des côtes de France, tandis que ses compagnons en sont à six mille cinq cents lieues.

Toutefois, que faire, puisque je n'avais pas voix au chapitre et qu'il eût suffi, pour anéantir toutes mes réclamations, que la commission médicale, devant laquelle, malgré les affirmations réitérées du *Figaro*, de la *Patrie*, du *Paris-Journal* et du *Pays*, je n'avais point passé, décidât que j'étais bon pour l'île Sainte-Marguerite et mauvais pour la Nouvelle-Calédonie?

Enfin cette parole de ne pas chercher à m'évader m'eût enchaîné désagréablement. Je tenais à ne prendre d'engagement vis-à-vis de personne, afin de rester maître de mes mouvements.

CHAPITRE XVIII

L'ÉLECTION BARODET. — A BORD DE LA « VIRGINIE ». — LES RACONTARS. — UNE TERRIBLE TRAVERSÉE. — A TÉNÉRIFFE. — LOUISE MICHEL ET Mme LEMEL. — A NOUMÉA.

L'élection Barodet, que le directeur du dépôt m'avait formellement prédite malgré la confiance du gouvernement dans le succès de M. de Rémusat, mit en rumeur tous mes codétenus. C'était l'amnistie au plus tard à huitaine, la libération infaillible, et le pauvre minotaurisé qui voulait surprendre l'amant de sa femme rasa de nouveau sa barbe à fleur d'épiderme.

Il était à peine six heures du matin et je dormais de ce léger sommeil spécial aux prisonniers, quand j'entendis une forte clef tourner dans ma non moins forte serrure.

— C'est moi, me dit en entrant le directeur. Je viens vous annoncer que, selon mes prévisions, Barodet est nommé. Avant quinze jours, vous serez libre et dans deux mois vous serez au pouvoir.

C'était aller d'autant plus vite que l'élection Barodet fut la cause principale de la chute de Thiers que la coalition monarchico-modérée renversa pour lui apprendre à laisser passer des républicains. Elle eut en même temps pour conséquence l'avènement de Mac-Mahon qui s'empressa d'offrir aux bonapartistes ses protecteurs mon embarquement comme gage de soumission.

Quelques jours à peine après ce triomphe électoral que Paris venait de remporter malgré la « saignée » qui avait éclairci ses rangs, le même directeur entra de nouveau tout aussi joyeusement dans ma chambre et me fit part de la révolution parlementaire du 24 Mai.

— Mac-Mahon vient d'être nommé président de la République ! me cria-t-il de la porte.

Je crus à une plaisanterie ; mais, la nouvelle dûment confirmée, je ne songeai plus qu'à imiter mes camarades, c'est-à-dire à faire aussi mes malles, mais pour la Nouvelle-Calédonie.

Cette fois-ci, comme on disait dans les chambrées, je n'y « couperais pas ». Tous les ratés de la première page et les envieux de la troisième, tous les faillis de la presse royaliste, comme de Pène et Villemessant, furent impuissants à cacher leur joie devant la certitude où ils étaient que j'irais enfin crever dans l'hémisphère austral, sous la Croix du Sud.

Tout de suite le *Pays* confectionna ce récit, juste aussi authentique que les autres :

. . . .
. . . .

Quand le directeur du dépôt vint annoncer cette nouvelle à Henri Rochefort, il venait de s'habiller et écrivait.

En voyant entrer le directeur, il se leva et vint cordialement à lui, se doutant bien de quelque chose de nouveau.

Au nom de Mac-Mahon :

— Ah ! par exemple, dit-il, les bras m'en tombent !

Et en effet, pâlissant légèrement, il se laissa retomber sur son banc; puis il répéta d'un air soucieux, et comme en réfléchissant : « Mac-Mahon ! Mac-Mahon ! »

On comprend aisément, en effet, cette prostration de M. Rochefort.

Mac-Mahon ! cela signifie probité, honnêteté, fidélité, respect de la foi donnée et de la chose jugée... On comprend que M. Rochefort, légalement et régulièrement condamné à la déportation, pâlisse et tremble. La main qui le protégeait iniquement et au mépris de tout n'est plus là pour le soutenir.

Ce « respect de la chose jugée » se traduisit chez la nouvelle culotte de peau présidentielle par l'envoi de Bazaine à l'île Sainte-Marguerite dont la forteresse avait été préparée pour moi et où il était tout aussi illégal de l'envoyer que de m'y envoyer moi-même.

Si la loi eût été violée dans mon cas, elle le fut exactement autant dans le sien. Il n'y avait de différent que le prisonnier.

Je n'avais pâli ni légèrement ni lourdement, je ne m'étais laissé retomber sur aucun banc et ma « prostration » était un mythe. J'avais simplement dressé tout de suite mes batteries, très heureux en somme que les choses tournassent ainsi pour moi qui croupissais depuis deux longues années dans d'insupportables prisons d'où je n'avais guère d'espoir de jamais sortir.

Le nouveau régime — celui du sabre — se fit immédiatement sentir. Non seulement mes enfants furent privés de l'autorisation de me voir dans ma cellule, mais, comme à la maison d'arrêt de Versailles et au couvent des Dames anglaises où j'avais opéré autrefois, on divisa le parloir en deux au moyen d'une grille de bois à côté de laquelle se tenait un gardien pendant tout le temps des conversations. C'était le système de Poissy et de Clairvaux qu'inaugurait pour nous le soldat qui avait présidé au sac de Paris et à l'égorgement des Parisiens.

M'arracher à cette détention était donc mon désir le plus ardent. Tout ce qui m'inquiétait, c'était la douleur de ma fille lorsqu'elle me verrait prendre le large. Aussi ne cessais-je de lui répéter qu'elle aurait à garder tout son sang-froid, car bientôt nous serions réunis tous, elle, ses frères et moi.

Comme je scrutais par la pensée l'horizon où j'allais bientôt disparaître, je fus un matin appelé chez le directeur qui me mit en présence d'un homme, jeune encore, qui se jeta à mon cou avec un attendrissement qui me parut sincère. C'était un de mes camarades de collège qui, devenu magistrat et siégeant au tribunal de la Rochelle, était venu se rendre compte par lui-même de l'état de dégradation politique et sociale où j'étais tombé.

— Est-ce possible! me dit-il en m'apercevant; toi qui au collège étais toujours au banc d'honneur!

— Eh bien, maintenant, fis-je avec un rire qui le glaça, je suis au ban de la société!

Il ne voulait pas admettre que je fusse sur le point d'aller finir chez les sauvages océaniens et me supplia de lui permettre d'aller à Paris trouver Batbie, son parent, alors ministre de l'ordre moral, auquel il transmettrait le moindre mot que je consentirais à écrire exprimant la satisfaction que j'aurais de rester en France.

Je le remerciai abondamment de sa sollicitude, mais je me refusai à en profiter.

— N'importe! conclut-il; je vais aller voir Batbie tout de même.

— Tu peux voir Batbie tant que tu voudras, lui dis-je, mais je te prie de ne me faire intervenir en quoi que ce soit dans ta démarche.

Il me le promit, et, cinq jours après cette visite, il m'en rendit une seconde où il me raconta d'un air navré que Batbie serait on ne peut plus disposé à ajourner mon départ, à la condition que je rédigerais une demande, fût-elle de quatre lignes, qu'il présenterait lui-même à la commission des grâces.

Je répondis que si j'avais voulu demander l'aman je n'aurais eu aucun besoin d'attendre l'arrivée des cléricaux au pouvoir ; que j'avais toujours ignoré M. Batbie, et que je ne tenais pas du tout à entrer en relations avec lui.

Cette impénitence scandalisa l'honnête magistrat, qui me quitta tout attristé.

Les chacals réclamaient d'ailleurs tous les jours plus impérieusement leur nourriture. Sous Thiers, ils étaient déchaînés; sous Mac-Mahon, ils suaient littéralement le sang. Ma chair, plus ou moins fraîche, ne leur suffisait plus : ils réclamaient également celle d'Arthur Ranc qui, laissé en repos et en liberté comme démissionnaire de la Commune, avait été élu député de Lyon.

Voici ce qu'on pouvait lire dans le *Pays*, à la date du 3 juin 1873, c'est-à-dire huit jours après l'avènement de Mac-Mahon :

RANC ET ROCHEFORT

Il y a à l'heure qu'il est deux hommes sur lesquels se portent à la fois l'attention et le mépris des honnêtes gens : nous voulons parler de Ranc l'assassin et du marquis de Rochefort-Luçay.

Après avoir fait partie de la Commune, signé le décret des otages, excité par des proclamations et des discours incendiaires les égarés qui payent chèrement aujourd'hui deux mois d'un pouvoir abhorré, Ranc est resté libre et, par un étrange compromis de la politique tortueuse de M. Thiers, il a pu être envoyé comme don gracieux à la radicaille lyonnaise.

Tout cela se comprenait jadis, mais celui qui gouverne aujourd'hui la France ne peut plus tolérer un pareil état de choses. Trop longtemps il y a eu deux poids et deux mesures... Laisser Ranc impuni, c'est approuver ce qu'il a fait, donner au crime un bill d'indemnité, et nous comptons trop sur l'illustre maréchal pour croire un seul instant qu'il n'entende pas la voix des otages lâchement assassinés et criant vengeance!

Ranc s'est déjà fait en partie justice : il n'a pas osé reparaître à l'Assemblée, mais cela ne suffit pas. On a jugé Ferré, on a jugé Serizier, Boin et les autres; que l'on juge le sieur Ranc, et ce sera justice.

Et puisque nous parlons de ceux que n'osait atteindre la justice républicaine, demandons aussi pourquoi M. de Rochefort est toujours à l'île de Ré.

Ranc a ordonné l'assassinat, mais Rochefort y a poussé; c'est lui, ce sont ces articles dans le *Mot d'Ordre* qui ont grisé la populace en délire; il nous paraît plus coupable que les autres. La terre de France, rendue enfin aux honnêtes gens, refuse désormais de porter les misérables qui se sont fait un piédestal des ruines de la patrie : tous ils sont maintenant *capite minuti*, comme disait l'antique loi des XII Tables, et c'est la France, cette grande blessée, qui ordonne leur exil.

EMILE FLOUEST.

C'était, on le voit, la Semaine sanglante qui continuait. Mais les inquisiteurs, avant de nous étendre sur leurs grils, s'essayaient de leur mieux à nous déshonorer.

Paris-Journal, dirigé alors par le failli de Pène, disait le 14 juin suivant :

La famille de M. Henri Rochefort s'est adressée à M. le maréchal de Mac-Mahon pour le prier de faire surseoir encore à l'exécution de l'arrêt de déportation rendu contre lui. Le maréchal se serait borné à transmettre cette demande au garde des sceaux.

Et le *Gaulois* du même jour :

Sait-on quelle est l'influence qui jusqu'à ce jour a protégé M. Rochefort ?

C'est le duc d'Aumale.

Le prince lui est fort reconnaissant d'avoir assisté aux obsèques de la reine Marie-Amélie et d'avoir publié dans le *Figaro* un article comme il savait alors en écrire.

Je me trouvais accidentellement à Londres au moment des obsèques de la femme de Louis-Philippe. Je n'y avais vu ni le duc d'Aumale ni aucun membre de la famille d'Orléans et je n'avais écrit, au sujet de la mort de l'ex-reine, aucun article, celui que publia le *Figaro* étant signé d'Albert Wolff.

En outre, comme j'ai été déporté par l'orléaniste de Broglie, qui s'occupa lui-même des détails de mon embarquement, l'influence du duc d'Aumale n'aurait guère servi qu'à précipiter l'exécution de ma peine.

C'était l'orléanisme qui me fourrait pour une traversée de quatre mois dans l'entrepont d'un navire, et c'était un d'Orléans qu'on félicitait de ce que je n'étais pas déjà parti.

Et toujours ceux de mes bourreaux qui, me croyant

à jamais enterré, feignaient de larmoyer sur mon cercueil, faisaient intervenir la commission des grâces qui avait examiné mon pourvoi et l'avait rejeté dans une séance à laquelle assistait Mac-Mahon en personne. Il fallut que le *Constitutionnel*, dont je n'étais cependant guère l'ami, rétablît la vérité au moyen de la rectification suivante, en date du 1er juillet 1873 :

Le *Times* a annoncé que la commission des grâces, dans sa conférence avec le président de la République, s'était occupée de l'envoi de MM. Rochefort et Lullier dans la Nouvelle-Calédonie.

Cette nouvelle est dénuée de fondement. En ce qui concerne M. Rochefort, la commission n'a jamais eu à s'occuper de la situation de ce condamné, attendu que M. Rochefort n'a jamais formé de recours en grâce auprès d'elle.

Ainsi, depuis deux ans, toute la canaille réactionnaire ricanait à propos des recours et des demandes de commutation que j'étais censé avoir fait parvenir à la commission des grâces, et, au dernier moment, les journaux du 24 Mai eux-mêmes étaient obligés de reconnaître que je ne m'étais à aucune époque adressé à elle.

Et comme les journaux officieux, informés aux meilleurs sources, annonçaient catégoriquement que j'allais prendre passage sur la *Virginie;* que le sacrifice était à peu près consommé et que rien ni personne n'était désormais capable de me tirer des profondeurs qui s'ouvraient pour m'engloutir, la presse boueuse et sanglante se faisait tout à coup bénisseuse. Le *Gaulois*, qui n'avait pas cessé un jour de réclamer contre moi d'abord la peine de mort, puis l'application dans toute sa rigueur de la déportation perpétuelle, se défendait d'aucune délation :

Nous déclinons l'honneur, balbutiait-il, d'avoir fait poursuivre M. Ranc, honneur qui revient tout entier à la justice régulière du pays.

Sans leurs actes, sans leurs amis, MM. Ranc et Rochefort n'auraient pas été l'objet d'apologies maladroites, qui commandaient des répliques, et *la presse n'aurait pas eu de douloureux devoirs.* Là est la vérité.

Raconter que j'avais volé les bronzes de M. Thiers, laissé mourir de faim mes enfants et sollicité ma grâce de Mac-Mahon, c'était ce que ces infects personnages appelaient de « douloureux devoirs ».

La *Gazette de France*, qui puisait dans le bénitier les mêmes sentiments de bonne foi et avait hurlé quotidiennement après mes chausses, osait écrire ces lignes émues :

On recommence à parler depuis quelques jours de M. Henri Rochefort et de son départ plus ou moins probable pour la Nouvelle-Calédonie. *Ce n'est pas sans tristesse que nous nous décidons à nous faire une fois l'écho de ce bruit.*

Seulement la tristesse de la vieille *Gazette* était autrement profonde quand elle supposait que le voyage aux antipodes me serait épargné.

Cette hypocrisie dans la férocité n'était pas un des caractères les moins dégoûtants de cette campagne d'immondices marinées dans l'eau bénite. Le gouvernement, non moins fourbe, faisait annoncer que, si la commission de marine devant laquelle j'allais passer décidait qu'il y avait danger pour moi à être embarqué, je ne le serais pas. Seulement le président de la commission avait reçu l'ordre formel de me trouver bon pour le départ. Et les journaux publiaient, le 3 août, cette note ministérielle :

Le départ de M. Henri Rochefort pour la Nouvelle-Calédonie est absolument décidé, et le condamné est sur le point d'être embarqué à bord de la *Virginie*. Mais, auparavant, il faut que la commission médicale donne son avis.

M. le chef de la justice militaire a décidé à ce sujet que, pour le cas spécial de Rochefort, deux chirurgiens de l'armée, nommés par lui, assisteraient à l'examen, et que la plus grande publicité serait donnée aux résultats de cet examen.

L'examen dura juste une demi-minute, attendu qu'à la question d'un des membres de la commission :

— Avez-vous des motifs à invoquer pour rester en France?

Je répondis :

— Aucun!

Et ce fut tout.

Victor Hugo tenta, sans m'en avoir averti bien entendu, une suprême requête à cette nullité politique et littéraire nommée de Broglie. Il lui fit l'immense honneur de lui adresser cette lettre :

Auteuil, villa Montmorency, 8 août 1873.

Monsieur le duc et très honorable confrère,

C'est au membre de l'Académie française que j'écris. Un fait d'une gravité extrême est au moment de s'accomplir. Un des écrivains les plus célèbres de ce temps, M. Henri Rochefort, frappé d'une condamnation politique, va, dit-on, être transporté dans la Nouvelle-Calédonie. Quiconque connaît M. Henri Rochefort peut affirmer que sa constitution très délicate ne résistera pas à cette transportation, soit que le long et affreux voyage le brise, soit que le climat le dévore, soit que la nostalgie le tue. M. Henri Rochefort est père de famille et laisse derrière lui trois enfants dont une fille de dix-sept ans.

La sentence qui frappe M. Henri Rochefort n'atteint que sa liberté, le mode d'exécution de cette sentence atteint sa vie. Pourquoi Nouméa? Les îles Sainte-Marguerite suffiraient. La sentence n'exige point Nouméa. Par la détention aux îles Sainte-Marguerite, la sentence serait exécutée, et non aggravée. Le transport dans la Nouvelle-Calédonie est une exagération de la peine prononcée contre M. Henri Rochefort. Cette peine est commuée en peine de mort. Je signale à votre attention ce nouveau genre de commutation.

Le jour où la France apprendrait que le tombeau s'est ouvert pour ce brillant et vaillant esprit serait pour elle un jour de deuil.

Il s'agit d'un écrivain, et d'un écrivain original et rare.

Vous êtes ministre et vous êtes académicien, vos deux devoirs sont ici d'accord et s'entr'aident. Vous partageriez la responsabilité de la catastrophe prévue et annoncée; vous pouvez et vous devez intervenir; vous vous honorerez en prenant cette généreuse initiative, et, en dehors de toute opinion et de toute passion politique, au nom des lettres auxquelles nous appartenons vous et moi, je vous demande, monsieur et cher confrère, de protéger, dans ce moment décisif, M. Henri Rochefort, et d'empêcher son départ, qui serait sa mort.

Recevez, monsieur le ministre et cher confrère, l'assurance de ma haute considération.

Victor Hugo.

Le puant personnage qui avait arboré la prétention de « faire marcher la France », et qui tomba fourbu à la première halte, prit sa plume la plus impertinente pour répondre à l'illustre écrivain aux côtés duquel il était si peu digne de siéger sous la coupole académique :

Monsieur et cher confrère,

J'ai reçu, durant une courte excursion qui m'éloigne de Paris, la lettre que vous voulez bien m'écrire, et je m'empresse de la transmettre à M. Beulé.

M. Rochefort a dû être l'objet (si les intentions du gouvernement ont été suivies) d'une inspection médicale faite avec une attention toute particulière, et l'ordre de départ n'a dû être donné que s'il est certain que l'exécution de la loi ne met en péril ni la vie ni la santé du condamné.

Dans ce cas, vous jugerez sans doute que les facultés intellectuelles dont M. Rochefort est doué accroissent sa responsabilité et ne peuvent servir de motif pour atténuer le châtiment dû à la gravité de son crime. Des malheureux ignorants ou égarés, que sa parole a pu séduire, et qui laissent derrière eux des familles vouées à la misère, auraient droit à plus d'indulgence.

Veuillez agréer, monsieur et cher confrère, l'assurance de ma haute considération.

BROGLIE.

Tous les imposteurs de l'ordre chantaient la même antienne. Les coupables, c'était Ranc, c'était moi, c'était Assi, c'était Raoul Rigault. Quant aux autres malheureux ignorants ou égarés, ils avaient droit à toute l'indulgence du gouvernement.

En ce cas, après en avoir tant fusillé en masse, pourquoi déportait-il en masse ceux qui avaient échappé aux mitrailleuses de Galliffet? De Broglie les plaignait beaucoup, mais il les embarquait tout de même. Cependant, puisque j'étais cent fois plus coupable qu'eux, il était monstrueux de les punir autant et même plus que moi. Mais le crocodilisme ultramontain abonde en contradictions de ce genre.

La *Virginie*, dont j'allais être le déplorable Paul,

était une vieille frégate de guerre à voiles, construite en 1848, au rancart depuis plusieurs années et qu'on avait pour la circonstance tirée de son hangar, la trouvant toujours assez bonne pour le transport des forçats et des déportés.

Plusieurs capitaines qui ne la jugeaient pas suffisamment sûre en avaient cependant refusé le commandement et il eût été indispensable de m'en trouver une autre si le commandant Launay ne s'était, au dernier moment, offert pour la mener à bon port.

Le capitaine Launay ne s'était pas sans quelque arrière-pensée chargé de cette mission. Au dernier voyage de cette *Virginie* qu'il commandait déjà et qui transportait Humbert, Maroteau, Giffaut et d'autres condamnés aux travaux forcés pour participation à la Commune ou pour délits de presse, il s'y était passé un drame du genre égrillard à propos duquel la justice maritime avait ouvert une enquête.

Car, bien que tous les commandants de navire aiment à répéter qu'ils sont rois à leur bord, à peine débarqués, ils sont tenus de rendre compte des actes de leur prétendue royauté.

Eh bien, un enseigne de vaisseau avait, à travers des planches disjointes par le roulis, constaté que l'aumônier et une des sœurs du bord se serraient l'un contre l'autre, les jours de tempête, plus que la peur du naufrage ne les y autorisait.

Le jeune officier avait invité tous ses collègues aux représentations de ces tableaux vivants, et le capitaine Launay, qui passait pour très clérical, avait pris sous sa protection, contre le reste de l'équipage, cette sœur et cet aumônier qui se plaisaient à naufrager ensemble.

De là des tensions dans les rapports entre le roi

du bord et ses sujets momentanés et, au retour en France, des investigations dont le résultat pouvait être un blâme adressé au commandant de la *Virginie* pour défaut de surveillance.

Tout cela n'était pas très grave, même pour l'aumônier et la sœur : mais, par les longues traversées sur un bateau dont le personnel restreint se coudoie continuellement et où en somme il n'a presque rien à faire, le plus vulgaire incident prend tout de suite des proportions de cataclysme.

Le commandant Launay, en sollicitant la direction de l'expédition dont je faisais partie, espérait donc, comme il me l'avoua plus tard, effacer par cette preuve de zèle toutes les préventions que l'aventure de la nonne et de son confesseur avait suscitées à l'amirauté contre lui, qui en était d'ailleurs parfaitement innocent.

Tous les autres déportés l'avaient été dans des navires mixtes à vapeur et à voiles, afin qu'en cas de calme plat on eût la faculté d'allumer les chaudières. Par un raffinement spécial, j'étais confié à un transport à voiles seulement qui, s'il ne rencontrait pas les vents alizés au moment où il en aurait besoin, courait la chance de rester en panne pendant des semaines.

Nous quittâmes, au nombre d'une cinquantaine, la citadelle pour nous rendre au port de Saint-Martin-de-Ré où nous attendaient les barques qui devaient nous conduire à bord de l'aviso de guerre le *Travailleur*, lequel nous transborderait ensuite sur la *Virginie*, ancrée à une certaine distance à cause de son tirant d'eau qui était celui d'une frégate de quatorze cents tonneaux.

Dès la première station de ce calvaire, c'est-à-dire

en mettant le pied dans la barque, et tandis que mes compagnons chantaient à tue-tête, je fus pris de terribles haut-le-cœur qui se traduisirent par des vomissements effroyables. Je n'avais pas fait cent mètres en mer que j'étais déjà épuisé. Mes compagnons d'infortune m'entourèrent, et deux d'entre eux me tenaient la tête, même le corps, car trois fois je faillis piquer une tête dans les vagues, le petit bateau, très chargé, enfonçant jusqu'à la ligne de flottaison.

— Laissez-moi, leur disais-je ; il me semble que je rends toute la bile que l'Empire m'a fait faire.

Nous passâmes toute la journée et toute la nuit sur le *Travailleur* où je n'eus pas une minute ni de répit ni de sommeil, et, dans l'état de prostration où cette révolution stomacale m'avait plongé, je vois toujours un quartier-maître venant me supplier — moi qui étais « tout-puissant » — de lui faire obtenir la médaille militaire qui, ajoutée à sa retraite, lui permettrait de se retirer en Bretagne. Je lui répondais entre deux soulèvements épigastriques :

— Oui, mon ami, plus tard ! plus tard !

Mais rien ne le rebutait et il revenait constamment me soumettre à ce rappel de médaille.

Le lendemain matin, le *Travailleur* nous mena à la *Virginie* où j'arrivai par l'échelle de bâbord, celle de tribord étant réservée aux personnages importants. L'échelle de bâbord, c'est l'escalier de service des bâtiments de l'Etat.

Le commandant me reçut avec déférence et me fit conduire à une cage garnie de barreaux solides et aménagée à bâbord arrière. Elle était située dans l'entrepont et, quoique très propre, dégageait une odeur de goudron qui me prit fortement à la gorge et me tourna sur le cœur, déjà suffisamment tourné.

Je m'y promenais depuis quelques instants quand je vis arriver Mme Edmond Adam, Edmond Adam et mes trois enfants qui avaient obtenu la permission d'aller m'embrasser pour une fois qu'on croyait être la dernière.

Mme Edmond Adam, qui réunissait dans son salon tous les hommes de l'opposition antiroyaliste, avait un grand prestige dont elle n'hésita pas à user vis-à-vis du capitaine Launay à qui elle donna vaguement à entendre que, si le gouvernement s'était décidé à me déporter, cette mesure était de pure forme et qu'il trouverait probablement à Nouméa une dépêche lui enjoignant de me rembarquer et de me ramener en France.

Ce pieux mensonge devait avoir sur les traitements qu'on nous appliqua en voyage la plus heureuse influence.

Nous nous embrassâmes, mes enfants et moi, jusqu'à la dernière minute, puis, quand le cabestan commença à rouler, nous nous dîmes adieu et aussi au revoir, car j'avais encore répété à ma fille que tôt ou tard, et tôt autant que possible, j'aurais raison de mes guichetiers.

A peine avaient-ils disparu par l'échelle de tribord que le commandant Launay cria d'une voix qu'il essaya de rendre retentissante :

— Le cap sur Nouméa !

C'étaient près de sept mille lieues à avaler, et le capitaine m'avertit qu'il n'y avait pas de raisons pour que le voyage durât trois mois plutôt que six, tout dépendant de la rencontre de la *Virginie* avec les vents nécessaires pour sa voilure.

J'eus, dès le premier tangage, l'estomac tellement soulevé que mon cœur m'en sembla moins triste, la souffrance physique ayant, dans une certaine mesure, la propriété d'atténuer la douleur morale. D'ailleurs je me demandais en quoi j'étais plus à plaindre que mes camarades de prison devenus mes compagnons de voyage, et qui laissaient en France des enfants, autrement aventurés que les miens dont les Edmond Adam s'étaient institués les tuteurs.

Nous étions en effet, dans cette batterie basse où l'on accédait par un escalier ouvert sur le pont, cent vingt-cinq déportés, plus vingt-deux femmes installées dans une cage ou, comme disent les marins sans y attacher aucune idée flétrissante ou coercitive, dans un « bagne » pas plus grand que le mien où j'étais seul.

J'étais séparé de l'escadron féminin par une galerie dans laquelle se promenait ou semblait se promener un surveillant militaire en uniforme de garde-chiourme, tunique noire à galons blancs.

Mais, l'espace entre nous étant assez étroit, nous pouvions nous voir et même nous parler. Louise Michel faisait parti du convoi. Je ne l'avais pas même aperçue pendant la Commune, et la première fois que je la vis, ce fut à travers nos grilles réciproques. Elle me cria :

— Bonjour, mon camarade !

Et je lui répondis :

— Bonjour, ma camarade !

Puis comme tous les déportés avaient reçu un trousseau composé, pour les hommes, de deux pantalons et de deux casaques de toile écrue, plus d'une paire de godillots, et, pour les femmes, de deux jupons, d'une robe d'indienne et d'un bonnet, elle me dit en tirant cet attirail du sac où il était enfermé :

— Regardez donc la jolie corbeille de noces que vient de m'envoyer Mac-Mahon !

Parmi les autres femmes que je distinguais assez vaguement dans la pénombre de la batterie, se trouvait Mme Lemel, qui devint, à la presqu'île Ducos, une excellente amie et à qui, après l'amnistie, nous offrîmes une place à l'*Intransigeant* où elle est encore à cette heure.

Mme Lemel, socialiste ardente, qui fut blessée sur les barricades de la Semaine sanglante, est une des plus belles et des plus fortes intelligences que j'aie connues. L'éloquence et le bon sens, chez elle, sont égaux à la bravoure. Nous nous sommes bien souvent, après notre débarquement, promenés ensemble dans les sables de la grève néo-calédonienne, et elle m'étonnait par son admirable résignation philosophique et la lumineuse netteté de son esprit.

Au milieu de ces vingt-deux infortunées et les dominant de toute la tête, une jeune et grande fille brune, aux cheveux noirs et courts, aux yeux fauves, à la peau bistrée, qu'on appelait « la grande Victorine ». Elle était créole d'origine, quoique née à Paris. Elle arpentait sa cage comme une panthère et s'était, paraît-il, battue comme un homme. Elle disait aux deux religieuses qui desservaient le quartier des femmes et que ses allures effarouchaient :

— Ah ! je vous prie de croire, mes sœurs, que je ne suis pas ici pour avoir enfilé des perles. Je leur en ai foutu, allez, des coups de chassepot, à ces crapules de Versaillais !

Excellente créature, du reste, et on ne peut plus attentionnée pour ses codétenues. Il me sembla, au bout de quelques jours, qu'un des enseignes du bord la regardait d'un œil qui n'était pas précisément indifférent.

Nous avions également dans ce « dernier bateau » Mme Leroy, dont les relations avec Urbain, le membre de la Commune qui fut condamné à perpétuité, avaient causé quelque rumeur. Elle passait pour avoir trahi, au sens politique du mot, l'ami avec lequel elle vivait, et n'en avait pas moins attrapé la déportation simple, mais perpétuelle.

Elle était blonde et eût été presque jolie, sans son regard fuyant. Son premier soin avait été d'ailleurs de se mettre, par sa soumission et sa piété, dans les bonnes grâces des sœurs qui, heureuses de cultiver cette conversion naissante, l'emmenaient entendre la messe que l'aumônier disait tous les jours.

Je suppose que la pénitente trouvait son compte à ce pieux manège et que les nonnes convertisseuses soutenaient à l'occasion les bonnes dispositions de la catéchumène au moyen de quelque succulent rata.

C'est pourquoi les autres prisonnières, sauf Louise Michel qui trouve des excuses à tout, à tous et à toutes, se tenaient dans une certaine froideur à l'égard de Mme Leroy dont un plat de lentilles avait si facilement raison.

Mais celle des prisonnières sur laquelle se portaient tout mon intérêt et toute ma pitié était une jeune femme, Mme Leblanc, dont l'odyssée était si particulièrement lamentable qu'il était impossible de la regarder sans que le cœur se serrât. L'histoire de Mme Leblanc justifiait amplement l'exclamation de la grande Victorine :

— Quelles crapules que ces Versaillais !

Comme il faut manger et que, déjà mère d'un garçon de cinq ans, elle était enceinte à pleine ceinture, son mari, ne fût-ce que pour toucher ses trente sous, s'était engagé dans un bataillon fédéré, dont elle était elle-même la cantinière. Après la défaite de l'insurrection, elle l'avait caché, et, le crime d'essayer de sauver son père, sa mère, son enfant ou son mari étant à ce moment puni avec la dernière rigueur, elle avait été arrêtée et, malgré son état de grossesse avancée, jetée dans les cloaques de la prison des Chantiers, côté des femmes.

La malheureuse y accoucha, pendant que Leblanc, son mari, qui devint plus tard mon codéporté, était lui-même arrêté et envoyé au fort de Quelern, à la pointe de l'île d'Oleron.

Vous allez supposer que la situation de cette femme dont le petit garçon se trouvait sans asile à la suite de l'incarcération de ses parents allait toucher les galonnés des conseils de guerre. Ce serait faire injure à leur intrépidité, ces gens-là n'étant pas de ceux qui reculent devant la douloureuse nécessité de laisser un orphelin de cinq ans mourir de froid et de faim dans la rue.

Cependant, pour ces hommes sévères mais justes, cette expiation n'était pas suffisante. Mme Leblanc comparut devant eux, tenant collée contre sa poitrine la petite fille qu'elle venait de mettre au monde et qu'elle nourrissait, on peut le dire, de son sang, car, lorsque la mère n'a pas de pain, l'enfant n'a pas de lait, comme l'a écrit Victor Hugo.

Les monstres qui jugeaient cette femme et qui avaient fichu le camp à tire d'aile devant les Prussiens, ne retrouvèrent un peu de courage que pour condamner à la déportation perpétuelle cette femme deux fois et même trois fois sacrée, car elle souffrait dans ses deux enfants dont elle avait la charge et dans son mari incapable de rien faire pour eux puisqu'il était sous les verrous.

Et, flanquée de ses deux mioches, elle fut embarquée à bord de la *Virginie*, à destination de l'île des Pins, dans l'air vicié d'une cage étroite qu'elle et ses pauvres petits partageaient avec vingt-deux femmes !

Elle avait en effet, cette mauvaise créature, insuffisamment imbue de l'esprit nouveau, demandé à emmener avec elle son garçon qu'elle n'avait pu se résoudre à laisser sur le trottoir, et, au lieu de donner la liberté à la mère, de Broglie et Mac-Mahon s'étaient empressés de fourrer l'enfant en prison.

Et, aux heures réservées pour la promenade des prisonniers, je voyais Mme Leblanc passer devant ma grille, ayant sur le bras sa petite fille, alors âgée de huit mois, et, accroché à ses jupes, son garçon de six ans. Tous trois allaient pendant quelques minutes respirer sur le pont l'air de la mer et rentraient ensuite dans la chambrée, parmi des femmes que le roulis poussait à des vomissements au milieu desquels ces pauvres petits êtres vécurent pendant quatre mois pleins : partie de France le 10 août 1873, la *Virginie* entra le 10 décembre suivant dans le port de Nouméa.

A contempler dans sa pâleur et son amaigrissement progressif le bébé de huit mois, je ne doutais pas que la pauvre mignonne, née dans le cachot, ne finît dans l'Océan. Mais elle était aussi vivace que sa mère était courageuse, et non seulement elle arriva à destination, mais elle vécut et grandit dans la colonie, qu'elle quitta avec son père, sa mère et son frère seulement après l'amnistie de 1880, le Mac-Mahon ne leur ayant pas fait grâce d'un jour.

J'ai reçu, il y a sept ou huit ans, avant ma condamnation par d'autres « mac-mahoniens », — ceux de la Haute-Cour, — la visite de cette enfant devenue jeune fille. Par un hasard désolant, j'étais absent de chez moi et la lettre qu'elle y laissa et que j'avais mise de côté pour y répondre, il me fut impossible de la retrouver ; de sorte que je ne l'ai pas revue. Mais, si ces lignes tombent sous ses yeux, elle saura que je serais ravi si quelqu'un m'apportait de ses nouvelles (1).

En d'autres mains que celles du dévoué et infatigable médecin du bord, le docteur Perlié, elle et son frère n'eussent probablement pas survécu. Mais cet homme excellent s'ingéniait à inventer tous les jours quelque préservatif contre les microbes de cet air contaminé, et quelque réconfortant pour les estomacs débiles.

Il allait au-devant des moindres réclamations, et le commandant Launay — il serait injuste de ne pas le constater — lui laissait, à l'égard des soins à prodiguer aux déportés, les coudées et les prescriptions absolument franches.

Aussi le voyage de la *Virginie*, qui ressembla si peu à ceux de la *Danaé* et de la *Guerrière*, est-il resté légendaire dans les fastes de la déportation.

Mes compagnons, évidemment avec quelque raison, m'attribuaient ce bien-être inespéré. J'ajouterai que, entré à la citadelle de Ré en même temps qu'eux et embarqué avec eux, nous avions vécu ensemble pendant près de deux longues années. J'étais devenu leur conseil et presque leur arbitre. Je leur rédigeais assez souvent des lettres, soit d'affaires, soit de de-

(1) Ces lignes lui sont tombées sous les yeux en effet, car Mlle Leblanc est revenue me voir. Elle est aujourd'hui une grande et blonde jeune fille de vingt-trois ans, gagnant honorablement sa vie dans la broderie sur étoffe.

mande en grâce, m'abstenant de les influencer en quoi que ce fût dans le sens de la soumission ou de la résistance.

En outre, je m'étais pour eux ruiné en tabac, ce dont ils me gardaient leur plus vive gratitude. Enfin ils m'aimaient beaucoup, au point que les fédérés employés à la cuisine, où notre ordinaire se composait de café le matin, de bouillon avec bœuf bouilli à midi et de bœuf également bouilli avec soupe aux choux le soir, préparaient de la façon suivante cette nourriture peu variée ou plutôt invariable :

Ils jetaient dans leurs marmites près de cent cinquante kilos de viande baignant dans une médiocre quantité d'eau qui produisait naturellement un premier bouillon des plus succulents. Quand nos cuisiniers le jugeaient suffisamment épais, ils m'en apportaient un fort bol, comme une cuisinière à son tourlourou, et ajoutaient ensuite trois ou quatre fois plus d'eau claire qu'ils n'en avaient, au début, versé dans les profondeurs de la marmite.

C'était le second bouillon, destiné aux déportés qui se montraient heureux de m'offrir le premier ; si bien qu'ils disaient, en voyant leur camarade traverser la cour du dépôt pour m'apporter mon bol :

— Le citoyen Rochefort est servi, nous n'allons pas tarder à l'être.

De toutes les faveurs et privilèges dont la réaction m'accusait de bénéficier, ce consommé était le seul cadeau que j'eusse accepté, car les employés de la cuisine auraient été extrêmement chagrinés de mon refus. Tous, sachant qu'il m'eût suffi de la démarche la plus enveloppée pour éviter mon sort, m'étaient très reconnaissants d'avoir ainsi volontairement partagé le leur.

Enfin ma présence à bord de la *Virginie* constituait pour eux une garantie de bons traitements et d'installation infiniment plus confortable que sur les autres transports. Le commandant Launay s'était au reste vite rendu compte, par les vives sympathies qu'ils me témoignaient, de l'influence que j'étais capable d'exercer sur eux et venait souvent à la grille de ma cage tailler avec moi une bavette qui se terminait généralement par une prière d'empêcher par des paroles d'apaisement tout mouvement de rébellion qui aurait pu naître parmi les déportés, lesquels n'y songèrent pas un instant pendant nos quatre mois de mer.

J'insiste sur ces détails personnels pour arriver à étaler aux yeux du public toute la boue du cloaque dans lequel piaffaient les souteneurs de la réaction mac-mahonienne. Le double failli Villemessant toucha le fond de cette puanteur et de cette fétidité. Voici la lettre qu'il publia dans son journal où elle avait, bien entendu, été fabriquée et qui fit le tour de la presse, comme plusieurs mois auparavant la mort de ma fille par asphyxie.

Le *Figaro*, disait le vieil annoncier, a reçu la lettre suivante, qui est la moralité sinistre de ce drame politique où a sombré Rochefort, et montre ce que ce malheureux a gagné à flatter les instincts de la populace :

Brest, 18 août.

« Mon cher ami,

« D'après une lettre d'un officier de la *Virginie* reçue ici, une sédition aurait éclaté à bord de cette frégate le jour où elle a quitté la rade de l'île d'Aix.

« Les déportés auraient voulu appliquer la loi de Lynch à M. Rochefort et l'exécuter sommairement. Déjà pareille manifestation avait eu lieu au fort Boyard. Les frères et amis trouvaient que la justice n'était pas la même pour tous.

« Cette fois encore, ils ont reproché à l'ex-rédacteur de la *Lanterne* de les avoir trompés et entraînés, et d'avoir évité par des privilèges tout au moins étranges les condamnations et les peines qui frappaient ses complices.

« On a dû séparer le proscrit de ses codétenus et le renfermer dans une chambre dont le médecin du bord a la clef.

« Le tempérament nerveux et impressionnable de M. Rochefort a été fortement ébranlé par les émotions.

« Voilà une nouvelle dont je vous autorise à faire usage sans me nommer, mais j'en garantis au besoin l'exactitude.

« Bien à vous,

« X..., *capitaine de frégate.* »

Le *Paris-Journal* de Henry de Pène reproduisait avec les plus joyeux commentaires cet épisode de notre traversée, et la *Gazette de France*, par la plume de je ne sais quel imbécile de sa rédaction, terminait par la réflexion suivante ce récit macabre :

Si pareille scène a pu avoir lieu à bord du navire, que se passera-t-il donc à la Nouvelle-Calédonie ?

Avec un simple regard jeté sur l'almanach, le mensonge était aisément vérifiable. En effet, la *Virginie* ayant appareillé le 10 août n'avait, à la date du 18 du même mois, encore rencontré aucune terre, ce qui rendait impraticable la mise à la poste d'aucune lettre ; à moins que celle-ci n'eût été jetée à la mer dans une bouteille et recueillie à la côte par des promeneurs qui l'eussent portée à son adresse.

En second lieu, comme le gouvernement n'avait pu empiler sur un seul et unique navire les huit mille condamnés des conseils de guerre, il avait été indispensable d'espacer les départs, et si j'étais resté deux ans à Saint-Martin-de-Ré, ceux qu'on déportait en ce moment avec moi y étaient restés juste le même laps de temps.

La justice était conséquemment pour moi exactement la même que pour eux, et si le sursis à mon embarquement avait été un privilège, ils en avaient joui dans des proportions identiques.

L'imposture était conséquemment inepte, flagrante et m'eût fait sourire si elle n'avait servi à effrayer mes enfants, encore trop jeunes pour comprendre que la mauvaise foi unie à l'imbécillité arrivent à enfanter des miracles d'invraisemblance.

Quant à l'accueil que je reçus en Nouvelle-Calédonie, la *Gazette de France* et le *Figaro* l'apprirent sans doute et se gardèrent soigneusement de le raconter. A notre débarquement, tous les colons forcés de la presqu'île Ducos se rangèrent en haie sur mon passage et nous accueillirent par des vivats et des effusions qui nous émurent tous. C'était à qui m'hébergerait et m'inviterait dans sa paillotte. De ma vie je n'ai autant trinqué.

La manifestation fut même si chaude que le gouverneur informé prescrivit aux surveillants de ne me désobliger d'aucune façon, de ne jamais m'adresser la parole, de se contenter de me répondre quand je les interrogerais et sous aucun prétexte de ne pénétrer dans ma case sans mon autorisation.

Voilà ce qui se passa à la Nouvelle-Calédonie. La *Gazette de France* doit aujourd'hui s'en rendre compte, ne fût-ce que par les réceptions dont mes anciens codéportés me saluèrent à mes deux retours en 1880, après la première amnistie, en 1895, après la seconde.

Je naviguais donc dans des conditions que j'eusse considérées comme exceptionnelles si mon cœur n'eût été continuellement soulevé par l'odeur de goudron dont toute la batterie était imprégnée et les affreux coups de mer qui, spécialement dans le golfe de Gascogne, me retournèrent comme un lapin ; les efforts que je faisais sans répit pour vomir à vide ébranlaient les échos du navire, au point que j'en troublais le sommeil de tout le monde et le mien aussi.

Une jeune femme, qui eût été assez jolie sans une fâcheuse tache de vin qui la défigurait un peu, était à bord avec son enfant, un petit bonhomme de trois ans à peine qui, né sur la *Garonne* à un voyage précédent, appelait des *Garonne* tous les vaisseaux. Pour lui, la *Virginie* était une *Garonne*. La mère allait rejoindre son mari dans l'île Nou ; il était non pas forçat, mais employé du bagne en qualité de distributeur de vivres de 3º classe. Eh bien, cette femme, que ses fréquentations n'étaient guère de nature à sensibiliser, me voyait et surtout m'entendait tellement souffrir qu'elle en tomba malade et resta couchée dans sa cabine pendant environ huit jours.

Quand elle reparut dans l'entrepont, je lui demandai quel avait été son mal et elle me répondit :

— Ce sont vos gémissements qui m'ont donné une espèce de maladie nerveuse.

Une semaine durant, je restai pelotonné en rond sur le plancher de ma cage, n'ayant la force ni de manger ni de boire. Le docteur Perlié fit remplacer mon hamac par un « cadre d'officier », sorte de lit mouvant attaché au plafond et qui, en se balançant dans le sens de l'inclinaison du navire, atténue tant soit peu, pour l'alité, les coups de ressac qui m'arrachaient l'âme.

Je nageais pourtant dans le confortable. J'étais nourri à la table du commandant en même temps qu'à celle des officiers, ce qui me constituait des repas de six ou sept plats que je laissais se perdre sur ma tablette, tant me répugnait toute absorption liquide ou solide.

Le docteur Perlié m'avoua n'avoir connu, dans ses vingt ans de voyage, personne ayant l'estomac aussi peu marin, sauf une dame qu'il avait soignée dans une traversée de France au Brésil et qui, épuisée par trente jours de vomissements, était morte en débarquant.

La perspective de terminer dans une expectoration ma carrière agitée me préoccupait au point que l'image de mes enfants s'effaçait de mes yeux. La bête abjecte qui sommeille plus ou moins en nous et que je m'étais efforcé de combattre prenait ignominieusement le dessus et je me disais presque avec désespoir :

— Je ne suis plus moi !

Mon état d'âme et surtout de corps devint si alarmant que le docteur déclara un jour au commandant qu'il ne répondait plus de ma vie et qu'il devenait urgent de me faire sortir de la batterie pour me transporter sur le pont dans une cabine d'enseigne de vaisseau. J'entendis la discussion que le timoré Launay souleva au sujet de ma fin prochaine.

— Et s'il s'évade ? objecta-t-il.

— Comment s'évaderait-il ? répondait le docteur Perlié ; il peut à peine se tenir debout !

Mais le fantôme de mon évasion, qui eût entraîné pour lui des conséquences incalculables, qu'il ne calculait que trop, dominait toutes les résolutions humanitaires du plus perplexe des commandants. Il refusa d'adopter les raisonnements du médecin du bord, oui, tout en dégageant formellement sa responsabilité, continua à m'entourer des soins les plus assidus.

Cependant, après les cinq mois de cellule que j'avais subis à Versailles, je ne tenais pas à m'augmenter de quatre autres mois de cage cellulaire. J'expliquai un jour au commandant que je m'embêtais tout seul et que mon bagne était assez vaste pour détenir entre ses grilles trois ou quatre de mes anciens amis de Saint-Martin-de-Ré.

Il m'assura qu'il m'avait soustrait par pure déférence à toute promiscuité et me donna carte blanche pour le choix de mes colocataires. Je demandai Henri Place, que j'avais connu, pendant le siège, rédacteur au journal de Blanqui; je proposai aussi mon compagnonnage à Henry Messager, ancien capitaine de fédérés, fait prisonnier dès les premiers combats de la Commune; à Passedouët, journaliste proudhonien, qui tomba malade en arrivant à la presqu'île Ducos et mourut en état de démence.

Pour nous aider plutôt que pour nous désennuyer, nous nous adjoignîmes un tout jeune garçon, condamné à la déportation simple, et qui s'était fortuitement mêlé au mouvement communaliste, dont il ne se rendait pas le moindre compte.

Ce dépaysé s'appelait Chevrier. Il était débarqué du Limousin à Paris pour servir les maçons, son rêve d'opium étant de devenir maçon à son tour. Mais au moment où, comme il me le rabâchait lui-même, il allait « prendre les outils », le 18 Mars avait éclaté. L'heure était alors peu favorable pour rebâtir les maisons qui s'effondraient sous les obus de Versailles, et Chevrier s'était, pour les trente sous par jour, engagé dans la garde nationale.

Le pauvre ahuri ne savait pas même de la vie ce

que les livres auraient pu lui en faire connaître, car il avait totalement négligé d'apprendre à lire et à écrire. C'était seulement en prison, à un cours du soir installé par un déporté, qu'il avait commencé à former ses lettres. Il semblait prédestiné à jouer les comiques. Comme je lui demandais dans quelles circonstances il était tombé aux mains des Versaillais, il me dit avec le plus grand sérieux :

— Je suis tombé blessé sur une barricade.

— Par quoi ? fis-je ; une balle, un éclat d'obus ?

— Non, par une cuiller en fer-blanc.

— Comment ! une cuiller ?

— Oui, j'avais une cuiller dans ma poche ; une balle s'est aplatie dessus et me l'a enfoncée dans la cuisse où le chirurgien de l'ambulance a eu toutes les peines du monde à la retrouver. Cette cuiller m'a fait joliment souffrir, allez !

Après avoir constaté sa candeur, nous ne songeâmes qu'à en abuser. Nous lui avions fait croire que l'écume amoncelée dans le sillage du vaisseau était celle qui servait à confectionner les pipes. On la laissait sécher près du feu et, quand la chaleur l'avait suffisamment durcie, on la taillait avec la plus grande facilité.

Un jour que le commandant passait l'inspection, Chevrier sollicita de lui la permission d'aller par un hublot remplir d'écume sa gamelle et, comme j'avais prévenu le capitaine Launay, il se fit un plaisir de lui accorder cette faveur.

Seulement l'écume ne fut bientôt plus qu'un peu d'eau et nous eûmes l'air d'attribuer ce résultat à son manque de précautions. Et Chevrier répétait avec amertume :

— Oui, je sais ; c'est toujours moi qui suis cause de tout. Est-ce que vous croyez que je l'ai fait exprès? J'aurais été bien content d'avoir une belle pipe.

Le commandant Launay était, m'ont assuré les officiers du bord, excellent marin ; mais il passait pour aimer à se piquer le nez. Je déclare cependant ne l'avoir jamais vu ivre, bien que les rubescences de ses joues et l'émérillonnage de ses yeux accusassent parfois un certain allumage. En réalité, nous avions eu la chance de mettre la main sur un brave homme. Ce n'est pas qu'il fût très fort au moins. Tous les soirs, sans pitié pour mon état d'alanguissement, il descendait sur les neuf heures et, debout devant ma cage, il me tenait à travers les grilles des conversations qui duraient souvent jusqu'à minuit, me mettant au courant de la marche de la frégate et m'apportant le total des nœuds que nous avions filés.

Il me dit un jour, — ce qui donnera une idée de ses préoccupations :

— Comme il y a dans la vie des coïncidences étonnantes ! De Launay, lors de la prise de la Bastille, était gouverneur de cette prison d'Etat et, moi qui m'appelle Launay, je suis chargé de vous garder !

Ce rapprochement — assez éloigné — lui tenait au cœur, et je ne suis pas sûr qu'il ne craignît pas de finir, lui aussi, la tête au bout d'une pique.

La conviction où il était de trouver en touchant Nouméa, l'ordre de me ramener en France, était absolue et je l'entretenais cauteleusement dans cette illusion dont mieux que personne je connaissais toute l'inanité. Mais le cerveau de ce marin paraissait rebelle à un raisonnement quelconque touchant la politique. En 1848, étant tout jeune, il revenait d'une expédition dans l'Inde quand il apprit, en arrivant à Brest, la révolution du 24 février.

En 1851, à son retour des mers de Chine, il était débarqué en plein coup d'Etat. Enfin, lorsque, en 1870, il s'attendait, à son entrée dans le port de Toulon, à être reçu par le cri de : « Vive l'Empereur! » il y avait été accueilli par celui de : « Vive la République! »

Il était donc préparé à tout et notamment à mon rembarquement immédiat après un simulacre de débarquement. Mme Edmond Adam, dans sa courte entrevue avec lui au moment du départ du bateau, lui avait laissé entrevoir ce dénouement à ma situation un peu spéciale et cette solution invraisemblable avait jeté l'ancre si profondément dans sa tête qu'elle ne pouvait en démarrer.

Il dressait déjà le plan des escales que nous ferions au retour. De Nouvelle-Calédonie, nous reviendrions par Tahiti et le cap Horn; nous nous arrêterions à Sainte-Hélène, et nous aurions ainsi accompli le tour du monde dans des conditions tout à fait agréables, car, seul passager, j'aurais la plus belle cabine du bord et je dînerais à la table du commandant.

Il était donc impossible de se montrer à mon égard plus attentionné que cet illusionniste. Il ne me cachait d'ailleurs pas qu'il comptait fermement sur cette campagne pour conquérir le grade de capitaine de vaisseau et qu'il comptait aussi un peu sur moi pour le lui faire obtenir par le puissant intermédiaire de Mme Edmond Adam.

J'avais la lâcheté de l'entretenir dans ces douces rêveries. Aussi mes camarades de cage prétendaient-ils que c'était moi qui commandais le navire. Cependant ce brave capitaine Launay alla un peu loin dans ses confidences. Ne me glissa-t-il pas un soir deux pages de vers qu'il avait consacrés à la *Virginie* dont c'était la dernière traversée et qui, après son désarmement, devait être convertie en bois de chauffage!

Cette poésie était une paraphrase malheureuse de la romance :

> Adieu, mon beau navire,
> Au grand mât pavoisé !

Seulement les hexamètres en étaient affligés de pieds énormes et les rimes en avaient l'air inscrites au bureau de bienfaisance. Je lui adressai quelques observations sur les défectuosités de sa prosodie et m'offris à remettre ces vers pieds-bots sur leurs jambes, qui n'en restèrent pas moins des jambes de bois.

Confidentiellement, je fis part de ces attentats poétiques au docteur Perlié qui se contenta de lever au ciel des yeux pleins de commisération.

Tout l'équipage, depuis les deux lieutenants de vaisseau et les enseignes jusqu'aux matelots et même aux soldats d'infanterie de marine, nous témoignait une vraie sympathie. Avec le flair des gens très éprouvés, les déportés avaient deviné tout de suite ceux des officiers sur la sollicitude et la protection desquels il leur était permis de compter. M. Allys, le lieutenant en second, bien qu'il n'ait jamais adressé la parole à aucun de nous et à moi pas plus qu'aux autres, avait conquis tous les suffrages. Il lui avait suffi de descendre de temps à autre dans la batterie et de donner l'ordre de fermer les sabords quand il faisait trop froid ou de les ouvrir quand il faisait trop chaud.

Seulement on sentait un fonds de pitié et même d'estime pour les vaincus qu'il aidait à conduire à leur lugubre destination.

Parmi les enseignes, deux ou trois s'aventuraient à échanger, malgré le règlement, quelques propos avec nous, notamment un grand jeune homme blond, M. Wulliez, que plus tard j'ai retrouvé rentré dans le civil et s'occupant d'agriculture dans les environs de Genève, où je m'étais installé après mon évasion.

D'autres avaient froissé les encagés par la rigidité de leurs allures et leurs façons aristocratiquement dédaigneuses. L'enseigne Simon, dont le père était amiral et qui aspirait sans doute à le devenir, avait, bien que sans cause apparente, récolté toutes les antipathies du personnel de la déportation. On l'appelait volontiers : bondieusard.

La première station de tous les transports précédents avait été Dakar, sur la côte d'Afrique, et nous nous attendions à y aborder quand j'appris que nous nous dirigions vers les îles Canaries. Pourquoi cette déviation dans la route ordinaire? Le capitaine Launay, non sans quelque embarras, m'avoua que ce chemin lui avait été formellement prescrit par l'amiral de Dompierre d'Hornoy, alors ministre de l'ordre moral. Le motif en était bouffon.

A la suite du mouvement républicain de Carthagène, la ville et toute la flotte ancrée dans le port étaient restées au pouvoir des insurgés. Mac-Mahon, dans sa haine et sa crainte de l'internationalisme, s'était imaginé que la marine révolutionnaire espagnole allait envoyer des navires de guerre croiser devant Dakar, afin d'y surprendre l'arrivée de la *Virginie*, qui aurait été d'abord sommée d'avoir à me rendre aux assaillants, puis, en cas de refus, attaquée à coups de canon.

Je n'avais jamais été en relations avec les insurgés de Carthagène et cette éventualité ne tenait pas debout, mais les cléricaux mac-mahoniens, voyant des révolutionnaires partout, avaient cru devoir prendre cette extraordinaire précaution.

Nous abordâmes donc, non pas même à Ténériffe, que les insurgés victorieux auraient pu bloquer, mais, afin de les dépister complètement, dans les eaux de Palmas, capitale des Canaries. J'avais supposé qu'en rade le mal de mer s'atténuerait pour moi. Je m'aperçus bientôt qu'il avait redoublé. La frégate, probablement mal assujettie, se balançait sur ses ancres dans un odieux mouvement d'escarpolette.

Ce changement de direction nous privait des lettres, nouvelles et journaux que nous aurions trouvés sans doute à Dakar si nos familles avaient supposé que nous y ferions escale. Ce fut un crève-cœur pour nous tous. Quant à moi, plus décidé que jamais à tenter l'aventure d'une évasion, j'attendais, sans la perdre de vue une seule minute, l'occasion que j'estimais devoir s'offrir, soit en mer, soit à notre arrivée sur la terre ferme.

J'apercevais celle-ci par les sabords à quelques centaines de mètres, et il m'eût été facile de les franchir à la nage, surtout avec le secours de mes lièges. Seulement les Canaries sont à l'Espagne et l'Espagne était alors à Alphonse XII, qui se fût fait un délicieux devoir de me rendre encore tout humide à un gouvernement plus royaliste peut-être que ce roi. Je me bornai donc à explorer du regard ces côtes verdoyantes.

Après deux jours d'un repos qui, pour mon pauvre estomac, s'était traduit par quarante-huit heures de fatigue, nous repartîmes pour la haute mer à la recherche des alizés qu'il était indispensable d'aller, d'Afrique où nous étions, retrouver en Amérique, dans les environs du Brésil, pour revenir ensuite au cap de Bonne-Espérance. Un navire à vapeur nous eût épargné cet effrayant vagabondage, mais peut-être, par un de ces calculs familiers aux dévots, le 24 mai avait-il espéré que, pendant tant de mois de voyage, mes forces me trahiraient et que, ayant été déjà la proie des requins de sacristie, je finirais entre les mâchoires des squales des mers du Sud. Cette probabilité n'avait certainement pas été étrangère au choix de cette frégate à voiles et à peu près déclassée qui gémissait sous la lame, comme perpétuellement sur le point de s'entr'ouvrir.

Un passage atrocement dur pour elle fut celui de la zone située entre l'Espagne et l'Afrique et que les marins intitulent le *pot-au-noir* ou le *poteau noir*, car le commandant m'assura que la question de ce sobriquet qui date de loin le tourmentait beaucoup ; il me demanda même mon appréciation à ce sujet, me développant, avec la conscience d'un homme qui n'a rien à faire, les raisons qui militaient en faveur de *poteau noir* plutôt que de *pot-au-noir* et réciproquement.

Cette controverse m'avait laissé, comme on le pense, on ne peut plus indifférent, mais comme il semblait pencher pour le *poteau noir*, je feignis, après une apparence d'examen, de me ranger à son opinion, — la seule que, sans doute, l'excellent homme ait eue dans sa vie.

Une après-midi je l'entendis descendre quatre à quatre l'escalier de notre batterie. Il s'approcha de ma cage et me dit tout haut :

— Je viens de faire un coup d'Etat !

— Oh ! fis-je, voilà qui est sérieux, capitaine. Pourvu qu'il ne vous mène pas à Sedan !

— Je ne crains rien de pareil, se hâta-t-il d'ajouter pour calmer mon inquiétude. Seulement je viens vous consulter sur un fait grave : j'ai cru devoir faire mettre Férat au cachot.

Férat, ancien membre du comité central, était, autant que je me le rappelle, Corse d'origine et assez mauvais coucheur. Les surveillants militaires, formule euphonique dont on se sert administrativement pour désigner les gardes-chiourmes, se montraient à notre égard, vraisemblablement par ordre, d'une douceur allant jusqu'à la politesse. Notre codéporté avait donc eu grand tort de répondre par une grossièreté inutile, et même dangereuse pour ses camarades, à une observation que, sans acrimonie aucune, lui adressait le gardien-chef.

Comme Férat s'était fait une habitude de ce ton rogue et malveillant, le commandant, averti, avait donné l'ordre de l'extraire de sa cage et de le conduire dans une chambre d'officier qu'il appelait le « cachot », comme Gorenflot baptisait carpe une oie rôtie.

C'était là le coup d'Etat dont il m'annonçait la perpétration ; mais, dans sa crainte continuelle de quelque révolte qui eût compromis la bonne renommée du voyage, il tenait à me sonder sur les conséquences possibles de cet acte d'énergie.

Quand il m'eut narré toutes les péripéties du drame, je fis semblant de me recueillir et voici quelle fut ma réponse :

— Férat a été incontestablement dans son tort. Il n'est pas méchant, mais un peu violent, comme tous les Corses. Seulement, laissez-moi vous faire observer que, seul dans la marine française, vous avez commandé un transport où il n'y a eu encore ni un décès, ni un malade, ni un homme puni. A votre place, je ressentirais un certain amour-propre à conserver jusqu'au bout cette virginité. La mise de Férat au cachot est une sorte de tache sur la page blanche de votre livre de bord.

— Vous avez raison! s'écria le bon Launay, subitement éclairé par la perspective de cette blancheur. Je vais faire rentrer Férat dans son bagne et il ne sera plus question de ce fâcheux incident.

Et Férat, au « cachot » depuis un peu moins de trois minutes, réintégra triomphalement sa cage où sa place n'avait pas eu le temps de refroidir.

A quelque temps de là, le capitaine, devançant l'heure habituelle de ses causeries, descendit vers la tombée du jour pour me prévenir que nous allions passer la ligne le soir même entre neuf et dix heures, car le point précis qui sépare l'hémisphère boréal de l'hémisphère austral reste toujours indéterminé.

— Le commandant m'apprend que nous passerons la ligne dans une heure ou deux, dis-je à Henri Placc, à Passedouët et à Messager. Nous approchons de la fin.

J'entendais de la fin du voyage. Mais Chevrier, assez facile à effrayer, malgré la cuiller en fer-blanc qu'il avait reçue dans la cuisse, crut comprendre qu'il s'agissait de notre fin possible, — peut-être la fin du monde.

— Pourquoi, citoyen Rochefort, me demanda-t-il, dites-vous que nous approchons de la fin? Nous courons donc un danger, en passant la ligne?

Je saisis la balle au bond.

— Comment! m'exclamai-je, vous ne savez même pas ce que c'est que le passage de la ligne?

— Non, citoyen Rochefort.

— C'est incroyable! répétai-je. Ainsi, vous ignorez que la terre est coupée par une ligne de feu?

— Je l'ignorais, citoyen Rochefort.

— Et que sur trois navires qui la traversent, il y en a toujours au moins deux qui restent dans les flammes?

— Est-ce possible, citoyen Rochefort?

— Demandez à Place, demandez à Messager. Il est bien certain qu'ils ne me démentiront pas.

Et, en effet, ils appuyèrent mon récit en le dramatisant encore. Ce pauvre Chevrier, déjà déçu dans ses essais de conservation de l'écume de mer, devint horriblement soucieux. Nous suivions de l'œil les progrès de son inquiétude. Quand nous le vîmes mûr pour un dernier assaut, j'eus l'infamie de prendre à part Henri Place, à qui je dis à mi-voix, assez haut cependant pour que notre innocente victime ne perdît pas un mot du dialogue :

— Peut-être ne périrons-nous pas tous dans l'incendie. Si vous survivez, voilà des papiers que vous feriez remettre à ma famille. Si c'est moi qui en réchappe, je vous rendrai le même service.

Nous étions sous l'Equateur, et la soirée était torride. Chevrier dit simplement :

— Je crois que nous ne sommes pas loin de la ligne de feu. Il fait déjà joliment chaud !

Puis, quoiqu'il fût à peine huit heures, il tendit son hamac et se coucha silencieusement. Place, Messager et moi, nous continuions à deviser et quand je vis l'infortuné Limousin se glisser silencieusement dans ses draps, sous lesquels il fourra sa tête, je lui envoyai ces mots pleins d'ironie :

— Tiens ! il paraît que le nommé Chevrier n'est pas précisément rassuré.

Alors, se soulevant à demi, il me lança cette riposte vengeresse :

— J'en connais qui font comme ça les braves et qui ont peut-être aussi peur que moi !

— Je ne m'en cache pas, fis-je. Ce n'est pas extrêmement gai de piquer une tête dans un brasier. Seulement Place, Messager et moi, nous avons encore la force de rester debout et nous ne nous fourrons pas sous nos couvertures.

Puis, sur les dix heures, quand tout fut éteint à bord, Henri Place se glissa sous le hamac et, y donnant un grand coup d'épaule, fit sauter presque au plafond Chevrier, qui retomba tout effaré sur son matelas.

— Avez-vous senti la secousse? s'écria Messager. J'ai bien cru que nous étions perdus. Mais nous avons tout de même traversé la ligne.

Chevrier avoua que lui aussi avait été projeté en l'air à une grande hauteur et nous demanda comment le navire avait pu résister. Puis, comme, vers onze heures, le commandant, que nous avions mis dans le secret, vint à notre grille, je lui fis part de nos craintes et il me répondit :

— En effet, nous l'avons échappé belle !

Chevrier en douta d'autant moins que le baptême de la ligne consiste, pour les matelots, dans un arrosement général à l'aide de seaux d'eau et de pompes. Nous lui affirmâmes que ces jets multiples avaient été dirigés sur une voile qui avait pris feu ; de sorte qu'à l'heure où nous sommes et où il est, le pauvre diable croit probablement toujours avoir, au passage de la ligne, affronté un péril de mort.

Telles sont les occupations bébêtes auxquelles l'oisiveté peut réduire des hommes déjà d'un certain âge. Cependant je nourrissais aussi des pensées plus sérieuses. L'internement du petit Leblanc sous la grille où grouillaient avec lui vingt-deux femmes avait altéré sa santé au point que sa pâleur me frappa. Je fis demander au capitaine de l'autoriser à venir passer les après-midi dans notre cage, mieux aérée, moins encombrée et plus propre.

Ce petit déporté de six ans et demi quittait donc sa mère après le déjeuner pour venir jouer avec nous, qui inventions toutes sortes d'amusements à son intention. C'était un charmant blondin, aux yeux d'un bleu céleste et aux traits d'une finesse exquise.

Il n'en était pas moins assez rétif et abominablement criard. Un petit surveillant, moins commode que les autres, lui dit un jour assez durement de se taire.

Je fis observer à ce chiourme que, le petit étant sous ma direction, c'était à moi et à personne autre qu'il appartenait de lui imposer silence.

— Du moment où c'est vous qui êtes le maître ici, je n'ai plus rien à dire, fit-il avec un mauvais regard.

Mais, par la plus triste chance, le commandant qui, à ce moment, descendait dans la batterie, avait assisté à la fin de la scène.

— Pour vous prouver que le maître c'est moi, dit-il au surveillant, je vais vous envoyer aux fers pendant deux jours.

Et, en effet, le capitaine d'armes l'emmena à fond

de cale d'où il ne remonta qu'au bout de quarante-huit heures. Si bien que pendant toute la durée de la traversée il n'y eut qu'un seul homme puni et que ce fut un de nos surveillants.

Il me garda de cet abaissement de son autorité une profonde rancune, et je l'entendis glisser, pour que je le recueillisse, ce pronostic dans l'oreille de ses « collègues » :

— Heureusement, une fois là-bas, ça changera.

Nous avons parfois des petits amis, mais il n'y a pas de petit ennemi. Ce bas policier fut, dans la dernière semaine de mon séjour à la presqu'île Ducos, chargé d'un service et se proposait de revenir au règlement qui obligeait l'administration pénitentiaire à pratiquer un appel non bihebdomadaire, mais quotidien.

Si ce retour à l'ancien système avait prévalu, toute évasion devenait impossible, puisque, avant qu'on l'eût constatée par notre manquement à l'appel, nous n'aurions pas eu le temps de prendre le large.

Les vents alizés avaient eu l'excessive complaisance de nous attendre au Brésil où nous abordâmes dans la rade foraine de l'île Sainte-Catherine qui fit partie de la dot apportée au prince de Joinville par la sœur de l'empereur dom Pedro.

Le commandant de la *Virginie* avait mouillé assez loin de la côte, sans doute de peur d'évasion, et ce fut en canot que les marchandes de fruits vinrent nous faire leurs offres rafraîchissantes. J'achetai, pour les distribuer dans les cages, cinq cents oranges grosses comme de petits melons, d'une saveur inconnue en Europe, et qui me coûtèrent cinquante centimes le cent, ce qui réduisait à deux francs cinquante ma générosité envers mes camarades.

Un gardien, chargé de nos commissions, partit pour Destero, la capitale de Sainte-Catherine, et me rapporta un chapeau de feutre, genre caballero, que le consul de France, un chapelier qui tenait un magasin dans l'île, m'offrait en témoignage de sympathie.

Tous les soirs, malgré l'intense chaleur, le commandant ordonnait la fermeture des lourds sabords qui eussent présenté à un nageur un peu hardi une issue trop facile. On tendit de grands filets pour une pêche monstre, et, en dehors d'environ cent kilogrammes de poissons divers : dorades, bonites, loches, on retira un fort requin de la terrible espèce dite des requins « marteaux ».

La tête du requin marteau affecte la forme d'un T dont la branche d'en haut se termine par deux yeux avec lesquels il fouille l'Océan de deux côtés à la fois. Il se sert de son marteau pour assommer sa proie qu'il entraîne ensuite dans les profondeurs.

Quoiqu'il ne fût pas de très grande taille, celui qu'on venait de pêcher nous frappa d'horreur par son étrange configuration. Ces deux grands yeux fichés à chaque bout de cette espèce de figure géométrique vous donnent le sentiment qu'ils appartiennent à une bête à laquelle il est impossible d'échapper.

Deux matelots, qui en avaient leur charge, me l'apportèrent, le capitaine tenant sans doute à ce que je me rendisse un compte exact du danger qu'on eût couru à se livrer à une mer aussi mal peuplée. Il me dit même, sans paraître y attacher autrement d'importance :

— Quelqu'un qui essaierait de se baigner dans ces parages serait instantanément dévoré.

Les cent kilogrammes de poisson furent convertis,

par les cuisiniers du bord, en une bouillabaisse dont tous les déportés eurent leur part, et le requin lui-même fut abandonné aux matelots qui l'accommodèrent de leur mieux, mais qui le rejetèrent finalement à l'eau comme immangeable.

Notre relâche au Brésil devait durer au plus deux jours : le temps de lire nos lettres et d'y répondre; mais le courrier n'étant pas arrivé à Destero, le commandant Launay prolongea l'escale, et ce fut seulement au bout d'une semaine que le paquet nous parvint par la *Garonne* qui nous rejoignit et transportait, elle, non des déportés, mais des condamnés, c'est-à-dire des forçats.

Les matelots, en effet, non plus que la dame du distributeur de vivres, celle que j'avais rendue si malade par mes hurlements, ne nous considéraient comme ayant été atteints par la justice de notre pays.

— Mon mari est avec les condamnés, me disait-elle. Vous, vous n'êtes pas un condamné.

— Comment ! la déportation à vie dans une enceinte fortifiée, vous trouvez que ce n'est pas une condamnation?

— Non, répétait-elle, les condamnés sont des transportés. Vous, vous êtes un déporté. Ce n'est pas du tout la même chose.

Ce qui signifiait que nous étions pour elle non des criminels, mais des vaincus, quelque chose comme des prisonniers de guerre.

Elle était charmante, d'ailleurs, cette compagne de voyage : pleine de convenance et de distinction. Elle aurait fait figure dans les salons les mieux fréquentés. Ce n'était pourtant qu'une fille de pêcheur breton.

Elevée dans un port, elle avait le langage tout marin. Elle disait à son mioche qui venait quelquefois nous embrasser dans notre cage :

— Chavire ta main que je te boutonne ta manche.

Ou encore :

— Va dire bonjour à M. Rochefort; il t'espère à la grille.

Elle venait quelquefois s'asseoir auprès de notre cage et m'avoua souffrir énormément de la promiscuité dans laquelle elle était obligée de vivre avec les femmes de plusieurs surveillants qui les avaient épousées dans des conditions réellement fantastiques.

Lorsque les gardes-chiourmes préposés au service de la déportation étaient arrivés à Rochefort, où on armait les transports à destination de l'île des Pins ou de la presqu'île Ducos, on les avait avertis que les célibataires devraient se contenter là-bas du logement et de leurs appointements, mais que les gardiens mariés deviendraient propriétaires de concessions qu'ils cultiveraient à leur profit.

Ce mot « propriétaires » exerce un tel hypnotisme sur les cerveaux que tous les surveillants résolurent de conquérir la dot en s'adjugeant la femme. Mais comme le temps leur manquait pour se mettre en quête d'une fiancée qui consentît à traverser les mers au bras d'un bas policier, ils allèrent simplement se chercher des épouses dans les maisons de filles des environs.

De sorte que nous avions à bord quatre ou cinq catins qui, pour être légitimement mariées, n'en étaient pas moins d'allures bizarres : une notamment, créole de l'île de la Réunion et qui, assez avenante, s'épanouissait dans les jupes extravagantes qu'elle avait emportées de l'établissement où elle avait longtemps « travaillé ».

Ses allures et son langage rimaient avec ses costumes et nous entrions à peine dans le golfe de Gascogne qu'elle avait déjà appliqué une bonne demi-douzaine de soufflets à son époux improvisé, très surpris de cette façon de comprendre le mariage.

Il fallut, pour la rappeler au calme, sinon à la décence, que le capitaine d'armes la menaçât de la faire mettre aux fers, comme un vulgaire mathurin. Il eût été pénible de voir cette Andromède du pavé attachée à la barre de justice, mais sa société n'en était pas moins on ne peut plus gênante pour la mère de famille qui venait nous prendre pour confidents.

Malgré mes efforts pour triompher du mal de mer, je n'y parvenais pas et l'opinion générale parmi les déportés, qui me voyaient si hâve et si affaibli, était que je n'arriverais pas vivant à notre dernière étape. Ils écrivirent presque tous dans ce sens à leurs familles et un beau jour le bruit courut dans Paris que j'étais mort ou à peu près. Heureusement, dans les lettres que, de mon côté, j'adressais à mes enfants, je les rassurais le plus possible en leur conseillant d'attendre, sans inquiétude, les surprises de l'avenir.

Enfin le courrier nous arriva. Le capitaine eut la délicatesse de me remettre mes lettres absolument cachetées, bien que son droit de gouverneur de notre bastille flottante eût été de les ouvrir. Afin que je pusse y répondre sans désemparer, il me fit apporter une lanterne du bord qui m'éclaira jusqu'à près de minuit, faveur absolument exceptionnelle, car l'extinction des feux, à une heure déterminée, était réglementaire.

Lui-même d'ailleurs nageait dans la joie ; il avait

reçu de Mme Edmond Adam une assez longue missive qu'il se hâta de venir me lire en en soulignant chaque mot. Je ne me reconnais pas le droit de pénétrer dans le for intérieur de ce digne et en somme très sympathique commandant, mais je ne serais pas surpris qu'il se fût imaginé avoir produit une certaine impression sur ma protectrice et celle de mes enfants. Il semblait me donner à entendre que le charme répandu par les enluminures de sa bonne grosse figure de marin n'était pas sans quelque rapport avec le développement de la lettre de Mme Adam et la multiplicité des recommandations qu'elle contenait à mon sujet.

A partir de ce jour, je fus traité non plus seulement comme un passager de marque, mais comme un souverain en voyage. Les officiers du bord, étant allés chasser à terre, rapportèrent une dizaine de ces délicieux oiseaux du Brésil qu'on admire dans les volières du Jardin d'acclimatation, mais qu'on a peine à se figurer voltigeant à l'air libre. La richesse de leurs duvets n'empêcha pas le cuisinier de les plumer comme de simples alouettes, et tous me furent offerts pour mon dîner.

Mes compagnons de cage, Chevrier compris, partageaient naturellement avec moi ces libéralités. J'ajouterai qu'ils en avaient la plus grosse part, car je ne mangeais guère ou plus exactement pas du tout.

Les officiers de la *Garonne* étant montés à bord de la *Virginie*, le docteur Perlié me demanda la permission de me présenter un enseigne qui serait heureux de venir me saluer. Je l'accueillis bien volontiers; mais l'entrevue ne dura pas longtemps, car, me voyant ainsi tout pâle et tout défait dans la cage où je me traînais comme une bête blessée à mort, il se mit à fondre en larmes, se cacha la tête dans son mouchoir et remonta précipitamment sur le pont.

Le lendemain, nous reprîmes notre route et, pour m'aider à tromper mon mal, le commandant mit à ma disposition la bibliothèque du bord où je choisis un dictionnaire de marine qui me fournit le sens de certains mots passés dans la langue populaire et dont l'origine est pour beaucoup d'entre nous restée mystérieuse.

Ainsi l'expression « vadrouille » que nous supposions appartenir à l'argot, est parfaitement cataloguée parmi les termes de bord. La vadrouille est ce qui reste du faubert, sorte de balai fabriqué avec des détritus de cordages et qui sert à laver le pont. C'est donc par excellence la chose inerte, molle et sans consistance aucune. De là la formule :

— C'est une vadrouille !

pour caractériser un homme privé de toute volonté et de toute énergie.

Mais le commandant Launay commit la grave imprudence de compléter ses gracieusetés en me faisant apporter une carte marine d'au moins trois mètres de long sur deux de large, donnant la configuration de la Nouvelle-Calédonie, avec ses îles et ses îlots où le moindre récif était indiqué et annoté.

Ce commandant, qui redoutait par-dessus tout l'évasion de ses prisonniers, me procurait ainsi les moyens d'opérer la mienne. Je remarquai, en effet, un petit rocher qui faisait face à la presqu'île Ducos et où il était peu difficile d'aborder. Je me dis tout de suite que si une barque venait y attendre un de nous, elle le conduirait aisément à un navire embossé dans la rade.

Dès cet instant, mon plan fut à peu près arrêté. Je me dis :

— C'est là qu'est Toulon !

Et j'avais raison : Toulon était là.

Nous avions encore deux mois à vivre dans cette odeur de goudron à laquelle il m'avait été impossible de m'habituer, et nous ne devions plus relâcher nulle part. Plus nous approchions du cap de Bonne-Espérance, plus je me désespérais, car la mer se démontait chaque jour davantage. Je ne sais vraiment pas à quoi pensait Vasco de Gama quand l'idée lui vint de nous frayer cette exécrable route.

La nuit surtout, les lames s'effondraient sur nos sabords avec un retentissement de coups de madrier et les vieux bois de notre frégate gémissaient comme des portes qu'on enfonce. Mais la soif de la liberté est tellement ardente que j'en arrivais à souhaiter un naufrage qui, s'il ne nous engloutissait pas, nous eût obligés à échouer à la première côte venue, n'importe laquelle, pourvu que ce ne fût pas la côte de France.

Le navire voltigeait sur les vagues et retombait avec elles dans des abîmes d'où je m'attendais toujours à ne plus le voir remonter. La lame passait souvent par-dessus nos têtes, nous faisant une sorte de ciel de lit qui nous cachait complètement l'autre.

Nous naviguions dans une série de tourbillons, la pointe du cap formant comme l'arche avancée d'un pont autour de laquelle les courants acquièrent une force inconnue. Souvent la frégate se dressait toute droite, tout son avant plongeant dans l'eau au point que le mât de misaine y trempait. Nous marchions à la cape sèche, toutes voiles repliées pour ne pas donner prise au vent qui nous sifflait dans les oreilles et nous ébouriffait les cheveux.

Pendant plusieurs jours, le pont fut inaccessible,

et, pour m'empêcher de me casser la tête à la suite de quelque secousse de tangage, on dut m'attacher à une des grilles de la cage. Je me rappelais un amusant dessin de Grévin représentant un maître nageur éternuant abondamment sur sa baigneuse, qu'il porte dans ses bras, et s'en tirant par cette réflexion :

— Un coup qu'on est pincé par le cerveau, on ne sait pas où on va chercher tout ce qu'on mouche !

Je me disais à mon tour :

— Un coup qu'on se trouve par le quarante-huitième degré de latitude, au-dessous du cap de Bonne-Espérance, on ne sait pas où on va chercher tout ce qu'on vomit.

Je tentais d'éloigner de moi ce calice en bâtissant mentalement des plans de romans incessamment interrompus par des nausées. J'adressais sur notre désastreuse situation des vers à Louise Michel. J'en ai retenu ces quelques strophes :

>
> Non loin du pôle où nous passons,
> Nous dérivons sur des glaçons,
> Poussés par la vitesse acquise.
> Je songe alors à nos vainqueurs,
> Quand nous nous heurtions à des cœurs
> Cent fois plus durs que la banquise.
>
> Ce phoque entrevu le matin
> M'a rappelé dans le lointain
> Le chauve Rouher aux mains grasses,
> Et ces requins qu'on a pêchés
> Semblaient des membres détachés
> De la commission des grâces.
>
> Le jour, jour de grandes chaleurs,
> Où l'on déploya les couleurs
> De l'artimon à la misaine,
> Je crus, dois-je m'en excuser?

Voir Versailles se pavoiser,
Pour l'acquittement de Bazaine.

Nous allons voir, sur d'autres bords,
Les faibles mangés par les forts,
Tout comme le prêchent nos codes.
Le cri, c'est : « Malheur aux vaincus ! »
N'en étions-nous pas convaincus
Avant d'aller aux antipodes ?

Ira-t-on comparer jamais
L'humble noir qui se fait des mets
D'un corps mort trouvé dans les havres
A ces amis de feu César
Qui pour le moindre balthazar
S'offrent trente mille cadavres ?

Puisque le vaisseau de l'État
Roule de crime en attentat
Dans une mer d'ignominie,
Puisque c'est là l'ordre moral,
Saluons l'océan austral
Et restons sur la *Virginie*....

Le reste de ces imprécations m'échappe, mais elles prouvent tout au moins que si nous étions cruellement éprouvés, nous n'étions pas le moins du monde repentants.

Après la calcination atmosphérique dont nous avions souffert au Brésil, nos thermomètres étaient descendus très au-dessous de zéro; les glaces au pôle antarctique, qu'on n'a jamais cherché à explorer, je ne sais pourquoi, commençant beaucoup plus tôt qu'aux environs de l'autre. Un vent glacial soufflait du sud, car c'était du nord que nous venait alors la chaleur.

Or Louise Michel, dont la première préoccupation avait été la distribution à ses camarades du contenu de la « corbeille de noces de Mac-Mahon », en était réduite, par cinq degrés de froid et alors que des glaçons pendaient en stalactites aux mâts de perroquet, à stationner sur le pont pieds nus dans des espadrilles de toile.

Le commandant Launay, ne sachant par quel procédé plus ou moins détourné lui faire accepter une paire de chaussons de Strasbourg qui l'eût préservée de la fluxion de poitrine, vint me demander aide et assistance dans cette œuvre de solidarité.

— Si c'est moi qui lui offre ces chaussons, me dit-il, elle les refusera net. Il faudrait les lui faire porter comme venant de vous.

J'entrai dans la combinaison et je lui fis passer les chaussons avec un billet où je lui expliquais que ma fille me les avait remis avant le départ, mais qu'ils m'étaient trop petits et que je lui en faisais hommage en la priant de les porter en souvenir de moi.

Pendant deux jours, en effet, j'eus la satisfaction de les voir à ses pieds. Seulement le troisième ils étaient aux pieds d'une autre, car ne rien posséder au monde n'est pas toujours un motif pour ne pas être exploité

Enfin nous quittâmes la région des icebergs pour remonter dans la mer du corail où des calmes d'une platitude parfois désolante succédèrent aux bourrasques du Cap. A certains jours, nous parcourions un nœud à l'heure, ce qui équivaut à un quart de lieue, et j'avais calculé que de ce train-là nous avions dix-huit mois devant nous avant d'apercevoir les côtes de la Nouvelle-Calédonie.

Tant qu'un navire ne dépasse pas quatre nœuds à l'heure, la pêche y est possible, et les matelots s'amusaient à jeter à l'arrière du bateau des lignes qui étaient des câbles, munies d'hameçons qui étaient des crocs de la grosseur et de la résistance de ceux où les bouchers accrochent les quartiers de viande. On captura ainsi une malheureuse bonite qui filait sur nous, poursuivie par un énorme requin. Au moment où elle happait l'amorce, le requin la saisit par le milieu du dos et lui en emporta un formidable morceau.

On la hissa sur le pont toute saignante déjà et à moitié dévorée. Les matelots se régalèrent du restant de ce poisson qui est, dans une forme plus ramassée, de la grosseur d'un petit phoque. On m'offrit d'y goûter, mais la dent de ce requin dans ce dos tout pantelant m'ôta l'envie d'y mettre la mienne.

Nous naviguions dans ces parages de la mer des Indes précisément à l'époque du rut que les marins appellent la « floraison du corail », comme si ces animalcules étaient des plantes. Pendant cette période amoureuse, la mer où ils pullulent s'imprègne d'une odeur balsamique un peu comparable à celle de l'ambre.

Elle vous poursuit et vous entre dans les narines au point de vous entêter. A ce moment, la chair de certains poissons devient transitoirement vénéneuse, et les premiers arrivés à la presqu'île Ducos étaient tombés assez gravement malades pour en avoir mangé. Je crois même que l'un d'entre eux en mourut.

C'est ce qui leur fit supposer que toute cette côte de l'océan Pacifique était empoisonnée, d'où ils conclurent qu'on ne les y avait transplantés que pour en avoir plus tôt fini avec eux.

Après quatre mois d'entrepont jour pour jour, puisque, partis de France le 10 août, date républicaine, nous arrivions le 10 décembre, date bonapartiste, la vigie signala les montagnes néo-calédoniennes. Vue de loin, la terre qui, selon toute probabilité et en vertu de la loi, devait me servir de tombeau, m'apparut grise et désolée. Mais ce n'était qu'un effet d'optique, et, plus nous approchions, plus nous distinguions la verdure intertropicale. La mer était d'un calme absolu, et la certitude de poser bientôt le pied sur un sol non mouvant me rendit presque instantanément des forces, de la santé et de la bonne humeur.

Toutefois le débarquement ne s'opéra pas sans des incidents dont quelques-uns faillirent tourner au drame. Parmi les femmes condamnées à la déportation dans une enceinte fortifiée se trouvaient Mme Lemel et Louise Michel; et le lieu d'internement était légalement la presqu'île Ducos, sur laquelle, frappés de la même peine que nos deux amies, nous allions être dirigés.

Louise et Mme Lemel furent donc extrêmement surprises quand le gouverneur Gauthier de la Richerie, venu en personne à bord de la *Virginie* pour assister à notre déménagement, leur signifia qu'il leur avait préparé sur la grande terre, à Bourail, des logements où elles jouiraient du confortable que la presqu'île Ducos ne pouvait leur offrir.

Il s'attendait à des remerciements. Sa proposition fut reçue par cette déclaration de Mme Lemel :

— Nous ne demandons ni n'acceptons aucune faveur et nous irons vivre avec nos codéportés dans l'enceinte fortifiée que la loi nous fixe.

— Mais, répliqua le gouverneur, du moment où je vous ai choisi un autre lieu d'internement, vous n'avez qu'à obéir.

— Nous obéirons si peu, reprit Mme Lemel, que

si nous n'allons pas aujourd'hui même rejoindre nos amis à la presqu'île, ce soir, à huit heures précises, Louise et moi nous nous jetons à la mer.

Le malheureux gouverneur ne s'attendait pas à une protestation présentée sous cette forme comminatoire. Il comprit que la résolution des deux prisonnières était irrévocable et répondit simplement :

— Il suffit, mesdames; vous irez à la presqu'île Ducos.

Et elles y allèrent.

« Que se passera-t-il en Nouvelle-Calédonie? » demandait à mon sujet la *Gazette de France*. Si ses rédacteurs avaient été du bois dont on fait les condamnés politiques, voici ce qu'ils auraient vu :

Les huit cents déportés que contenait la presqu'île s'étaient rangés en haie sur notre passage et j'avais à peine paru que, se précipitant au devant de moi, ils m'avaient pour ainsi dire passé de bras en bras, avec toutes sortes d'effusions et de poignées de main. C'était à qui m'emmènerait visiter sa paillotte ou m'entraînerait à la cantine pour y trinquer avec moi.

Je parcourus, ainsi escorté, presque toute l'enceinte qui nous était réservée et qui n'était fortifiée que par la mer. La manifestation fut telle que toute l'administration pénitentiaire, massée sur le port de débarquement, semblait la regarder avec inquiétude, comme si elle menaçait de tourner en soulèvement.

La presqu'île Ducos, dont les limites étaient fixées par des poteaux qu'il était interdit de franchir, présentait un coup d'œil assez riant. Une chaîne de collines aux arêtes aiguisées et aux flancs garnis de niaoulis, de palétuviers et d'arbres bois de rose, la coupait en deux, séparant les deux vallées, celle de Numbo et celle de Tindu, où étaient les fédérés.

Bien que Dufaure eût affirmé du haut de la tribune que la déportation serait « l'exil dans une colonie », c'était bel et bien l'emprisonnement à ciel ouvert. Le mensonge le plus cynique avait encore une fois présidé à cette organisation, puisque l'exil comporte le droit d'aller et de venir, de travailler et de gagner sa vie, tandis qu'aucun de nous n'avait l'autorisation d'aller écouler à Nouméa ou ailleurs les produits de son industrie, que les instruments de travail manquaient à tous et qu'on nous retirait l'argent indispensable pour acheter des matières premières.

D'ailleurs l'exil suppose des relations, et elles nous étaient strictement interdites, les permissions de nous rendre visite n'étant que très exceptionnellement accordées aux étrangers.

En somme, c'était le bagne, atténué dans sa forme, mais où, au lieu d'être condamnés aux travaux forcés, nous l'étions à l'oisiveté forcée.

J'avais été si vivement, si violemment même emporté par mes compagnons que je ne m'étais pas aperçu que les autres débarqués ne me suivaient pas, étant restés sur le débarcadère pour l'appel, cérémonie que j'ignorais.

Le capitaine d'infanterie de marine, commandant militaire de la presqu'île, exaspéré de la réception chaleureuse que m'avaient faite mes prédécesseurs dans la brousse du pénitencier, résolut de faire immédiatement acte d'autorité. Comme je me reposais des secousses du voyage dans la paillotte où Olivier Pain et Paschal Grousset m'avaient hospitalisé, je vis un surveillant venir à moi et m'ordonner de le suivre à la prison de la presqu'île.

J'étais à cent lieues — ce qui faisait encore cent lieues de plus — de me douter du motif de cette incarcération révoltante. Le surveillant m'apprit que je la devais au capitaine, lequel s'appelait Lanoë et avait tenu à montrer aux proscrits qu'il était décidé à me traiter exactement sur le même pied que les autres. Avoir manqué à l'appel, tel était le prétexte.

Cette prison était une cabane basse de plafond et bourdonnante de moustiques, où le lit qui servait en même temps de siège se composait d'une planche sans paillasse, sans couverture, et tellement inclinée qu'il était impossible d'essayer de s'y étendre sans glisser immédiatement par terre.

Cet officier garde-chiourme était, d'ailleurs, un pur gredin, haï des déportés qu'il provoquait à plaisir. Je me rappelle l'avoir vu un jour traverser la presqu'île au galop, lançant intentionnellement son cheval par les plantations que de pauvres diables avaient mis des mois à cultiver.

Et comme le chien de l'un d'eux, effrayé par cette irruption brutale, avait aboyé après l'envahisseur, ce misérable fit conduire pour huit jours à la prison le propriétaire du chien, lui reprochant d'avoir excité la bête contre lui.

L'imbécile s'imaginait que les vingt-quatre heures d'emprisonnement dont il m'avait gratifié contribueraient à le faire porter sur le tableau d'avancement. Il fut très déçu quand le gouverneur de la Nouvelle-Calédonie le manda pour lui laver fortement la tête en lui enjoignant de s'abstenir désormais de s'occuper de moi, d'interdire aux gardiens de m'adresser la parole et de me laisser dans mon enceinte soi-disant fortifiée toute la liberté compatible avec la surveillance strictement nécessaire.

M. Gauthier de la Rucherie, dont il avait fait « de la Richerie », avait en partie gagné ses grades au service du coup d'Etat. Nommé gouverneur de Cayenne, car il semblait prédestiné à régner sur des colonies pénitentiaires, il s'était rendu quasi célèbre comme tortionnaire des victimes de Décembre et avait, à force de zèle féroce, si bien mérité de l'Empire qu'on n'avait rien trouvé de mieux que de l'envoyer en Nouvelle-Calédonie comme conducteur de forçats.

Naturellement, le gouvernement de la République sans républicains avait conservé à son poste cet ancien tourmenteur impérial. Cependant plusieurs journaux avaient, à diverses reprises, rappelé ses méfaits en réclamant sa destitution. Il se faisait donc très humble, presque républicain, et ne tenait en quoi que ce soit à se faire prendre en grippe par un journaliste de mon acabit, ayant vraisemblablement conservé en France nombre d'amis prêts à remettre sur le tapis son passé de suppliciur.

C'est pourquoi l'algarade du capitaine Lanoë l'avait inquiété au point qu'il me fit adresser de véritables excuses par un pharmacien de marine qui vint me voir et me les transmit de sa part.

CHAPITRE XIX

A LA NOUVELLE. — NOS PÊCHES ET NOS CHASSES. — LES REQUINS. — MON ESCLAVE. — NOS PROJETS. — BAIGNADES ET INSOLATIONS. — LA SOCIÉTÉ DE NOUMÉA. — FONCTIONNAIRES. — LE COMPLOT. — LE CAPITAINE LAW. — L'ÉVASION. — A BORD DU « P.-C.-E. »

Le commandant de la *Virginie*, extrêmement étonné de n'avoir pas trouvé à Nouméa une dépêche l'invitant à me ramener en Europe, ne voulut pas repartir sans me faire ses adieux. Il vint avec tous les officiers du bord me serrer une dernière fois la main. C'était bien la dernière fois, en effet, car je ne le revis plus et, loin de me devoir le grade de capitaine de vaisseau, il me dut sa mise en disponibilité, comme, du reste, Gauthier de la Richerie me dut sa révocation.

La cabane de Grousset et de Pain était en torchis, c'est-à-dire en terre pétrie avec de la paille, et étayée par des branches coupées dans une forêt où l'on allait chercher un peu d'ombre. Elle consistait en trois pièces ouvertes à tous les orages, l'entrée n'ayant pas de porte et les fenêtres étant sans carreaux, ce qui faisait de cette construction éminemment sommaire moins un logement qu'un hangar.

L'aile de droite était et serait restée inachevée, si les journaux reçus à la presqu'île n'y avaient annoncé ma prochaine arrivée. Les déportés qui avaient bâti la paillotte se remirent à la besogne pour l'achever, et quand je débarquai je les trouvai en plein travail.

En quelques jours, mes murs furent secs et mon toit suffisamment épais pour ne laisser passer la pluie que dans des circonstances exceptionnelles. L'ami Collot, le menuisier qui avait mieux aimé attendre une problématique amnistie que de tenter avec moi, à la citadelle de Ré, une évasion dont la réussite était certaine, était déjà depuis plusieurs mois installé à quelques mètres de notre habitation, au bas de la colline où elle s'élevait. Il me rabota deux bâtons posés sur des X auxquels il cloua la toile de mon hamac, transformé ainsi en lit de sangle, et j'obtins une couche peu moelleuse, car le bois m'en entrait dans le dos, mais à la rigueur acceptable.

Je versai deux cents francs à mes maçons pour l'achèvement de ma baraque, et dans l'après-midi j'eus le regret de les voir tous étalés et dormant sur la grève sous un soleil torride, congestionnés et marinant dans leur sueur. Ils auraient pu économiser ces deux cents francs; ils avaient préféré les boire en invitant des amis, et le vin ne coûtant guère à la cantine plus de vingt sous la bouteille, on juge de la quantité de bouchons qui avaient sauté.

Comme je m'étonnais du plaisir qu'un homme pouvait éprouver à s'imposer à lui-même le supplice de l'alcool, pire que la question de l'eau appliquée à la Brinvilliers, un déporté m'expliqua que certains de ses camarades ne buvaient pas pour la satisfaction de boire, mais pour celle d'être saouls. L'état d'ivresse était ce qu'ils recherchaient dans l'absorption de tant de liquide et ils continuaient à en ingurgiter jusqu'à ce qu'ils tombassent foudroyés.

Pour un buveur ordinaire, boire est le plaisir; être gris, l'inconvénient. Pour beaucoup de ces malheureux, qui cherchaient à échapper à la réalité par l'hallucination, avaler du vin par hectolitre n'était qu'un moyen de se procurer la joie de le cuver.

L'ancien matelot Breton, déporté comme nous et que nous avions embauché pour rapproprier nos chambres et tripatouiller notre cuisine, me confirma cette explication. Un jour que nous avions découvert trois hommes étalés ivres-morts dans la brousse, il s'était écrié sur un ton de regret et d'envie :

— Ont-ils de la chance!

— Comment! fis-je, vous trouvez que passer une demi-journée aplati dans la terre, le nez dans son vomissage, c'est de la chance?

— Je vous crois! me répondit-il. C'est moi qui voudrais être comme eux!

Ce serviteur qu'on appelait Breton, et dont le vrai nom était Lorosquouët, nous rendit d'ailleurs, tout soiffard qu'il était, l'énorme service de donner à Olivier Pain des leçons de natation qu'il eut à quelque temps de là une magnifique occasion de mettre à profit.

Les trois premières semaines s'écoulèrent pour moi en explorations qu'il m'était, du reste, difficile de pousser bien loin, l'inexorable poteau se dressant devant l'explorateur au bout de trois quarts d'heure de marche. Ce que Dufaure qualifiait effrontément d'« exil dans une colonie » avait à peine deux lieues de tour dont les deux tiers étaient figurés par les sables d'un rivage coquillageux où le plus renommé des horticulteurs aurait vainement essayé de faire pousser une queue d'oseille.

La Nouvelle-Calédonie, île volcanique de formation

probablement plutôt récente, perdue dans l'océan Pacifique, située hors du passage des oiseaux et n'ayant jamais été fumée par aucun guano, est à peu près aussi improductive que si elle avoisinait le pôle nord.

Une année suffit pour en épuiser l'humus très léger et absolument superficiel. La première récolte vous donne de beaux radis ; à la seconde, ils ont diminué de moitié ; à la troisième, il ne reste rien qu'un filament immangeable.

Il s'ensuit que tous les bestiaux, comme tous les légumes, y sont apportés d'Australie.

J'étais un jour de cuisine et je m'appliquais à une forte matelote de poissons qu'Olivier Pain avait pêchés la veille. Je demandai des oignons pour compléter l'assaisonnement. On me répondit qu'un bateau chargé d'oignons et parti de Sydney pour Nouméa ayant fait naufrage le mois précédent, il n'y avait pas dans toute l'île un seul spécimen de cette plante culinaire.

Les poules mêmes y étaient d'un élevage on ne peut plus difficile, la chaleur sans doute leur cuisant les œufs dans le ventre. Nous en avions acheté cinq ou six qui, à elles toutes, nous gratifiaient au plus de deux œufs par semaine et gros comme si ces poules étaient des pigeons.

Elles eussent donc constitué pour nous une dépense si elles ne s'étaient exclusivement nourries non de grains de blé ou d'avoine, mais de tout petits lézards qui fourmillaient littéralement dans notre concession et qu'elles attrapaient à la course, les piquant juste au bon endroit, avec une précision merveilleuse.

Si l'Italie a la forme d'une botte, la Nouvelle-Calédonie a la forme d'une tige de botte qui aurait en longueur soixante-quinze lieues et dix dans sa plus grande largeur. Elle est faite pour qu'on y incarcère des condamnés qu'elle n'a pas les moyens de nourrir. Quoi qu'on y tente, elle **est et** demeurera une vaste maison centrale.

Les Anglais, aussi habiles en colonisation que nous y sommes maladroits, ont occupé quelques mois la Nouvelle-Calédonie, découverte par le capitaine Cock; puis, après y avoir coupé toutes les souches de santal, le seul arbre précieux du pays, ils nous l'abandonnèrent, sachant que s'ils n'avaient rien pu en tirer nous n'en tirerions pas davantage.

La pêche même, qu'on aurait supposée abondante, se restreignait à ces poissons qu'on appelle « de roche », c'est-à-dire sédentaires et vivant dans des trous dont ils ne sortent que pour explorer les environs à la recherche de leur nourriture. Une fois qu'on les a pris, les anfractuosités où ils se cachent restent vides et il faut attendre des mois avant qu'elles trouvent de nouveaux locataires.

C'est ainsi qu'au début Olivier Pain, qui passait pour le meilleur pêcheur de la presqu'île, ne déroulait jamais sa ligne, épaisse d'un demi-doigt et longue d'une trentaine de mètres, sans ramener des dorades, des lamproies ou d'exquis poissons truités que les déportés appelaient des « loches ». Plus tard, les cavernes sous-marines se dépeuplèrent et ce fut seulement par hasard qu'il parvint à augmenter notre ordinaire d'anguilles vagabondes ou de congres égarés.

Je le suivais presque toujours dans ses expéditions nocturnes, mais je revenais d'ordinaire bredouille. Seulement cette mer phosphorescente, par des nuits pâles où la lune brillait au point de nous permettre de lire à sa clarté, nous développait un spectacle d'une poésie surprenante.

Très souvent, pour peu que l'atmosphère du soir fût un peu humide, j'ai assisté à des arcs-en-ciel de lune dont les rayons se décomposaient en couleurs exactement semblables à celles du soleil. Je m'étendais tout de mon long sur une de ces grandes assises de basalte polies et comme vernissées par la vague, et je contemplais, non plus la Grande-Ourse de notre hémisphère, mais la Croix du Sud, assemblage d'étoiles disposées dans un ordre assez incohérent et où les chrétiens ont absolument voulu reconnaître une croix.

Les astres, par les nuits claires, semblaient sur le point de nous tomber sur la tête, tant on les aurait cru rapprochés de nous. Le plafond du ciel est, sous ces latitudes, infiniment plus bas que sous les nôtres.

J'étais parfois troublé dans mes observations de pâtre chaldéen par un bruit d'herbe remuée. Je me soulevais et j'apercevais un de ces formidables crabes nommés « tourteaux » dont je n'avais encore vu des exemplaires qu'au Muséum d'histoire naturelle.

Ces odieuses bêtes sont réellement effrayantes. Le seul moyen de s'en emparer sans risques de se faire perforer le doigt jusqu'à l'os était de sauter dessus à pieds joints et de les immobiliser sous son poids. On les liait ensuite de cordes et on les plongeait toutes vivantes dans un court-bouillon. J'en ai vu qui suffisaient au repas de cinq déportés.

Un soir j'avais eu la chance extrêmement rare pour moi d'attirer au bout de ma ligne une magnifique dorade dont j'étais tout fier. J'essayais de récidiver après l'avoir religieusement posée à côté de moi, lorsque je constatai tout à coup qu'elle avait disparu.

Je crus d'abord que Pain l'avait enfouie dans son panier avec le reste de sa pêche, mais je l'aperçus bientôt fuyant obliquement, quoique à toute vitesse, entre les pinces d'un tourteau de grosseur remarquable.

J'essayai de courir après dans l'espoir de la lui faire lâcher. Je me consumai en vains efforts. Le crabe s'introduisait entre deux rochers avec sa conquête qui était la mienne et dut se régaler joyeusement de ce marron que j'avais tiré de l'eau tout exprès pour lui.

Les couchers de soleil rappelaient généralement celui de l'incomparable tableau de Turner, *Ulysse quittant Polyphème*, et qui appartient à la *National Gallery* de Londres. C'était de l'or liquéfié et de l'améthyste en fusion. J'en ai vu d'une splendeur à faire pousser des cris.

Puis après ce suprême et rutilant coup de feu, le soir descendait comme un rideau qui tombe sur l'apothéose d'une féerie. A huit heures moins dix, le ciel était embrasé. A huit heures, il était noir. Le crépuscule est là-bas à peu près inconnu et l'expression pourtant charmante : « entre chien et loup » n'y serait pas comprise. Il est vrai que le pays ne contient ni loup ni chien.

D'ailleurs, si la flore néo-calédonienne est d'une rare maigreur, la faune n'y existe à aucun degré. En dehors des rats qu'apportent les navires et d'une espèce de pigeon, également européen, qui s'y est acclimaté et transformé, on y chercherait vainement un animal quelconque : lièvre, lapin, chevreuil, perdreau ou faisan. Aussi la déesse de l'île est-elle une horrible variété de chauve-souris appelée roussette, dont les Canaques ont fait une bête presque sacrée et dont les poils rougeâtres, tressés comme les souvenirs en cheveux exposés chez les coiffeurs, ornent le cou et les épaules des « Popinées » de l'aristocratie.

Ma meilleure amie fut pendant quelque temps une anémone de mer qui rentrait, le soir, dans un tube coquillageux de la forme d'un gros porte-plume incrusté dans un rocher et qui s'épanouissait le matin, réchauffée par le soleil après avoir été baignée par l'Océan.

Elle s'évasait en un magnifique œillet multicolore; mais sa chair avait la consistance des pétales de camélias. Parmi toutes celles que j'ai eu l'occasion d'examiner de près dans les aquariums, je n'en ai jamais découvert une seule d'une aussi puissante richesse de couleurs.

Pélisson ayant apprivoisé des araignées, j'espérais arriver à me faire une société de cette anémone. Mais j'eus le tort de la montrer à d'autres, et un matin je trouvai en morceaux sa coquille écrasée sur elle.

Je n'avais pour me dédommager de sa destruction que deux de ces chauves-souris, dont les poils se nattent en colliers, ce qui tendrait à prouver que, si elles sont quelque peu souris, elles ne sont pas complètement chauves. Nichées dans les poutres du plafond du hangar où je dormais, elles me caressaient toute la nuit de leurs ailes cartilagineuses et terminées par des ergots à l'aide desquels elles s'agrafaient aux solives. La vieille expression : « être battu de l'oiseau » était là tout à fait de mise.

Ces dégoûtantes roussettes faisaient, dans l'art de m'empêcher de dormir, concurrence aux moustiques qui renouvelaient toutes les nuits pour moi le supplice des puces de la fosse aux ours d'Oléron.

Le moustique est un être machiavélique dont la rouerie passe toute croyance. En vain essayez-vous d'entourer hermétiquement votre lit dans la moustiquière la mieux cousue. Quand il s'aperçoit qu'il lui est impossible de s'introduire dans vos draps par en haut, il s'y faufile par en bas. Il brave les caleçons les plus collants et vous pique par-dessus les étoffes les plus épaisses. Un moustique néo-calédonien suffit pour vous affoler. Quand on est obligé d'en combattre deux cents, c'est de la rage.

Nous allions quelquefois le soir jouer aux cartes dans la case d'Henry Bauër, qui nous avait précédés à la presqu'île Ducos. Eh bien, les lumières attiraient entre les joueurs de telles nuées de moustiques qu'il devenait bientôt impossible de s'apercevoir d'un bout de la table à l'autre, tant les bataillons de ces sangsues ailées s'épaississaient devant nous.

Olivier Pain, Paschal Grousset et moi, lorsque nous nous considérions comme suffisamment dévorés, allions achever souvent la nuit au sommet de la montagne où le vent, plus vif qu'à la base, balayait les insectes d'espèces diverses, car nous sentions aussi quelquefois s'abattre sur nos têtes d'énormes sauterelles qui nous fouettaient les joues avec le bruit d'une claque.

Nous essayions de dormir sur la hauteur, la figure sous nos draps, afin de ne pas être le matin surpris par le soleil qui mordait de bonne heure. Nous chargions alors de nouveau notre lit de sangle sur nos épaules et nous redescendions dans notre gourbi.

Presque à tous mes réveils, j'entendais au-dessus de ma tête un grand bruit d'ailes. C'était un monstrueux hibou, de l'espèce dite de « grand-duc », qui rapportait dans son aire sa chasse de la nuit, généralement composée d'un gros rat qu'il tenait amoureusement dans sa serre.

Ce grand-duc était d'une belle couleur mordorée sous laquelle il miroitait au soleil comme un bolide. Il faisait à la fois peur et plaisir à regarder.

A neuf heures du matin, avec une régularité chronométrique, des bandes de requins prenaient le chemin des abattoirs établis sur le port et où l'on tuait le bétail étique destiné à la consommation des déportés et des forçats. Ereintées par huit jours de voyages, car toutes arrivaient d'Australie, ces vaches maigres avaient acquis en route une coriacité qui en rendait la mastication abominablement laborieuse.

En outre, la chaleur était parfois si intense que la viande tournait instantanément, comme du lait sur le feu, et, un quart d'heure après la distribution, les vers y faisaient une apparition sensationnelle.

Nous la convertissions alors en amorces qui servaient indirectement à nous nourrir, puisqu'elles nous aidaient à pêcher du poisson.

Le requin est une créature d'une ponctualité méritoire. Tous les jours il va à ses affaires comme un employé à son bureau. Quand neuf heures sonnaient, les bouchers de l'administration étaient sûrs de voir arriver le régiment des squales, qui engouffraient, pour leur premier déjeuner, les intestins et les têtes de bœufs qu'on jetait dans la mer et qu'ils absorbaient, cornes comprises.

Quand l'équarrisseur était en retard, les requins attendaient patiemment leur pitance et, le repas fini, repartaient pour revenir le lendemain manger à la même gamelle. Souvent les cantiniers lançaient dans le port des boîtes d'endaubage et de conserves avariées. Contenant et contenu étaient aussitôt avalés comme autant d'œufs à la coque, si bien qu'un requin s'étant un jour échoué sur le sable, l'autopsie fit découvrir dans son œsophage deux fortes boîtes en fer-blanc pleines de viandes marinées, qui eussent été digérées avec le métal qui les renfermait.

Parqués dans notre cirque, nous n'avions aucun rapport avec les Français de la colonie, non plus qu'avec les Canaques. Pour ma part, pendant les trois mois que je passai à la presqu'île Ducos, je n'en vis pas un seul, si ce n'est une fois le domestique ou plus réellement l'esclave d'un cantinier qui était venu de Nouméa déjeuner avec nous et qui s'était fait accompagner par son porteur.

Car, malgré toutes les proclamations et les décrets émancipateurs, la traite continue à s'exercer en Océanie comme au temps où un seigneur était coté d'après le nombre de nègres attachés à ses plantations. La formule d'achat est un peu différente, mais le résultat absolument identique. L'hypocrisie moderne a tout bonnement remplacé le mot esclavage par le mot « engagement ». Un indigène des îles voisines, les Loyalty, les Nouvelles-Hébrides ou les Fidji, était, par ruse ou par force, fait prisonnier par un pirate qui l'amenait sur le marché de Nouméa où il le louait à un colon pour un, deux ou trois ans, moyennant un prix convenu dont l'engagé ne touchait naturellement pas une obole.

Le bail terminé, ou le négrier venait reprendre sa marchandise que, n'ayant aucune envie de nourrir, il allait revendre immédiatement à un autre, ou il la laissait au premier acheteur contre lequel le malheureux capturé restait sans défense ni recours d'aucune sorte.

J'ai envoyé un jour à Edmond Adam une coupure de la *Gazette officielle de Nouméa*, journal où le gouverneur insérait ses communications. C'était un avertissement ainsi conçu :

« Le capitaine X... prévient le public qu'il vient d'arriver dans le port avec quatre-vingts naturels actuellement sans engagement ».

C'était inviter les habitants à assister au déballage et à y choisir comme dans un stock de gants de Suède ou de coupons de soie annoncés par les grands magasins du Louvre. Un Allemand établi sur la grande terre où il vendait de tout, aussi bien de l'épicerie que des nègres, m'en fit proposer un dont, m'assurait-il, je serais très content. C'était un garçon de dix-huit ans, bon travailleur, et qu'il me laissait pour la somme ridiculement minime de cent cinquante francs, — une bouchée de pain, ou plus exactement de chair humaine.

Comme c'était moi et que ce Teuton aurait rougi d'exploiter un homme qui avait déjà beaucoup souffert pour la liberté des autres, il me concédait ce Néo-Hébridais pour tout le temps que durerait la déportation.

— Mais, lui fis-je observer, je suis prisonnier dans la presqu'île, tandis que mon domestique sera libre. Une fois que je l'aurai payé, qui empêchera cet « engagé » de se dégager en prenant ses jambes à son cou ? Je n'aurais aucun moyen de le rattraper.

— Pardon, me répondit mon marchand de bois d'ébène qui, étant donnée la nuance des indigènes de là-bas, serait plutôt du bois de palissandre, si votre engagé se sauve, vous aurez le droit d'adresser une plainte au gouverneur qui le forcera à rentrer chez vous.

— Mais s'il refuse de m'obéir, je ne peux ni lui donner ses huit jours, ni lui retenir ses gages, puisqu'il n'en a pas. Ai-je au moins le droit de le battre ?

— Tant que vous voudrez. Dans les concessions,

quand ils sont trop mous au travail, on les attache pendant une heure ou deux à un arbre en plein soleil et on les laisse piquer par les moustiques.

C'était tout ce que je tenais à savoir. Il était désormais constant que le gouvernement de la Nouvelle-Calédonie pratiquait pour son compte et laissait pratiquer pour celui des autres le servage comme aux plus mauvais jours de *la Case de l'Oncle Tom*. Je remerciai le riz-pain-sel allemand pour son bon marché exceptionnel, mais je lui déclarai ne pas être encore décidé à en profiter.

En dehors de la pêche, qui ne rendait plus guère, nous faisions notre unique distraction de parties de natation qui duraient souvent de huit heures du matin à midi, heure où nous sortions de l'eau affamés sans trouver généralement à dévorer autre chose que quelque rogaton pourri. Si, grâce au peu d'argent que j'avais sur moi, je n'étais pas parvenu à me faire apporter quelques vivres de Nouméa, je crois que je serais mort d'un rétrécissement de l'estomac.

Le thermomètre, qui montait jusqu'à plus de quarante degrés au-dessus de zéro, nous conviait volontiers à des baignades continuelles qui, par malheur, finissaient par nous irriter la peau au lieu de nous la rafraîchir. J'aurais donné tous ces longs bains d'eau salée pour un bain d'eau douce.

Seulement, nos séances de coupe n'amenaient pas pour nous grande fatigue, en raison de la densité de l'océan Pacifique qui soutient le nageur sans qu'il ait presque aucun effort à faire pour se maintenir à la surface. Au bout de quinze jours de leçons, Olivier Pain, qui n'avait auparavant jamais risqué seulement une demi-brasse, nageait assez bien pour aller sans effort d'une baie à l'autre en prenant par le large.

Un jour cependant il faillit se noyer et si je ne lui

avais pas jeté mes lièges que je poussais devant moi à tout hasard, je crois bien qu'il y restait. Tout à coup je l'entendis pousser un cri et je le vis disparaître. Lorosquouët, son maître nageur, et moi, nous plongeâmes, et quand il reparut je lui rabattis la main sur la corde de la ceinture de natation.

Revenu à lui, il nous expliqua qu'il avait été fortement mordu au pied par un poisson et que le contact de ces incisives qu'il avait supposé être celles d'un requin l'avait ému au point de lui faire boire un coup. Son orteil était en effet tout saignant et mâchuré.

C'était là le danger permanent de nos promenades sous-marines. Une nuit, comme j'avais lancé très au loin ma grande et forte ligne et qu'assis sur un rocher de basalte je la tenais à la main en attendant que ça mordît, je ressentis une secousse qui m'engourdit le bras et me précipita à la mer ; si forte qu'elle fût, ma ligne en fut brisée net et je dus retourner à la maison en chercher une autre.

Mais braver le danger est encore une façon de tromper l'ennui. Malgré les continuels méfaits des requins qui, huit jours avant l'arrivée de la *Virginie*, avaient dévoré un surveillant du bagne de l'île Nou, nous nous aventurions à des distances telles qu'on ne nous apercevait plus du rivage. Nous allions ainsi visiter nos camarades installés dans les autres baies, où ils évitaient la promiscuité du gros des déportés, mais d'où ils étaient obligés tous les matins à un chemin considérable pour aller toucher leurs vivres.

Concurremment avec les requins, nous avions à redouter les récifs de coraux, — les reefs, comme on dit là-bas. — Pour peu que nous fussions ballottés par la mer, nous nous ratissions l'épiderme à des pointes que leur agglomération transformait en véritables râpes. J'eus pour ma part tout le côté droit du thorax douloureusement raclé, à ce point que la suppuration s'établit comme pour une blessure d'arme à feu. J'allai consulter les médecins à l'hôpital qui s'élevait au milieu de la presqu'île et qu'on distinguait de tous les côtés, nous indiquant ainsi que nous finirions tous par y aboutir.

On me lotionna avec des alcools camphrés qui ne servirent qu'à envenimer la plaie, dont je souffris plus d'un mois, le moindre bobo prenant tout de suite, dans les incandescences de ces climats, des proportions éléphantiasiques. Je ne guéris que par l'application d'un remède canaque : des compresses de feuilles de bois de rose. En trois jours, ce désagréable vésicatoire sécha totalement. Cependant j'en ai toujours conservé la cicatrice.

De plus en plus inquiet sur le sort de mes enfants, j'aurais de grand cœur tenté d'écrire quelque chose, ne fût-ce que mes impressions de déporté ; mais il est difficile de jauger l'état de langueur fainéante où vous plongent quarante degrés au-dessus de zéro. La plume vous fond dans les doigts et le cerveau dans la tête. C'eût été demander aux trois jeunes hommes dans la fournaise de composer un roman au milieu de l'eau bouillante où ils mijotaient.

Il nous fallait déjà un effort pour répondre aux lettres que nous recevions de France, à peu près tous les mois, par le paquebot d'Australie. Tenter une lecture quelconque équivalait au même supplice. Nous retournions malgré nous à l'état sauvage, ne songeant qu'à augmenter par des trucages de camelots la désagrégeante nourriture dont on nous rationnait. Une invitation à déjeuner devenait un cadeau sérieux, et le meilleur de notre temps se dépensait à la recherche des bigorneaux, petits coquillages noirâtres dont on extirpait l'habitant au moyen d'une épingle.

Ça s'avalait comme une huître, sans préparation aucune, mais c'était toujours un peu meublant pour l'estomac. Néanmoins cette vie de ruminants m'apparaissait encore préférable à celle que l'on mène dans la cour d'une prison, à se promener en « queue de cervelas ». De temps en temps, un transport débarquait des femmes de déportés venant rejoindre leurs maris ou des enfants ayant demandé à aller retrouver leurs pères. Ce n'était évidemment pas un état social à envier, mais ce n'était pas non plus, comme à Saint-Martin-de-Ré ou à Oleron, la suppression totale de toutes relations avec l'extérieur.

Le sentiment d'oppression que provoquait en nous l'énorme distance qui nous séparait des nôtres n'en était pas moins douloureux jusqu'à l'angoisse. On se croyait dans une tombe dont la pierre serait devant vous, non dessus, et porterait six mille cinq cents lieues d'épaisseur. Malheureusement, il n'y avait pas de rayons cathodiques assez puissants pour traverser ce corps opaque.

Quelle espèce de plaisir pouvait-on éprouver à adresser à ses enfants une lettre qu'ils devaient recevoir deux ou trois mois plus tard, tandis que nous-mêmes n'attendions la réponse que trois autres mois après, ce qui faisait six, au bout desquels les événements qu'on avait mentionnés s'étaient complètement défraîchis ?

Un de nos codéportés, un relieur nommé Piffeau, avait pris courageusement son parti de cet « exil dans une colonie » que le vieux Dufaure avait fait miroiter aux yeux du pays, étonné de tant de persévérance dans la férocité et la persécution. Le brave Piffeau avait fait venir de France sa femme, son fils et sa fillette, âgée d'environ dix ans, et que les privations, le climat et le transplantement ne tardèrent pas à atteindre dans les sources mêmes de la vie.

La charmante enfant dépérissait sous nos yeux et nous ne savions comment enrayer l'envahissement du mal. Elle était blonde avec des yeux bleus trop grands — grands comme la fosse commune — et eût fait une délicieuse jeune fille. Bien que la famille Piffeau eût installé son gourbi dans la vallée de Tindu, séparée de la nôtre par une montagne dont la crête était assez fatigante à franchir, Olivier Pain, Grousset ou moi allions lui porter tous les trop rares œufs que nos cinq poules nous donnaient. La pauvre petite se régalait de ce mets luxueux, car à Nouméa le prix des œufs varie entre six et huit francs la douzaine.

Mais l'image de cette si intéressante condamnée à mort me poursuivait toujours. Hélas ! la chère enfant fut délivrée à peu près en même temps que nous et s'évada de la vie à l'heure où nous nous évadions de la presqu'île.

D'autres relations moins attendrissantes s'établirent entre nous et une autre famille, dont le chef, condamné à la déportation dans une enceinte fortifiée, habitait également de l'autre côté de la montagne avec sa femme ; sa jeune fille ayant trouvé à se placer à Nouméa dans un magasin de modes où, on le comprend, les modes étaient un peu en retard.

De temps en temps, la petite demoiselle, très gentille et, je crois, ne demandant qu'à rire, prenait le bateau de service entre la grande terre et la presqu'île pour venir passer avec ses parents du samedi soir au lundi matin. Nous les invitions tous à déjeuner ou à dîner et nous allions ensuite visiter les grottes creusées par l'envahissement successif de la mer et qui forment comme de vastes alcôves.

Nous y déterrions de grosses couleuvres amphibies, rayées bleu et noir ou noir et jaune, qu'on pouvait soit apprivoiser, car elles étaient tout à fait inoffensives, soit accommoder à la sauce mayonnaise.

La petite modiste en affectait une peur atroce et semblait, par son feint effarement, réclamer ma protection contre cette innocente bestiole. Enfin, quoi ! à déjeuner, son escabeau — car la chaise nous était inconnue — se trouvait toujours à côté du mien, et si un de nos convives avait laissé tomber sa fourchette, il aurait pu voir, en la ramassant, sa bottine frôlant mon espadrille.

J'avais, on le devine, autre chose en tête que des flirtages de cet ordre, et cette intrigue puérile était surtout née de mon profond désœuvrement. D'ailleurs, ce n'était pas moi qui avais commencé. Tout de même, par une belle après-midi à rôtir un bœuf au soleil, elle me donna rendez-vous pour le soir même, dans la brousse où, sous les regards indulgents de la Croix du Sud, il nous serait loisible d'échanger toutes sortes de promesses et même mieux.

Elle devait repartir le lendemain matin. Le soir vint, mais moi je ne vins pas, bien qu'elle m'attendît, comptant sur ma parole.

Ce fut, dans l'état de continence où nous vivions, un assez sérieux sacrifice. Cependant, à la dernière heure, je réfléchis que, dans ma situation un peu à part, mes camarades de déportation, sans tenir compte de l'entraînement humain, m'accuseraient d'avoir profité de ma notoriété pour enguirlander une jeune personne sans expérience, bien qu'elle en eût peut-être autant que moi.

Mais ces amours, restées à l'état d'ébauche, faillirent, lors de notre évasion, amener une catastrophe que nous eûmes quelque peine à éviter et que je raconte plus loin.

Olivier Pain avait repris ses leçons de natation et, avec sa témérité qui lui avait valu sept blessures reçues sur une des barricades de la Commune, s'aventurait parfois à des distances dangereuses pour un débutant. Un jour, nous nous baignions dans une baie charmante qu'on appelait la baie de Gentelet, du nom d'un déporté qui s'y était établi le premier. Tout à coup j'aperçois, très loin en mer, Olivier Pain nageant vers le large, plongeant, reparaissant et me regardant comme pour me demander mon avis sur ses rapides progrès.

On ne peut plus effrayé de ce coup d'audace, je lui criai de toutes mes forces en volant vers lui :

— Vous êtes donc fou ! Revenez tout de suite ! Si une crampe vous prenait ?

Et je tirais pour le rejoindre une coupe désespérée, lorsque je le vis tourner la tête de mon côté, puis plonger et s'éloigner sans daigner me répondre.

Mes yeux s'étant portés alors vers le rivage pour y chercher du secours, je vis Pain qui se rhabillait paisiblement. Le nageur que j'avais pris pour lui était un phoque qui, en me voyant avancer de son côté, avait pris ses nageoires à son cou.

Un jour, ce fut pour moi-même que j'eus peur. Nous étions allés en excursion maritime avec Henry Bauër, Pain et Lorosquouët, lorsque, par vingt-cinq brasses de fond, je sentis ma jambe droite s'engourdir et se contracter dans une de ces crampes que je redoutais pour les autres et qui m'immobilisa toute cette partie du corps qu'en équitation on appelle l'arrière-main.

Je me sentais m'enfoncer et je songeais à la joie que ferait éclater dans le camp réactionnaire la nouvelle de mon engloutissement, quand l'idée me vint de m'étendre sur le dos sans risquer un mouvement jusqu'au dénouement de cette paralysie partielle.

Mais les courants commençaient à m'entraîner au large et je fus bientôt forcé de me remettre sur le ventre, nageant de mes deux bras et d'une seule jambe. Heureusement la grève était en pente si douce qu'étant encore loin du rivage j'avais déjà pris pied sur le sable. Il était pour moi grand temps d'atterrir.

La douceur de cette pente était d'ailleurs telle que l'eau s'y chauffait au soleil à y faire cuire les œufs de nos poules. Il nous fallait, pour éviter de nous brûler les pieds, traverser en courant la zone quasi bouillante pour nous plonger dans une mer plus tempérée à mesure qu'elle devenait plus profonde.

Mais ces bains n'étaient pas sans danger au point de vue de l'insolation et la partie de nos épaules qui restait hors de notre ligne de flottaison était exposée à des coups de feu dont Olivier Pain faillit mourir. Sa nuque, ses épaules, son dos s'empourprèrent un matin et sa peau se boursoufla au point de lui former comme une rouge carapace. La fièvre le prit à faire craindre le tétanos et, sans son indomptable énergie, je crois que c'était fait de lui.

Quand, après huit jours de lit, il eut à peu près repris sa forme ordinaire, la peau morte s'arrachait de son dos comme une écorce d'arbre. Enfin il fut en état de recommencer ses excursions navales, mais nous nous astreignîmes à opposer au soleil des panamas à larges bords qui nous protégeaient tant soit peu.

Après notre insuffisant déjeuner, nous allions flâner quelquefois du côté du cimetière qu'on appelait le « Champ Beuret », nom du déporté qui l'avait « étrenné ». Un jour, Pain et moi, nous aperçûmes des bœufs qui se mirent à tourner autour de nous et que gardait un vieillard en cotte blanche et en chapeau de paille, assis mélancoliquement sur une pierre.

Ce n'était certainement pas un de nos codéportés, car nous les connaissions tous au moins de vue. Nous lui demandâmes qui l'avait placé là et il nous répondit qu'il était un vieux forçat estropié et incapable d'un travail autre que celui de garder des bestiaux.

Il lui manquait en effet trois doigts à la main droite et comme je l'interrogeais sur cette mutilation, il me fit le plus naturellement du monde et sans la moindre amertume cette effroyable révélation :

— A la suite d'une tentative de fuite, plusieurs condamnés furent mis à la question. Je n'étais même pas au courant du projet d'évasion, mais on prétendit que je m'en étais mêlé et, pour me faire avouer, on m'appliqua les poucettes qu'on serra si fort que les os de mes trois doigts furent broyés et qu'on m'en fit l'amputation le lendemain. Depuis ce temps-là, je ne suis plus bon qu'à garder les bœufs.

Nos yeux étaient d'ailleurs superflus dans la constatation des supplices du bagne. Nos oreilles suffisaient. Tous les mercredis, vers dix ou onze heures, nous entendions des hurlements partir de l'île Nou et que le flot, excellent conducteur du son, nous apportait sur notre grève, située à plusieurs kilomètres.

C'étaient des condamnés auxquels on distribuait la

bastonnade réglementaire. Ils étaient attachés sur un banc, les reins découverts et le « correcteur », un mulâtre gigantesque, les leur labourait à coups de nerfs de bœuf.

L'énergie qu'il apportait à sa besogne dépendait de la grosseur de la pièce que le supplicié lui avait glissée dans la main avant l'opération. L'argent étant là-bas fort rare, il s'engageait moyennant quarante sous, à faire autant que possible glisser la matraque sur la partie frappée au lieu de l'y faire retomber d'aplomb.

En revanche, le bâtonné qui manquait de fonds recevait sa correction dans toute sa plénitude et, quand le mulâtre avait quelque motif d'antipathie contre sa victime, il la frappait à un endroit voulu pour lui détacher les poumons.

Dès le lendemain, l'infortuné commençait à tousser, et trois mois après il mourait à l'hôpital du bagne d'une « phtisie galopante », inscrivaient les médecins. On voit de quelle façon il fallait s'y prendre pour arriver à la faire galoper.

Et on veut que l'égalité règne devant la loi! Elle ne règne même pas devant la bastonnade.

Le régime que subissent les forçats est, du reste, ce qu'on peut imaginer de plus monstrueusement démoralisateur. On aura peine à croire que beaucoup d'entre eux ont vécu et sont morts sans avoir jamais su comment est faite une femme.

Envoyés tout jeunes, à dix ou onze ans, dans les maisons de correction, par des parents souvent infâmes, les enfants, jetés à seize, dix-huit ou vingt ans sur le pavé de quelque grande ville, sans ressources et sans état, inaugurent leur mise en liberté par un vol à l'étalage ou à l'américaine. Ils sont alors repris, condamnés à la prison, et, à leur sortie, recommencent à exercer le seul métier qu'ils connaissent.

Alors, c'est le bagne, où ils voient, grâce à leurs essais d'évasion ou de révolte, leur peine constamment doublée. Puis, comme il est extrêmement rare qu'on y vieillisse, ils s'y éteignent dans leurs casemates, n'ayant jamais eu seulement l'idée d'un amour féminin autrement que par les livres où sont décrites et célébrées des passions qu'ils ne comprennent pas.

La société soi-disant si prévoyante, fabrique ainsi des monstres à peu près comparables à ceux dont s'enorgueillit la chapelle Sixtine.

Certains clients de l'île Nou y mènent cependant une existence relativement heureuse : ce sont ceux qu'on appelle les « Terreurs ». L'escouade des « Terreurs » se compose de bandits qui, n'ayant peur de rien et ne reculant devant rien, tiennent en réalité sous leur domination tout le personnel du bagne, gardes-chiourmes compris.

Ces derniers, d'ordinaire extrêmement lâches, réservent tous leurs abus d'autorité pour les timides qui se courbent sous leurs bâtons ou tremblent devant leurs revolvers. Mais ils ont étudié leurs hommes et savent qu'au premier acte qu'il estimera injuste ou trop rigoureux tel forçat n'hésitera pas à jouer du « lingue », c'est-à-dire du couteau, quitte à affronter ensuite celui de la guillotine.

Alors surveillants et indomptables passent ensemble une espèce d'arrangement tacite en vertu duquel ils s'épargneront mutuellement. Par exemple, ce sont les terrorisés qui payent pour les « Terreurs ».

Le pénitencier de l'île Nou renfermant tous les corps d'état, depuis les notaires qui y sont assez nombreux, jusqu'à des artistes, qui y sont beaucoup plus rares, le gouverneur Gauthier de la Richerie utilisait sans scrupule, pour ses réceptions et ses bals, les musiciens qu'on y découvrait et dont il composait son orchestre.

Toutefois, afin d'épargner à ses invités des deux sexes la vue de ces êtres miséreux, on les dissimulait au moyen d'un rideau derrière lequel ils jouaient de leurs instruments toute la nuit, à la chaleur du gaz se greffant sur celle de l'atmosphère, et sans qu'on leur envoyât seulement un verre d'eau pour se désaltérer.

Un garde-chiourme les surveillait et ceux qui n'avaient pas suffisamment évité les fausses notes étaient inscrits pour la bastonnade du mercredi suivant.

On se demande quel plaisir pouvaient prendre les danseuses et les danseurs valsant sur cette musique obligatoire et gratuite dont les exécutants pouvaient si facilement devenir des exécutés.

Il est vrai que les fonctionnaires de l'administration néo-calédonienne n'étaient pas d'une moralité très supérieure. La métropole y dégorgeait toute l'écume de ses bureaux, ceux qui avaient mangé quelques grenouilles ou fait sauter dans les cercles un certain nombre de coupes autres que de champagne. C'était le dépotoir de tous les neveux, cousins et bâtards dont les députés influents avaient de sérieux motifs de se débarrasser. A ce point qu'ayant, pour parer aux premiers frais de notre évasion, tiré sur Edmond Adam une traite de quinze cents francs et proposé à la Banque de Nouméa de me l'escompter, le directeur de cet établissement financier m'en envoya tout de suite le montant en ajoutant cette parole caractéristique :

— Ah ! si nous n'avions que des **signatures** comme celle-là !

Avec une nourriture un peu plus substantielle et sans la moiteur dans laquelle nous marinions presque continuellement, cette vie sauvage n'eût pas été complètement privée de charme. La nuit, pour rafraîchir nos brûlures de moustiques, nous allions, avec Bauër et Olivier Pain, nous baigner au clair d'une lune assez fréquemment entourée de ce cercle lumineux appelé « halo » en Europe où il est très rare.

Demandez à un astronome pourquoi le halo se produit beaucoup plus souvent sous le ciel austral que sous le boréal, il essaiera peut-être de vous l'expliquer, mais soyez sûr qu'il n'en sait rien.

Sans trop nous aventurer à de grandes distances, les requins ayant le sommeil particulièrement léger, nous prenions nos ébats devant les groupes de palétuviers dont les racines découvertes supportent artistement le tronc et empiètent avec obstination sur la mer.

Sur la colline se dressaient, comme les nonnes de *Robert le Diable*, les silhouettes toutes blanches des niaoulis, gommier de l'espèce des eucalyptus, quoique remarquablement moins élevé.

L'écorce s'en déroule comme du linge et flotte sur l'eau comme du liège. Les fûts de niaoulis s'étendaient comme un rideau blanc à mi-côte de la montagne, du côté de la baie N'gi où nous prenions nos bains nocturnes. Ce paysage était suggestif et vraiment d'un autre monde. Chauffée par l'ardent soleil de la journée, l'eau semblait d'autant plus douce que l'air s'était rafraîchi avec la tombée du soir. Et je me répétais malgré moi :

— Je ne suis pas fâché d'avoir vu ça. Mais il commence à se faire temps d'aller voir autre chose.

Je m'étais en effet donné un mois pour cultiver le jardin qui constituait notre « concession », autour de laquelle nous avions planté une bordure de ricins dont les tiges atteignent là-bas la hauteur de deux étages et dont les gousses renferment une graine panachée rouge et blanche de la forme et du volume d'un petit haricot. C'est un poison violent qui, pris sans précaution autrement que selon la formule, tuerait les gens au lieu de les purger, justifiant ainsi la définition de Béclard :

— Toute purgation est un empoisonnement.

J'avais également consacré ces quatre premières semaines à l'exploration de nos deux lieues de presqu'île, que je connaissais sur le bout du pied.

Mais, comme les plaisanteries, les déportations les plus courtes étant les meilleures, un matin, en me réveillant, je dis à mes deux compagnons de paillotte :

— Maintenant, je voudrais savoir par quelle porte on sort d'ici.

Ils me mirent alors au courant des nombreuses tentatives d'évasion organisées depuis plus d'un an et qui toutes avaient misérablement échoué, dénouement fatal, attendu que pas une n'avait le sens commun. Comprend-on qu'un déporté, ancien ouvrier carrossier, avait perdu des mois et des mois à fabriquer avec des arbres coupés dans la forêt un bateau de sept ou huit mètres de long, auquel il avait ajouté des mâts et pour lequel Paschal Grousset avait fourni des voiles découpées dans des draps de lit?

Quand tout fut prêt, une quinzaine d'évadants se donnèrent rendez-vous sur la grève et plusieurs y avaient traîné leurs malles, car ils tenaient à emporter avec eux leurs souvenirs de famille.

Quand on eut chargé dans la barque ces nombreux colis, c'est à peine s'il restait assez de place pour les navigateurs, exposés avec les chances les plus favorables à une traversée d'au moins trois semaines.

Heureusement pour tout le monde, à peine eut-il été poussé à la mer que le canot s'ouvrit en deux, submergeant avec lui le fruit d'un semestre de travail. S'il avait tenu seulement la distance pendant un demi-kilomètre, tous restaient au fond de l'Océan, comme y restèrent plus tard Rastoul et ses vingt compagnons.

Une autre fois, ce fut un jeune médecin de marine qui offrit ses bons offices, mais dont les promenades de Nouméa à la presqu'île eurent vite inquiété les autorités et dont les projets tombèrent à l'eau comme le reste.

La claustration porte à la rêverie et la rêverie à la démence. Des malheureux sans instruments de travail, sans matières utilisables et surtout sans les moindres connaissances en physique, s'attelaient avec un courage infatigable aux problèmes non encore résolus de la navigation aérienne et de l'homme-volant. Assi, pour sa part, ne sortait pas de son ballon en briques ; il est vrai qu'il n'y entrait pas non plus.

Or, un seul moyen présentait des chances de salut, et il fallait être insensé pour ne pas l'avoir compris et tenté dès le premier jour : une entente avec le capitaine d'un des navires étrangers, américains ou australiens, qui venaient de temps à autre s'ancrer dans le port de Nouméa.

Eh bien, depuis dix-huit mois passés à chercher un plan d'évasion, pas un déporté n'avait songé à celui-là, pourtant si simple et, en somme, relativement facile à réaliser.

L'objection principale résidait dans le prix qu'exigerait sans doute le commandant du bateau pour le mettre à la disposition des évadants. Mais, si peu qu'ils pussent récolter d'argent, ils avaient laissé en France leurs familles qui, à sept, huit ou dix, se seraient cotisées pour constituer la somme nécessaire.

Au lieu de s'épuiser en constructions de bateaux qui coulaient bas à leur premier contact avec les vagues, il était infiniment plus logique de s'assurer un navire tout construit. Les intermédiaires ne manquaient pas, puisque plus de cinquante de nos compagnons avaient, en qualité de déportés simples, obtenu, conformément à la loi, l'autorisation de chercher du travail à Nouméa même.

Mais ce qui fait surtout défaut aux hommes, ce n'est ni l'intelligence, ni l'esprit, ni l'initiative : c'est presque toujours le bon sens. Je passais mon temps à hausser les épaules devant les stupéfiantes combinaisons qu'on me soumettait.

Je n'en continuais pas moins à approfondir la seule qui offrît des chances de réussite. Le petit rocher que j'avais distingué sur la carte marine à moi confiée par le commandant de la *Virginie* était mon objectif constant. Nous en allions parfois à la nage relever les découpures et les points d'atterrissement, et j'en revenais toujours plus convaincu que c'était sur ce bloc de granit, à l'abri des rondes et caché dans les anfractuosités des basaltes, que nous devions attendre une barque de sauvetage, laquelle nous conduirait à un navire en partance dans la rade.

Un déporté qui, bien que condamné à la déportation

dans une enceinte fortifiée, avait, je ne sais par quelle faveur, obtenu de se rendre à Nouméa pour y acheter des vivres qu'il nous revendait, fut le premier auquel je m'adressai — en sondeur, comme on dit — et sans insister autrement sur une action immédiate.

Il me promit de « voir », de « s'occuper de la chose », mais sans entrain, sans conviction, dans le but probable de me lanterner. Il gagnait avec nous plus d'argent qu'à Paris avant son embarquement et ne tenait pas absolument à modifier une situation qu'il eût peut-être difficilement retrouvée ailleurs.

Je compris que j'avais donné un coup d'épée dans l'eau et fus pris de quelque inquiétude à la perspective d'une dénonciation possible, car j'appris plus tard que ce protégé de l'administration pénitentiaire était plutôt suspect à ses camarades. Aussi profitai-je de la livraison d'un quartier de chèvre, qui remplace là-bas le mouton, pour lui signifier ma renonciation à un projet de fuite dont la réalisation était réellement trop périlleuse et problématique.

J'étais tout déconfit de ce premier insuccès et je m'apprêtais à me retourner d'un autre côté, quand je reçus dans ma case la visite d'un pharmacien de marine qui avait habité Rochefort et connu ma famille pendant ma détention au fort Boyard.

Il m'apportait gracieusement des pastèques, des bananes dont j'ai toujours eu horreur et qui, pour moi, sentent à la fois la pommade et le savon, des noix de coco, encore vertes, dont la sécrétion a le goût du petit-lait et dont la pulpe non solidifiée ressemble à une gélatine aqueuse. Il fut si cordial et me parut si disposé à alléger mes tristesses que je me risquai à me confier à lui.

Mais j'avais compté sans la discipline et l'honneur

professionnel. Il déclina toute intervention dans une entreprise qu'il jugeait folle et tout au plus susceptible de me faire fusiller.

Je feignis de m'être laissé persuader et je lui dis adieu après l'avoir chaleureusement remercié de ses pastèques et de ses bananes. Mais toutes ces fins de non-recevoir commençaient à me décourager et je fus sur le point de modifier totalement ma tactique.

En effet, à la condition de risquer ses os, il n'était pas impossible de s'échapper par la grande terre après avoir franchi les limites de notre enceinte et, en se terrant comme des lièvres pendant le jour, en trottant comme des lapins pendant la nuit, d'atteindre la pointe nord de la Nouvelle-Calédonie, dont nous étions séparés par une soixantaine de lieues, en suivant la côte, afin de ne pas s'égarer.

Le danger était dans la rencontre des postes de gendarmerie coloniale espacés sur la route; mais, à trois ou quatre nageurs déterminés, on les doublait par la mer, après quoi on reprenait terre pour continuer le chemin jusqu'à la dernière étape.

Une fois loin de toute surveillance, on attendait l'abordage d'une pirogue canaque dont on s'emparait, et dans laquelle on touchait aux Nouvelles-Hébrides, situées à moins de vingt-cinq lieues.

La question importante était celle de la nourriture, et voici ce qu'avec Olivier Pain nous avions imaginé : nous achetions à la cantine une centaine d'hameçons, dix ou douze lignes enroulées autour de leurs bobines, et nous passions nos nuits à pêcher notre nourriture du lendemain, chacun de nous ayant emporté une vingtaine de biscuits de mer qui eussent aidé à faire digérer le poisson, comme le poisson eût contribué à faire manger le biscuit.

Seulement nous devions aussi nous munir de revolvers en cas d'attaque de la part des naturels qui, stylés à ramener les forçats en fuite ou en balade, nous auraient nettement sacrifiés à l'espérance d'une prime.

Cette expédition présentait nombre de terribles aléas, la nouvelle de notre départ devant bouleverser toute la colonie et mobiliser contre nous toutes les forces civiles et militaires. Notre meilleure carte était qu'on nous supposât embarqués sur quelque navire en route pour l'Australie et qu'on ne poursuivît pas les recherches.

Restait le péril de notre débarquement chez les Néo-Hébridais, peuplades passionnément anthropophages et qui, l'année précédente, avaient massacré, puis dévoré l'équipage d'une canonnière française avec l'enseigne de vaisseau qui la commandait.

Mais j'étais pris de la rage de revoir mes enfants et je me disais que, quand le diable y serait, je n'étais pas plus bête que les brutes chargées de me garder et qu'avec la ferme résolution de leur échapper je leur échapperais.

J'allais donc vraisemblablement tenter ce coup à peu près désespéré quand, ayant fait demander quelques provisions à un cantinier de Nouméa, nommé Dusser, je vis, se dirigeant vers notre case, un homme qui me cria d'aussi loin qu'il m'aperçut :

— Bonjour, citoyen Rochefort ! Ah ! que je suis heureux de vous revoir !

Il portait une longue barbe brune et je ne le reconnus pas. C'était mon voisin de paillasse et le copartageant de mes puces dans la fosse aux ours d'Oleron. Condamné à la déportation simple, il avait obtenu son transfert de l'île des Pins à Nouméa où il était employé chez le marchand de comestibles où je me fournissais. Il s'appelait Bastien Grandthille.

Quoi qu'on ait dit, répété et raconté, c'est à ce brave garçon et à aucun autre que nous dûmes le succès de notre aventureuse évasion. Sans son dévouement et sa soumission passive aux instructions qu'il reçut de nous, l'affaire échouait comme avaient avorté toutes celles que mes compagnons avaient mises en train depuis dix-huit mois.

Cet ami tint, avant tout, à me faire cette déclaration :

— Citoyen Rochefort, je suis à vous corps et âme. Si je puis vous être utile d'une façon quelconque, disposez de moi. Je suivrai exactement toutes vos indications.

Je devinai que je tenais notre sauveur. Je l'assurai que ses offres de service ne pouvaient pas arriver plus à propos et je lui fis les recommandations suivantes :

— Quand vous verrez s'ancrer dans le port un vaisseau américain ou de préférence anglais, tâchez d'en aborder le capitaine, et si vous le voyez rendre un peu la main, proposez-lui de prendre à son bord quelques déportés, cinq ou six, par exemple, moyennant une somme que vous fixerez d'abord à dix mille francs. S'il en réclame vingt mille, accordez-les-lui ; quarante mille, consentez encore. Enfin, allez jusqu'à cent mille. Une fois libre, je saurai bien m'arranger pour les gagner. »

Grandthille mit le comble à son désintéressement en me suppliant de ne pas m'occuper de lui et de le laisser à terre au cas où sa participation à notre fuite nous gênerait le moins du monde, Olivier Pain, Grousset et moi.

Je lui répondis qu'une heure après notre départ la presqu'île entière saurait qu'il l'avait préparé ; que, dans son exaspération, toute la chiourme, le commandant Lanoë et le gouverneur l'en rendraient responsable; qu'il s'exposait donc aux travaux forcés, à pire peut-être ; que, s'il hésitait une minute à prendre passage avec nous sur le bateau, il n'y avait rien de fait et que je le priais simplement d'oublier notre intéressante conversation.

Il se soumit et prit l'engagement d'être de la fête. Quelques jours se passèrent sans aucune nouvelle de lui. Je grimpais quotidiennement avec Pain sur la montagne, d'où nous nous emplissions les yeux de la vue des vaisseaux amarrés dans la rade de Nouméa. Quel serait celui qui nous emporterait vers l'Europe?

Enfin Grandthille reparut avec une feinte provision de légumes et une vraie provision de nouvelles. Un bateau australien venant de Newcastle, avait apporté en Nouvelle-Calédonie du charbon dont cette colonie manquait aussi, car elle manquait de tout.

Immédiatement, notre ami s'était rendu près du capitaine, à son bord, et, par une coïncidence du meilleur augure, l'avait trouvé dans sa cabine lisant un *Magazine* illustré intitulé le *Bowbels* et ouvert précisément à une page contenant ma biographie en tête de laquelle s'épanouissait mon portrait.

Grandthille n'eut pas grand'peine à lui faire comprendre que c'était là l'homme qu'il s'agissait de cacher dans la cale de son trois-mâts, lequel portait pour toute indication ces initiales : *P.-C.-E.* Puis il offrit de ma part dix mille francs pour moi et cinq de mes compagnons,

Le capitaine Law accepta sans aucune surenchère, mais il avait encore huit jours à passer à Nouméa pour y livrer son charbon et en régler le compte. Il recommanda de ne faire aucune confidence aux hommes de l'équipage que l'espoir d'une récompense administrative eût peut-être entraînés à une dénonciation qu'on aurait probablement payée fort cher, et les bases de l'évasion furent ainsi jetées.

Seulement, c'était de la part du capitaine australien une question de confiance, car je n'avais pas les dix mille francs; à peine quelques centaines de francs restant de l'escompte de ma traite qui vint à échéance lorsque j'étais déjà débarqué à Londres, où je l'acquittai en personne.

Cette difficulté n'en fut pas une. L'excellent capitaine Law dit galamment :

— M. Henri Rochefort est trop gentleman pour manquer à sa parole.

Et il ne fut plus question d'argent.

Jourde et Ballière, qui avaient vainement essayé de s'évader quelque temps auparavant de Nouméa où ils étaient employés, reprirent les négociations pour la fixation du jour et de l'heure du départ en même temps que du mode de transport des trois évadants qui, sur six, résidaient à la presqu'île Ducos, c'est-à-dire à plusieurs kilomètres du $P.-C.-E.$

Le capitaine nous informa de l'impossibilité où il serait d'envoyer son canot nous chercher, Grousset, Olivier Pain et moi. Il voulait, au cas d'un échec suivi d'une enquête et de procès, avoir le droit d'affirmer que nous étions montés à son bord à son insu et à écarter ainsi toute preuve de connivence.

Ce fut encore le bon Grandthille qui se fit fort de

nous tirer d'embarras. Il apportait presque tous les matins des vivres à la presqu'île, dans la barque de son patron. Il garderait en poche, le matin du jour fixé, la clef du cadenas qui la retenait par une chaîne amarrée au quai, et viendrait nous prendre à l'endroit qu'on lui désignerait et où nous l'attendrions — on se doute dans quelle angoisse.

Le point était tout indiqué : le petit rocher que j'avais relevé sur la carte marine et où l'abordage était relativement facile, même pour quelqu'un peu exercé à la natation. Au lieu de couper droit, comme nous avions l'habitude de le faire, Olivier Pain et moi, on pouvait, avec de l'eau jusqu'à la ceinture, longer la berge où passaient assez souvent des surveillants, mais qui, la nuit, auraient malaisément distingué à vingt-cinq mètres du rivage une forme humaine.

L'îlot en question offrait le précieux avantage de sa situation en dehors des rondes, et présentait des creux-abris où âme qui vive n'aurait eu la pensée d'aller nous découvrir. Nous n'aurions pas osé espérer aussi bien et il nous était impossible de trouver mieux.

Eh bien! fût-ce par esprit de contradiction ou manque de confiance dans la réussite de notre coup d'audace, Paschal Grousset se refusa pendant plusieurs jours à adopter cet admirable observatoire.

Il y mettait une telle obstination que nous fûmes, Pain et moi, un moment très inquiets, car il nous eût été impossible de filer en le laissant tout seul à la maison, ce qui l'aurait exposé à des représailles atroces de la part du gouvernement de la colonie, qui l'eût naturellement accusé de complicité dans notre fuite.

Il voulait que la barque montée par Grandthille,

Jourde et Ballière poussât jusqu'à la baie même où tous les déportés et sans doute quelques gardiens eussent assisté à notre embarquement. C'était éviter la gueule du requin pour nous jeter dans celle du loup.

Enfin il se rendit à notre raisonnement et nous commençâmes les derniers préparatifs. Nous considérâmes notre succession comme ouverte, bien que toute notre fortune consistât en quelques livres envoyés à Grousset par ses parents, en trois paires de poules, dont une noire qui m'avait pris en amitié et me sautait sur la tête ou sur les épaules dès qu'elle m'apercevait.

Elle poussait l'indiscrétion jusqu'à venir se blottir dans mon lit, me lançant les plus rudes coups de bec quand j'essayais de l'en chasser. Je lui répétais inutilement :

— Veux-tu bien t'en aller ! tu m'empêches de dormir !

Et Olivier Pain, couché dans la chambre à côté, s'écriait en riant :

— Allons ! bon ! voilà Rochefort qui se dispute encore avec la poule noire !

Avant de nous séparer des cinq autres et d'un canard qui manquait d'eau, nous résolûmes de nous en offrir quelques filets et Pain fit l'office de bourreau. Mais il fut convenu que la poule noire serait épargnée, les sorcières les plus distinguées ayant de tout temps affirmé que les volailles de cette couleur portaient bonheur à une maison.

La tendresse subite de cette poule à mon égard nous paraissait presque — on est si bête quand on est grand ! — un pronostic heureux pour le succès de l'évasion projetée.

On en fit cuire deux autres ; puis, rassasiés de cette viande blanche, nous résolûmes de léguer le reste des pensionnaires du poulailler et le poulailler lui-même, une grande cage en osier, au pauvre Lorosquouët, à qui nous avions laissé tout ignorer. Mais ces distributions successives pouvant sembler bizarres et éveiller certaines attentions, voici ce dont nous convînmes :

Pendant une de mes absences, Paschal Grousset ferait cadeau à Lorosquouët des poules survivantes. Il les emporterait dans sa case, et quand je reviendrais de ma promenade j'affecterais une vive colère pour le sans-gêne avec lequel il s'était approprié notre poulailler sans m'en demander au moins la permission.

J'allai, en effet, le trouver dans sa paillotte, située en plein camp des déportés et je lui reprochai exagérément devant tous ce rapt de poules.

— Citoyen Rochefort, me répondit-il tout confus, c'est le citoyen Grousset qui m'a dit de les prendre.

— C'est possible, fis-je, mais elles nous appartiennent à tous les trois et aucun de nous n'avait le droit d'en disposer sans avoir consulté les deux autres.

— C'est bien, dit stoïquement Lorosquouët, ce soir je vous rapporterai les poules.

— Maintenant que vous les avez, gardez-les, ripostai-je ; mais une autre fois vous voudrez bien m'avertir avant de vous emparer de notre basse-cour.

L'effet de ce cadeau par trop royal fut ainsi conjuré et nous continuâmes notre déménagement clandestin. Un dictionnaire de Bouillet fut attribué à Bauër qui devait le trouver avec une fiche à son nom après notre départ dont, pas plus que Lorosquouët, il n'avait le moindre soupçon.

Dix fois j'avais été sur le point de laisser échapper

devant lui ce secret qui me brûlait les lèvres, et dix fois je me l'étais renfoncé dans la gorge en me répétant qu'il ne m'appartenait pas. Nous aurions bien volontiers associé Bauër à notre fuite, mais il avait commis l'imprudence de s'installer au centre même de l'agglomération des condamnés, à qui son absence un peu prolongée eût donné à réfléchir.

Il était indispensable de régler la mise en scène de ce drame de façon à ôter toute prise à un accroc possible et à prévoir jusqu'à l'imprévu.

Il nous restait encore quatre jours de patience à nous imposer quand je reçus la visite d'un jeune méridional qui s'annonça à moi comme attaché au cabinet du « directeur de la déportation » et vint, sans y être en quoi que ce fût provoqué, m'assurer de toutes ses sympathies.

Ce gasconnant à la barbe fleurie et aux cheveux tombant en nappe sur ses épaules, aborda, après quelques préliminaires insignifiants, la question qui le préoccupait.

— Vous n'êtes pas fait pour vivre et mourir ici, me dit-il brusquement. J'ai les moyens de vous en faire sortir. Mon emploi dans l'administration pénitentiaire me permet de me tenir à l'affût des occasions. Fiez-vous à moi et avant peu vous serez libre.

Avait-on eu dans les sphères gouvernementales quelque vague soupçon de nos projets? Etait-ce là un simple coup de sonde destiné à fouiller mes intentions ultérieures ? Enfin ce personnage exubérant était-il sincère et réellement disposé à m'aider dans mes témérités ? Je l'ignore ; mais bien qu'il m'eût répété à plusieurs reprises : « Fiez-vous à moi ! » je ne m'y fiai pas et je lui fis cette réponse à la suite de laquelle il n'insista plus :

— Je vous remercie de tout mon cœur, mais je ne veux rentrer en France que par la grande porte de l'amnistie qui, à mon avis, est plus proche qu'on ne suppose.

Ce qui était proche, c'était notre embarquement. Mon méridional de gouvernement me quitta, rassuré sans doute, et, s'il fit part de mon attitude à ses chefs hiérarchiques, ceux-ci, trois jours plus tard, eurent une occasion unique d'apprécier sa haute perspicacité.

Bien que nous n'eussions par devers nous aucun secret d'Etat et que notre correspondance fût tout entière familiale, nous tenions à ne pas laisser nos lettres aux mains sales de la chiourme qui en eût maculé les feuillets. Nous en fîmes donc un fort paquet que j'allai enfouir dans une mare d'eau saumâtre qui croupissait non loin de notre concession et où personne n'a dû aller l'inventorier.

J'avais emporté d'Europe un portrait qu'Arnold Scheffer, neveu d'Ary Scheffer, avait fait de ma fille quand elle avait sept ans. Je ne voulus pas m'en séparer et je découpai la toile que je roulai en dehors de façon à ne pas en écaler la peinture, et pensant pouvoir la garder sous mon bras, de notre mise à l'eau au récif où nous aborderions.

Il nous semblait que les journées qui précédaient le moment suprême n'en finissaient pas. Les trois fois vingt-quatre heures que nous avions encore à absorber avant la dernière me paraissaient se développer à en devenir plus longues que mes deux années de forteresse. La veille de la grande entreprise, Olivier Pain et moi nageâmes jusqu'au rocher dont je n'avais personnellement jamais exploré les abords autrement que sur la carte du commandant Launay. Mais en y posant mon pied nu j'y sentis une affreuse douleur.

C'était une des aiguilles d'un énorme oursin qui me l'avait presque entièrement traversé.

J'en boitai toute la journée au point de craindre des complications pour la baignade décisive du lendemain. Mais la plaie se referma dans la journée et j'oubliai vite mon mal. Dans l'après-midi, Paschal Grousset reçut de Nouméa un mot signé « Jourde » et ainsi conçu :

— Demain jeudi, je t'enverrai le huitième volume de l'*Histoire du Consulat et de l'Empire*, comme je te l'ai promis.

En langage d'évadants :

— Demain, à huit heures du soir, mettez-vous à l'eau et allez nous attendre sur le rocher.

Un gros embarras, c'était Lorosquouët qui, en se présentant chez nous, comme à l'ordinaire, pour y faire nos lits et y procéder à notre cuisine, trouverait la cambuse déserte. Il se lancerait incontinent à notre recherche et donnerait ainsi involontairement l'alarme.

Une idée qui, pour être infâme, n'en était pas moins géniale, me traversa le cerveau. Lorosquouët était Breton non catholique et pas soldat, puisqu'il était marin, mais passablement ivrogne. Je l'avais un jour heurté malgré moi, étendu tout de son long dans la brousse, cuvant diverses eaux-de-vie sur la composition desquelles les chimistes auraient eu sans doute quelque peine à se prononcer.

Et, comme je l'avais secoué pour le réveiller, il avait, sans d'ailleurs bouger de place, gémi d'un ton dolent :

— Laissez-moi, citoyen Rochefort ; je ne mérite pas que vous m'adressiez la parole.

Cette attraction vers les liquides était cette fois on

ne peut meilleure à exploiter. Il nous restait à l'amorcer avec une telle quantité de toutes sortes d'alcools qu'il en tombât ivre-mort. Il n'était au reste pas précisément difficile sur le choix des boissons qu'il aimait à s'ingurgiter. Un jour, ne s'était-il pas blessé avec préméditation sur du corail, afin d'obtenir de l'hôpital un flacon d'eau-de-vie camphrée pour panser sa plaie ?

Or, eau-de-vie et camphre, il avait tout bu. C'était un lascar auquel il eût été imprudent de confier une bouteille de vitriol.

Nous n'avions presque pas dormi les nuits précédentes et pour notre dernière nuit nous ne comptions pas sur beaucoup de sommeil. Nous profitâmes de cette disposition antisomnifère pour aller rendre une dernière visite à Henry Bauër avec lequel nous restâmes à jouer aux cartes jusqu'à près de trois heures du matin.

Je n'apportais, on le suppose, qu'une attention relative à la valeur des atouts qu'on me donnait et je perdis, je m'en souviens, quatorze bouteilles de bière que j'eusse été tenu de payer dans les vingt-quatre heures. Cette soirée date de près de vingt-quatre ans et je n'ai pas encore liquidé ma dette. On m'excusera si on songe que nous allions jouer, à une journée de là, une partie où l'enjeu était tout autre qu'une bouteille de bière.

Le soleil se leva dans un ciel orageux qui se débrouilla peu à peu. Nous croyions n'avoir qu'à attendre sans incident le soir de la délivrance, mais cette journée, qui fut pour nous particulièrement historique, fut aussi la plus accidentée de toutes celles que j'avais passées dans la presqu'île. Il était à peine dix heures du matin qu'Olivier Pain, déjà sorti pour aller se promener du côté de la cantine, rentra tout effaré.

— Nous sommes fichus, me dit-il ; je viens de rencontrer votre petite amie qui débarquait de Nouméa et qui se propose de rester deux jours ici. Elle m'a annoncé que son père, sa mère et elle viendraient dîner ce soir avec nous sur les sept heures.

C'était à huit heures que nous devions nous mettre à l'eau. Les hommes étaient donc destinés à se voir constamment perdus par les femmes. Refuser d'offrir le dîner n'eût pas été éviter la visite, qui eût contrecarré sans rémission nos préparatifs de départ. Or le P.-C.-E. dérapait le lendemain au point du jour. Il était essentiel de parer sur-le-champ cette botte menaçante.

Après en avoir délibéré, nous nous arrêtâmes à cette solution de haute comédie :

Pain repartit pour la vallée de Tindu et, prenant à part la jeune modiste, il lui fit d'un ton embarrassé cette communication :

— Je viens de me croiser avec Rochefort à qui j'ai annoncé votre arrivée. Je croyais qu'il allait me sauter au cou et j'ai été stupéfait en le voyant entrer dans une colère bleue. Il m'a répété en fureur :

« — Comment ! après s'être moquée de moi avec cette audace, elle pousserait l'impudence jusqu'à revenir chez nous ! Dites-lui bien que tout est fini entre nous deux et que je ne la reverrai de ma vie. »

Rien n'était plus vrai. Je ne devais plus la revoir, puisque je partis le jour même. Seulement, elle attacha à cette formule un tout autre sens et répondit toute confuse :

— Oh ! dites-bien à M. Rochefort qu'il se trompe ! Ce jeune homme est pour moi absolument sans conséquence.

Nous ignorions totalement qu'il y eût un jeune homme sous roche. Mais Pain se jeta avec empressement sur cette révélation et y riposta par ce conseil d'ami :

— C'est possible, mais vous savez comme Rochefort est violent! Il serait capable de vous faire une scène devant votre père. Attendez qu'il soit calmé et à votre prochain voyage tout s'arrangera. Mais surtout ne venez pas ce soir. »

Sur cette souleur s'en greffa une autre. Le vivandier Dusser, patron de notre complice Bastien Grandthille, nous débarqua subitement de son canot chargé de vivres, qu'il venait nous offrir pour notre déjeuner auquel il s'invitait. On mit la table sans nappe et comme le dessert comportait de nombreuses liqueurs j'eus le loisir de les expérimenter sur Lorosquoët qui, à chaque plat qu'il apportait, s'inondait de petits verres.

Je me rappelle en outre un fort pâté auquel nous touchâmes peu, car notre estomac comme notre esprit étaient ailleurs. Ces agapes se prolongeaient et je commençais à me sentir piquer aux jambes par les fourmis du départ, celui de notre convive d'abord, le nôtre ensuite. Mais le terrible Dusser se prélassait devant son assiette, sans paraître songer à remonter dans sa barque, que nos co-évadants devaient prendre dans le port de Nouméa vers les huit heures du soir. Et il en était déjà quatre.

J'eus, je l'avoue, un moment de désespoir. L'orage, qui menaçait depuis le matin, venait sur nous à grande vitesse. S'il éclatait tout à coup en cataractes, par un de ces bouleversements atmosphériques assez fréquents là-bas, et où on ne distingue plus qu'une masse liquide, sans pouvoir dire à quel point précis la pluie et l'Océan se confondent, le vivandier se voyait obligé de passer la nuit à la presqu'île, ajournant son rembarquement au lendemain matin.

Il en fut même question, mais je lui fis observer que la pluie ne tombait pas encore et qu'il aurait le temps de regagner sans accident sa cantine, tandis qu'au cas où la tempête se déchaînerait elle durerait peut-être deux jours pleins et le tiendrait bloqué dans notre enceinte fortifiée, où il manquerait essentiellement de confortable.

Et, sans lui laisser le temps d'opter, nous l'entraînâmes du côté de sa barque, amarrée au bas d'un rocher, et eûmes enfin la joie immense de l'y regarder s'asseoir et saisir les rames.

Immédiatement, pour qu'en cas de nouvelle visite le visiteur trouvât la maison vide et nous supposât en promenade, nous résolûmes d'aller attendre, cachés dans la brousse, la tombée de la nuit après laquelle nous soupirions.

Nous la guettâmes pendant près de deux heures. La veille, nous avions, par le bon Grandthille, fait porter à Nouméa un paquet de vêtements que la barque nous rapporterait à notre rocher, car nous nous mettrions à l'eau en caleçons de bain.

Nous nous déshabillâmes dans l'herbe, sous les éclairs qui commençaient à se croiser là-haut, et nous eûmes soin de dissimuler sous un arbuste les effets que nous venions de quitter et qu'il eût été dangereux de laisser à l'abandon dans notre paillotte, ce qui eût provoqué des commentaires.

Pour la mise en scène nous plaçâmes bien en vue sur la table du déjeuner les restes du pâté de Dusser, de façon à donner à croire que nous étions partis pour une excursion après notre repas.

Cette précaution faillit nous perdre. Dès le lendemain, la chaleur fit éclore de nombreux vers dans cette charcuterie et on s'aperçut de notre évasion précisément à la présence dans notre vaisselle de victuailles trop complètement avariées pour ne pas y avoir séjourné pendant de longues heures.

Sitôt Dusser parti, nous avions achevé Lorosquoët, qui ne demandait qu'à se laisser faire et que nous renvoyâmes tout titubant dans sa case en l'avertissant que nous irions passer la journée du lendemain dans la baie de Gentelet : il n'avait donc pas à s'inquiéter de nous et il était autorisé à rester chez lui à soigner ses cheveux auxquels il devait avoir terriblement mal.

On constatera que le plan du drame était complet et que les entrées et les sorties y avaient été réglées dans les plus petits détails. Nous étions déjà en costumes de maîtres nageurs qu'il faisait encore jour. Puis tout à coup, quelques minutes avant huit heures, le rideau du soir se déplia et l'obscurité nous permit de sortir de notre ravin.

Le ciel était heureusement noir comme de l'encre, la lune ayant depuis la veille épuisé son dernier quartier. Nous nous défilâmes à la queue leu leu par un petit sentier qui descendait à la mer et où nous ne craignions pas autrement d'être surpris, attendu que nous étions en apparence beaucoup plus accommodés pour une baignade que pour une évasion.

— Adieu, la maison ! dit Grousset quand nous longeâmes notre paillotte.

Ce salut devait être le dernier à cette terre d'angoisse, d'inanition et de misère, bien que, quinze ans plus tard, j'aie failli la revoir par la grâce de la Haute-Cour à qui j'ai épargné la peine de me retransporter à la Nouvelle-Calédonie en me réfugiant dans l'ancienne, qui, on le sait, s'appelle aujourd'hui l'Ecosse.

Le matin, avant l'apparition inquiétante du cantinier Dusser, j'étais allé, en compagnie de Bauër, rendre visite à notre camarade Arnold, que sa femme était venue rejoindre à la presqu'île et à laquelle, pour mieux égarer les soupçons et aussi pour me remuer un peu, car je ne pouvais plus tenir en place, j'avais apporté un casque en liège pour la prier d'y ajouter un voile contre le soleil.

En revenant de cette excursion, comme nous suivions un chemin montant, j'aperçus entre notre presqu'île et l'île Nou un formidable requin qui s'ébattait dans la satisfaction du substantiel repas qu'il venait sans doute de s'offrir du côté des abattoirs.

Je le fis remarquer à Bauër, tout en me disant à part moi :

— C'est peut-être celui-là qui nous mangera ce soir.

Mais au moment où nous plongeâmes, les nuages gonflaient, quoiqu'il ne plût pas encore, et les squales, que les coups de tonnerre effarouchent, s'en garantissent d'ordinaire en se tenant dans les bas-fonds. Il est probable que le vacarme de l'orage leur coupe l'appétit.

Le récif sur lequel nous avions mis le cap étant assez éloigné et la mer, à ce moment, pleine et très grosse, nous risquions presque de perdre notre route.. J'avais, à tout hasard, emporté mes lièges qui, je crois, restèrent dans l'eau. J'écrasais aussi sous mon bras la toile où Arnold Scheffer avait peint le portrait de ma fille, ce qui gênait un peu mes mouvements.

Le fait est que, bien qu'ayant plusieurs fois accompli cette excursion sous-marine, elle me parut d'une longueur inusitée. Le flux, ordinairement peu appréciable, avait, ce soir-là, recouvert presque en entier le petit îlot qu'il m'était impossible de distinguer à travers la chasuble de plomb qui s'épaississait sur nous. Je commençais à me demander où j'étais, car je nageais un peu en avant de mes deux compagnons, quand je heurtai du genou une aiguille de rocher, et en me mettant debout je m'aperçus que nous avions pied.

Plus agiles que moi, Olivier Pain et Paschal Grousset escaladèrent le pic qui s'ouvrait en deux, si bien que je serais tombé dans la crevasse si je ne m'étais pas retenu au tronc d'un arbre qui surplombait.

Nous nous abritâmes, sans danger aucun d'être aperçus, du reste. Seulement, le temps de cet atterrissage avait été tellement démesuré pour moi que j'avais peine à croire que la barque ne fût déjà arrivée, puis repartie, faute de passagers à embarquer.

Nous nous morfondions dans les anfractuosités depuis une vingtaine de minutes et nous parlions de reprendre le chemin de notre maison, croyant que Grandthille n'avait pu s'emparer de la barque de son patron. Les cinq becs de gaz espacés sur la côte de l'île de Nou, à l'entrée du bagne, brillaient seuls dans la nuit qui nous enveloppait, quand une des lumières disparut, puis reparut, tandis que la lumière suivante semblait s'éteindre. Evidemment, un corps opaque passait entre elles et nous.

Bientôt nous entendîmes un faible bruit de rames et tant de précautions nous indiquèrent que nos amis approchaient.

— Etes-vous là? dit une voix.

— Oui!

— Eh bien, jetez-vous à la nage; le bateau ne peut pas aborder. Il n'aurait qu'à toucher sur un récif.

Nous nous glissâmes dans l'eau, et après quelques brasses nous nous accrochions, comme Cynégire, à la bande du canot dans lequel on nous hissa les uns après les autres. Trois à la fois nous l'aurions fait chavirer.

Jourde, Ballière, Bastien nous déballèrent nos vêtements, et nous nous habillâmes aussi sommairement que possible, sans prendre le temps de nous sécher. Ballière se plaça au gouvernail, nous virâmes de bord, et la barque recingla vers le port de Nouméa où l'échelle du *P.-C.-E.* était dressée pour nous recevoir.

Des gouttes d'eau, grosses comme les pièces de cent sous que nous n'avions pas, commencèrent alors à tomber dru; ondée bienfaisante s'il en fut, car elle ne pouvait que décourager les excursionnistes et conséquemment éloigner les curieux.

Nous n'en fûmes pas moins pris d'un frisson en voyant pointer sur nous une chaloupe où nous distinguâmes quatre ou cinq hommes qui pouvaient être des matelots de ronde ou des surveillants en corvée.

C'étaient bien des surveillants, leurs képis nous l'indiquèrent, mais ils étaient évidemment en bordée. Ils nous prirent à leur tour pour des indiscrets bons à éviter et, au lieu de nous accoster, comme nous en tremblions de tous nos membres, ils accentuèrent un fort écart qui les rejeta loin de nous.

Ce fut le premier incident de cette navigation. Le second nous mit à deux doigts de notre perte. Ballière était allé dans la journée reconnaître exactement la position de notre trois-mâts, car le port en contenait plusieurs et notamment deux avisos de guerre, précisément destinés à donner, en cas d'évasion, la chasse aux déportés ou aux forçats.

Mais, observé le matin à la marée basse, le *P.-C.-E.* avait, à marée haute, tourné sur lui-même, si bien que notre camarade se déclara hors d'état de le retrouver. Cependant, en explorant la rade, nous aperçûmes une échelle paraissant si obligeamment nous solliciter que nous eûmes la conviction d'avoir atteint notre but.

Un de nous, je ne sais plus lequel, avait déjà gravi les deux premiers échelons, quand nous entendîmes deux voix échanger, sur le pont, des impressions en un français beaucoup trop pur pour ne pas être on ne peut plus dangereux.

Nous avions simplement commencé à monter sur un des deux avisos du gouvernement.

On se doute de la rapidité avec laquelle nous nous aplatîmes de nouveau dans notre barque. Le trois-mâts du capitaine Law était juste à côté du bateau français. Cette fois aucune erreur n'était à craindre et nous accomplîmes en toute sécurité notre ascension.

Au moment même où je posais le pied à bord, j'entendis sonner minuit à l'église de Nouméa.

Une légère déception nous attendait. Le capitaine Law, qui se défiait de lui-même au point de ne jamais embarquer de vin pour ses voyages, s'en dédommageait à terre et ne démarrait pas des cafés d'alentour.

Il s'y était comme d'habitude oublié et nous avait oubliés en même temps. Aussi fûmes-nous surpris d'être reçus par le stewart, le seul homme de l'équipage qui ne fût pas encore couché et dont l'étonnement égala et dépassa sans doute le nôtre en voyant surgir devant lui six gaillards peu rassurants qui prenaient ainsi le navire d'assaut.

Pas un de nous ne connaissait assez l'anglais pour entrer en conversation avec ce maître-coq, auquel le patron du trois-mâts n'avait fait aucune confidence, et nous ne savions trop sous quels pseudonymes nous annoncer, quand le capitaine Law parut enfin.

Il était incontestablement éméché, mais pas au point d'avoir perdu le Nord. Son premier soin fut d'envoyer le cuisinier dans sa cabine située au bout du bateau, et, après nous avoir dit adieu comme si nous le quittions après cette visite nocturne, il nous introduisit par une autre échelle, que nous descendîmes cette fois, dans la cale de son bateau. Nous y trouvâmes pour lits des cordages enroulés qui, tout en nous labourant les reins, nous parurent les plus exquis des sommiers, tant la perspective de la liberté a le don de tout embellir.

Un important travail restait à opérer : le coulage de la barque qui nous avait amenés au *P.-C.-E.* et qui, aperçue le matin flottant à l'aventure dans le port, aurait immédiatement amené d'inquiétantes investigations.

Le trois-mâts avait débarqué son charbon à Nouméa et revenait à vide. Le capitaine Law choisit les plus grosses pierres parmi celles qui lui servaient comme lest et en emplit le canot sauveur de Dusser, jusqu'à ce que nous l'eussions vu s'enfoncer sans renflouage possible.

Je me réservais, si les avaries l'avaient rendu inutilisable, d'en rembourser plus tard le prix au cantinier Dusser, ce que je fis d'ailleurs. Mais, si nous avions été repris, ce qu'on nous eût condamnés à des tas de peines afflictives et infamantes pour avoir volé une barque!...

Bien que le péril ne fût pas du tout conjuré et qu'au contraire il commençât à peine, mon accablement triompha de tant de câbles et je dormis comme un pieu jusqu'au moment où l'ébranlement du navire me réveilla en m'avertissant de la levée des ancres.

A toute minute, nous nous attendions à l'apparition de quelque commissaire de marine venant nous sommer de nous rendre et nous ramenant chaînes aux mains à notre paillotte abandonnée. Une heure, deux heures s'écoulèrent sans aucune descente de justice, mais sans le moindre symptôme de marche en avant.

Pourquoi ce clapotement sur place et, si pressés de filer, pourquoi ne filions-nous pas?

Un mot au crayon sur papier à chandelle qui nous tomba par la trappe d'où nous avions glissé dans la cale, nous renseigna douloureusement. Il était du capitaine Law et disait:

« Nous n'avons pas un souffle d'air et le pilote m'assure qu'il sera impossible de partir aujourd'hui. »

Quoique le temps se fût maintenu à l'orage, le calme le plus plat régnait sur la mer. Et chaque minute dépensée dans cette immobilisation nous rapprochait de la découverte de l'évasion! A onze heures du matin, nous n'avions pas encore bougé. Nous avions tout risqué sur cette carte et, faute d'un peu de brise, nous perdions une partie si admirablement engagée. Au lieu de la liberté reconquise, de nos familles retrouvées, de la vengeance permise contre les scélérats qui nous avaient insultés jusqu'à la bride, se dressait devant nous la perspective d'une arrestation brutale, en tout cas humiliante, de notre transfert cabriolet au poing à la prison de la presqu'île ou de notre exécution sommaire dans la cale même où nous nous étions réfugiés.

Nous vécûmes là des minutes horribles. Enfin un nouveau billet nous tomba d'en haut, — du ciel aurions-nous pu dire :

« J'insiste pour sortir, mais le pilote nous conseille d'abandonner toute tentative par la passe ordinaire où nous aurions vent debout. »

Il y avait donc du vent, puisqu'il était debout. Ce renseignement fut bientôt complété par cet autre :

« La brise ayant un peu fraîchi, je vais tâcher de sortir des récifs par la passe de Boulari. Nous longeons la presqu'île Ducos avec vent arrière. »

Je hasardai un œil à un hublot et je vis nos camarades regarder filer à quelques mètres d'eux le trois-mâts qu'ils soupçonnaient si peu nous emporter. Souvent, comme eux, j'avais contemplé les voiles gonflées de navires qui suivaient la côte et que j'aurais tant voulu rejoindre à la nage. Puis je les accompagnais du regard jusqu'à ce qu'ils disparussent derrière l'horizon et je revivais ces vers d'Hugo :

Des rochers nus, des bois affreux : l'ennui, l'espace ;
Des voiles s'enfuyant comme l'espoir qui passe.

Cette fois, l'espoir ne passait pas. Il était dans notre cœur, bien que nous eussions peine à l'y loger, ne pouvant croire à de si grands résultats obtenus par des moyens si simples.

Tant que nous n'avions pas traversé les brèches que les coups de mer avaient pratiquées dans la ceinture de coraux qui cerne la Nouvelle-Calédonie à la distance d'environ dix lieues, nous naviguions encore dans les eaux françaises et le bâtiment anglais s'y trouvait soumis au droit de visite. Le plus petit canot de ronde avait qualité pour enjoindre à notre navire de s'arrêter et de subir une perquisition aussi minutieuse que le chef d'équipage l'eût ordonnée.

Au contraire, une fois les coraux franchis, le *P.-C.-E.* naviguait en mer libre et reprenait sa nationalité, tout abordage constituant dès lors un attentat commis sur le drapeau de l'Angleterre.

Aussi jamais billet plus tendre ne fut reçu avec plus de joie que celui-ci, qui descendit sur nous en tourbillonnant :

« Nous sommes hors des récifs. Rien à craindre maintenant. Vous pouvez monter sur le pont. »

Il était environ quatre heures du soir, et depuis sept heures du matin nous nous tordions dans les convulsions de l'inquiétude.

En apercevant nos têtes proscrites à l'ouverture de la trappe, les matelots du bord furent extrêmement surpris, et le capitaine Law feignit de l'être encore davantage. Il nous adressa en anglais, sur notre indiscrétion, des reproches que nous ne comprîmes pas et auxquels nous fîmes en français des réponses qu'il ne comprit pas non plus ; puis, après ces loyales explications, il désigna à chacun de nous une cabine et nous fit servir à déjeuner.

Quand il y en a pour cinq, il y en a pour six. Exceptionnellement, bien qu'il y en eût pour six, il n'y en eut que pour cinq. A peine arraché au câble qui m'avait toute la nuit labouré l'épine dorsale, je fus pris du plus atroce mal de mer que j'eusse encore enduré. Le vent, qui s'était montré si réservé quand nous avions besoin de lui, commença à se déchaîner à l'heure où nous lui demandions du calme.

Le capitaine Law flaira un cyclone dont la queue nous enveloppa, éventrant quelques voiles et brisant un de nos mâts. Notre sauveteur, que mes yeux avaient à peine eu le temps de dévisager la veille au soir, était courtaud, la face un peu congestionnée comme celle du magnifique portrait d'amiral, chef-d'œuvre de Reynolds et exposé à la *National Gallery* de Londres. Mais dans cette trogne rougeaude pétillaient des regards d'une grande finesse et s'arquaient les lèvres serrées d'un responsable constamment en arrêt.

Un simple coup d'œil circulaire lui suffisait pour juger si un grain ou même une tempête durerait une demi-heure, une heure ou une heure et demie.

Celle-ci en dura plus de deux, et les pierres retirées de la cale pour aider au coulage du bateau de Dusser ayant allégé le nôtre d'autant, il piquait dans la vague des pointes qui me soulevaient le cœur. La cabine qui m'avait été réservée exhalait, en outre, une odeur de cambouis mêlée à un parfum de goudron qui m'acheva.

— Pourvu que nous n'allions pas sombrer ! me disait Pain. C'est ça qui s'appellerait échouer au port.

— Tout m'est égal, expectorais-je ; ne me parlez pas, je suis trop malade.

Et, pendant mes spasmes de convulsionnaire, je me repentais presque d'avoir quitté cette bonne presqu'île Ducos où on souffrait de la faim, de la soif et de la réclusion, mais du moins pas du mal de mer.

Je me réservai le droit de respirer autre chose que

du cambouis en allongeant tout bonnement sur le pont une couverture sur laquelle je m'étendis ou plutôt je vécus, car je ne la quittai pas pendant les sept jours que dura notre traversée, m'étant reconnu incapable de me tenir debout. Manger n'était pas pour moi un rêve plus réalisable. Mes compagnons venaient de temps en temps m'offrir quelques pommes de terre bouillies que je repoussais d'une main inerte, non parce qu'elles étaient accommodées à l'anglaise, mais parce que mon gosier contracté se serait refusé à laisser passer un grain de millet.

J'essayais de dormir, étendu sur le dos, et regardant le ciel lumineux, dont les étoiles finissaient par me fatiguer les yeux au point que je m'assoupissais, pour me réveiller quelques instants après dans un douloureux sursaut.

Je n'avais aucune conscience de mon bonheur, non plus que de la déconvenue des coquins de la presse fangeuse que ma résurrection allait accabler. Je crois que, si la traversée de Nouméa en Australie avait été de quinze jours au lieu de sept, je ne serais pas arrivé vivant.

Enfin, à travers les remous de l'Océan et les cabrioles du trois-mâts, je distinguai une colline sur le versant de laquelle s'étageaient des maisons claires et ensoleillées. C'était Newcastle, port d'attache du *P.-C.-E.* et ville natale du capitaine Law.

Nous étions, cette fois, dûment sauvés, mais nous crûmes un instant que nous ne l'étions pas encore. Nous venions de distinguer à grande distance la fumée de deux vapeurs qui, débusquant subitement de la rade, mirent le cap sur nous, comme cherchant à nous envelopper par tribord et par babord.

Leurs panaches blancs, auxquels nous n'avions accune envie de nous rallier, semblaient indiquer deux navires de guerre français qui, partis de Nouméa à notre poursuite et désespérant de nous atteindre, s'étaient embossés dans le port de Newcastle pour nous happer au passage.

Le capitaine Law nous confessa posséder pour tout moyen de défense sept vieux fusils rouillés dont le premier effet eût été de nous éclater dans les mains. Nous eûmes un moment d'inquiétude poignante. Quant à moi, je songeais déjà à me lancer par un sabord pour essayer de nager ensuite entre deux eaux jusqu'à la ville. Cette nouvelle baignade me fut épargnée. Ces vaisseaux ennemis étaient deux remorqueurs qui, dans l'espoir de nous aider à passer les brisants et de gagner ainsi la prime attachée à ce genre de travail, luttaient à qui arriverait le premier.

Le commandant du *P.-C.-E.*, vieux bourlingueur patenté et depuis longtemps familier avec ces parages, refusa leurs services dont il n'avait aucun besoin, et, cette émotion calmée, nous opérâmes dans le port une entrée majestueuse. Je n'avais littéralement rien mangé depuis sept jours, ayant tenté vainement de mastiquer une pomme de terre que j'avais recrachée aussitôt.

Mais il n'y a guère de réconfortant comparable à la reprise de la liberté perdue depuis trois ans et qu'on croyait l'être pour toujours. Nous n'avions plus à subir que la visite de la douane dont le canot vint à nous, commandé par un jeune homme en redingote, non en uniforme comme en France, et n'ayant rien d'officiel.

A sa demande au capitaine Law s'il n'avait rien à déclarer, celui-ci répondit qu'il avait à déclarer six passagers inconnus qui, à son insu, s'étaient réfugiés dans la cale de son bateau et n'en étaient sortis que quand on était trop loin pour les ramener à terre.

Dans notre beau pays, nous eussions été arrêtés, fouillés, écroués à la prison la plus proche comme pirates ou négriers. Trois juges d'instruction eussent été désignés pour nous interroger sur nos familles et enquêter sur notre casier judiciaire. Le jeune douanier répliqua simplement à la déposition de notre capitaine :

— Et ces messieurs ne vous doivent rien ?

— Rien du tout ! Ils m'ont payé leur passage.

— En ce cas, nous n'avons pas à nous occuper d'eux.

Et, bien qu'il pressentît certainement un drame dans la présence inopinée de six Français inconnus à bord d'un trois-mâts anglais venant de Nouvelle-Calédonie, il ne nous inspecta même pas du regard, redescendit dans sa baleinière et repartit sans tourner la tête.

CHAPITRE XX

En Australie. — Newcastle. — Cordonnier et chercheur d'or. — Courvoisier. — Sydney. — Au Parlement. — Le Docteur Evans. — Notre évasion est apprise en France. — Vengeances stupides. — Nos vingt-cinq mille francs. — La presse parisienne. — Aux iles Fidji.

Par une coïncidence que les journaux australiens qualifièrent plus tard de « providentielle », les nombreux navires rangés dans le port étaient pavoisés comme pour fêter notre délivrance. Ce pavoisement s'adressait au gouverneur de la Nouvelles-Galles du Sud, sir Hercule Robinson, aujourd'hui représentant de l'Angleterre au Transvaal, et qui était attendu de Sydney pour présider à la fête des régates.

Nous relevâmes sur la coque d'un grand brick de commerce ce nom national : *Ville-de-Nantes*. L'équipage en avait été sans doute recruté parmi des compatriotes à nous, et en passant dans le chenal nous interpellâmes un matelot qui fumait sa pipe sur le bastingage :

— Est-ce que Mac-Mahon est toujours président de la République ? lui criai-je.

— Mais oui ! fit-il.

— Eh bien! continuai-je, quand vous retournerez en France, vous pourrez lui faire savoir que vous avez rencontré six Français qui à ce moment-là se fichaient dans les grands prix de lui et de ses conseils de guerre.

— Bien! nous répondit flegmatiquement le matelot sans se rendre compte de la portée de la communication.

Je ne m'estimai libre que quand j'entendis la terre ferme résonner sous mes pieds. Nous étions vêtus comme des musiciens ambulants, bien que nous fussions plus ambulants que musiciens. Le capitaine Law m'avait prêté, contre le soleil, un chapeau en cuir bouilli, d'ailleurs trop petit pour mon développement crânien, et que j'étais obligé de porter en arrière, ce qui, étant données les bosses de mon front protubérant, seyait médiocrement à mon genre de beauté.

L'aspect général de Newcastle, ville essentiellement minière, est très vivant et très gai. Il est vrai qu'exceptionnellement ce matin-là toute la population était répandue sur les quais. A peine étions-nous débarqués que des rumeurs vagues commencèrent à courir sur notre aventure. C'était le personnel du *P.-C.-E.* qui sans doute avait déjà bavardé par la ville. Comme je passais en compagnie du capitaine Law devant un maréchal-ferrant établi sur le port, il sortit précipitamment de sa forge et me dit d'un accent tout à fait parisien :

— Monsieur, on assure que Rochefort était à bord du bateau qui vient d'entrer. Il s'est donc évadé? Est-ce que vous savez quelque chose à ce sujet?

— Absolument rien, lui répondis-je, ne voulant pas ameuter la foule autour de moi.

Mais il insista :

— Cependant vous étiez à bord du trois-mâts qui arrive de Nouvelle-Calédonie. En vous voyant du fond de ma maréchalerie, je vous ai tout de suite reconnu pour un Français.

— En effet, eus-je l'effronterie de répliquer. Mais j'ai été malade pendant toute la traversée; je suis resté couché dans ma cabine et je n'ai parlé à personne.

Et cet expatrié retourna à son travail sans se douter un instant qu'il avait précisément accosté l'homme qu'il cherchait.

Je mourais de toute la faim qu'il m'avait été défendu de satisfaire à bord du *P.-C.-E.* Le brave Law nous dirigea sur un hôtel qu'il choisit d'autant meilleur que nous étions hors d'état d'en solder la note; nous possédions, en effet, à nous six, environ trois cents francs qui avaient été malheureusement frappés sur du papier, et quel papier! celui de la Banque de Nouméa. Quand nous présentâmes ces chiffons à l'escompteur chez lequel nous avait conduits l'infatigable Law, nous fûmes reçus, c'est-à-dire renvoyés, comme les derniers des faux-monnayeurs.

La maison voisine nous réservait un tout autre accueil, écrivais-je dans un volume qui parut autrefois sur notre retour en Europe. A la première exhibition de nos « valeurs », les chuchotements commencèrent. L'équipage du *P.-C.-E.*, en se répandant dans la ville, a-t-il divulgué notre aventure ? Le préposé de la douane s'est-il montré avec d'autres plus expansif qu'avec nous ? Le fait est que, sur le seul vu de ces mots : « Banque calédonienne », la maison est en rumeur.

— Vous êtes des prisonniers français évadés? Vous venez d'arriver par le *P.-C.-E.* ? Donnnez-nous vos noms. Contez-nous votre « escape ».

On s'appela, on se groupa autour de nous. Il fallut tout narrer. Etranger, comme la plupart des établissements financiers de ce pays, aux mystères du déport, du report et de la réponse des primes, celui-là était en même temps maison de commission. On nous versa du madère d'échantillon, qui commença à donner à l'excellent capitaine Law une haute idée de ses passagers. Il raconta comment, ayant vu, dans un journal illustré, mon portrait avec ma biographie, il m'avait tout de suite reconnu. En considération de notre notoriété, de notre énergie et de nos malheurs, nos changeurs ne nous prirent guère plus de vingt-deux pour cent d'escompte. Jamais les bons de la Banque de Nouméa n'ont été payés si cher.

Mais comme les affaires sont les affaires, tandis que nous devisions sans défiance, le principal associé de la maison prenait des notes dans la chambre à côté et rédigeait incontinent une dépêche qui arriva à Paris avant celle que nous transmîmes du bureau télégraphique de Newcastle à l'agence Reuter. Contre-temps déplorable en ce qu'il eut pour effet de faire parvenir en France, avec la nouvelle de l'évasion, les noms des évadés si complètement dénaturés, que leurs familles ne commencèrent à s'y reconnaître qu'au douzième télégramme.

Bientôt notre arrivée fut ce qu'on appelle en anglais « le lion du jour ». On dit d'un navire qui touche, d'un toit que le vent emporte, d'une locomotive qui éclate : « C'est le lion du jour. » On dit aussi : « lioniser » pour occuper l'attention publique. Nous lionisâmes donc à bouche que veux-tu, c'est le mot, car chacun de nos pas fut, dès lors, marqué par une invitation.

Privés des choses les plus nécessaires à la vie et aussi dégarnis de livres sterling que nous l'étions, nous ne pouvions faire moins que d'aller nous loger au meilleur hôtel de la ville, qui est le Great-Northern-Hôtel. Le commandant du *P.-C.-E.* reçoit de tous côtés des félicitations qui l'enluminent de minute en minute. Il était loin de supposer que l'entreprise, si heureusement réussie, de notre délivrance, aurait un pareil retentissement.

Tout fier et tout heureux d'un acte de générosité et de courage dont il n'avait pas compris toute la portée, non seulement il ne veut plus nous quitter, mais il s'oppose absolument à ce que nous le quittions. Il a mis mon bras sous le sien et me traîne dans toutes les rues en m'exhibant à toutes ses connaissances. Or, la population entière se trouvant dehors pour la réception du gouverneur de la province, jamais lesdites connaissances n'avaient été plus nombreuses. Les groupes se développent insensiblement en fourmilières. Et toujours le récit qui recommence! Notre arrivée n'a pas deux heures de date que nous en sommes au trente-deuxième bulletin.

Cependant nous ne pouvons déshonorer plus longtemps, par la pénurie de nos toilettes, Paris, notre ville natale en même temps que la capitale de la suprême élégance. Bien que tout soit hors de prix dans ces pays neufs, où l'on trouve moins de marchandises que d'or pour les payer, et quoique la livre de vingt-cinq francs y soit presque partout l'unité de monnaie, il faut, dût la faillite en résulter, prélever sur notre pécule une paire de souliers pour Olivier Pain.

Sous des arcades abritant des boutiques diverses, magasins de librairie, de lingerie, de fourrures, il avise une maison de cordonnerie suffisamment garnie et paraissant attendre le visiteur. Il entre : la boutique est vide, le comptoir désert. Il s'assied, il s'impatiente et finit par frapper le parquet de ses célèbres godillots, qui rendent un son caverneux. Après un quart d'heure de ce jeu de castagnettes, on entend dans l'escalier intérieur qui relie le magasin à l'appartement le bruit sec d'une robe empesée. Une jeune fille aux yeux noirs, qui ne pouvait manquer de paraître exquise à des hommes restés en sevrage trois années durant dans une enceinte fortifiée, fait son apparition sur la dernière marche.

— Mademoiselle, dit Olivier Pain en appelant à lui tout l'anglais qu'il croit posséder, je voudrais essayer une paire de bottines.

— C'est très facile, monsieur ; mais il faut attendre que mon maître soit revenu.

— Est-ce qu'il en a pour longtemps?

— Je ne peux pas vous dire, monsieur; il est parti avant-hier pour les mines d'or du côté des montagnes Bleues. Il paraît qu'on vient d'y découvrir un filon excellent.

Olivier n'avait aucune envie de s'aventurer dans l'indigo de ces montagnes et remporta ses godillots. Mais tout l'Australien est là : chercheur d'or avant tout, il en a cherché, il en cherche et il en cherchera. Toutes les professions qu'il embrasse en dehors de celle-là sont intérimaires et destinées à éloigner les soupçons. Ce n'est pas une position sociale qu'il veut trouver en Australie, c'est une veine.

En sortant de chez ce fantastique cordonnier, nous rejoignons à Great-Northern-Hôtel nos compagnons, déjà en grande conférence avec les journalistes de la contrée. Nous serrons la main de M. Bonnard, propriétaire-rédacteur de la *Revue australienne*, qu'il avait eu, sans nous connaître, l'obligeance de nous faire parvenir de temps à autre sur notre rocher néo-calédonien, aussi dénué de nouvelles que de verdure.

Cette popularité grandissante eut pour résultat immédiat d'amener dans notre hôtel tous les notables de Newcastle qui buvaient à notre santé, et à l'heureuse réussite de notre entreprise, d'interminables verres de vins de France. Le soir venu, l'hôtelier me présenta la note. Elle était de sept cent cinquante francs et il nous en restait au maximum cent cinquante entre nous tous. Et partir sans payer était inadmissible. Nous n'étions sortis des mains des Versaillais que pour retomber prisonniers des Australiens.

Il fallut bien recourir de nouveau au décret des otages. Trois d'entre nous resteraient à Newcastle comme garantie de notre bonne foi, et j'irais avec deux autres, Grousset et Ballière, à la recherche de prêteurs complaisants. Car, tout en ayant évité de sombrer dans les bas-fonds, nos fonds n'en étaient pas moins bas.

Un bateau faisant le service de Newcastle à Sydney, capitale de la Nouvelle-Galles du Sud, partait à environ minuit. Nous nous y embarquâmes, et j'étais si complètement aplati par cette journée de fatigue que je m'endormis dans ma cabine jusqu'au coup de cloche de l'arrivée.

Un de nos invités m'avait indiqué un brave Français qui tenait un important hôtel à Sydney et dont, par une chance inespérée, le frère avait rencontré Edmond Adam à la Rochelle quand mon ami était venu me tirer de ma fosse d'Oleron.

Il s'appelait Courvoisier et avait écrit de France à son frère d'Australie en lui recommandant d'aller à la presqu'île Ducos me porter le bonjour de la famille

Adam et de la mienne. La visite qu'il devait me faire, c'est moi qui la lui ferais.

Sitôt débarqué, je me fis indiquer l'hôtel Courvoisier et nous allâmes y sonner à quatre heures et demie du matin, joyeux et presque folâtres, malgré notre gêne momentanée.

Toute la maison dormait, et, après un redoublement de coups de sonnette, Courvoisier en personne descendit à la porte, à travers laquelle il nous cria :

— Qui est là?

— C'est moi, lui dis-je, Henri Rochefort, qui viens avec deux amis vous demander à coucher.

— Comment, Henri Rochefort! Vous n'êtes donc pas à la Nouvelle-Calédonie?

— J'y étais, mais depuis la semaine passée je n'y suis plus.

— Et moi qui devais aller vous y dire bonjour la semaine prochaine! fit-il en ouvrant la porte.

— Je le savais, répondis-je. Aussi ai-je tenu à venir au-devant de vous pour vous faire honneur.

Il n'en revenait pas et réveilla tout l'hôtel, qui, en un instant, fut debout. On nous aménagea les plus belles chambres et l'on m'assigna pour ma part un large et excellent lit, où j'eus enfin le loisir de m'étendre dans une béatitude sans mélange. J'avais, depuis près d'un an, perdu toute habitude du matelas. J'achevai ma nuit sur celui-là. J'y commençai même une partie du jour, car il était plus de dix heures du matin quand je rouvris les yeux. Je n'oublierai jamais l'exquise sensation de ce réveil entre les rideaux d'une blanche moustiquière de mousseline, dans de vastes et bons draps où je me dorlotai délicieusement quelque temps, et, dans ma chambre, l'exquis Courvoisier qui avait tenu à m'apporter lui-même une confortable tasse de café au lait.

Le digne homme fut vite mis à l'épreuve. Je lui confiai comment plus naufragé qu'Edmond Dantès, lequel n'avait fait naufrage que dans l'imagination d'Alexandre Dumas, nous n'avions reçu d'aucun abbé Faria l'indication d'aucun trésor. En un mot, je lui expliquai que nous n'avions pas le sou; que trois de nos co-évadés étaient en gage à Newcastle, et que, si on ne les retirait pas de ce mont-de-piété, ils risquaient d'être dans un temps très court vendus aux enchères.

— Combien vous faut-il? me demanda Courvoisier.

— Je ne sais pas. A peu près une quinzaine de cents francs.

— Je vais vous en remettre trois mille cinq cents, me dit-il. Ça vous permettra d'attendre de l'argent de France.

Je me hâtai d'envoyer mille francs à Olivier Pain pour le dégager, lui et nos autres amis, et, le soir même, nous étions tous réunis à la table du bon Courvoisier, chez qui on fricotait la plus saine des cuisines françaises.

Si notre arrivée avait mis Newcastle en rumeur, elle mit Sydney presque en révolution. Instantanément la photographie que Disdéri avait prise de moi en 1868 au moment de la publication de la *Lanterne* rayonna aux vitrines de tous les papetiers et marchands de gravures. Le salon de la maison Courvoisier ne désemplissait pas, les délégations se succédant sans relâche. Un groupe de chercheurs d'or m'apporta quatre ou cinq bouteilles remplies les unes de pépites, les autres de poudre d'or ou de quartz aurifère. Si j'avais été un homme de finance, j'avais là plus que les éléments nécessaires à la fondation d'une société minière à un capital sérieux. Beaucoup de compagnies de mines d'or, qui du reste sont en faillite, ont récemment émis des actions basées sur des bénéfices encore plus aléatoires.

Mais la contre-partie de ces manifestations était inévitable. Pour les prêtres irlandais, très répandus en Australie, nous n'avions pas cessé d'être les assassins de l'archevêque, et comme là-bas la liberté de la rue est absolue, ils se mirent à y prêcher publiquement contre nous. Nous nous dirigions vers le Jardin zoologique, peut-être le plus beau du monde, lorsque nous eûmes, au milieu du parc qui le précède, à traverser des groupes au milieu desquels un homme en lévite pérorait avec animation. Bien qu'à cette époque je fusse aussi ignorant de la langue anglaise que je le suis aujourd'hui, — après six ans passés en Angleterre, — je distinguai dans le brouhaha mon nom accolé à ce qualificatif : *murder of archbischop*.

Heureusement, l'auditoire ne nous reconnut pas, sans quoi nos aventureuses carrières se fussent peut-être terminées par un lynchage général. Ces excitations à la haine des citoyens les uns contre les autres eurent un effet inattendu : une jeune bonne irlandaise qui nous servait à l'hôtel vint résolument annoncer à Mme Courvoisier qu'elle ne passerait pas la nuit sous le même toit que nous. Non qu'elle s'alarmât pour sa pudeur, mais parce que son directeur de conscience lui avait affirmé que comme pour Coré, Dathan et Abiron, le parquet de l'immeuble allait s'entr'ouvrir et engloutir avec nous tout le personnel de l'établissement.

Mme Courvoisier, Jersiaise pleine d'intelligence et

sur laquelle reposait la direction de toute la maison, essaya vainement de raisonner cette hypnotisée. L'effondrement total de l'édifice ne faisait aucun doute pour elle.

Elle coucha donc en ville et son étonnement nous fit tordre lorsque, se rendant, le lendemain matin, aux ruines de l'hôtel, elle constata qu'il était encore debout, sans que le feu du ciel lui eût infligé la plus petite avarie.

A l'instar de l'abonnée de l'*Union bretonne* dont je parle plus haut, la jeune Irlandaise commença à se défier des quasi-certitudes de son confesseur. Elle se décida à se réinstaller dans sa chambre et reprit sa vie ordinaire.

Elle poussa même l'incrédulité jusqu'à me brosser mes habits, et comme ma politique à son égard était plutôt celle de la main ouverte, elle finit non seulement par s'habituer à nous, mais par nous accorder toute sa considération. D'autant que si je lui donnais de l'argent à tout propos, il est probable que son confesseur lui en demandait.

Sydney, qui comptait à l'époque où nous y séjournâmes environ cent cinquante mille habitants, montés aujourd'hui au chiffre de plus de deux cent mille, était en 1874 une grande ville de construction encore un peu incohérente et traversée par quatre voies parallèles, bordées de maisons grisâtres où les pierres semblaient avoir été remplacées par de la glaise. Elles sont basses, selon le style architectural anglais, et comportent rarement plus de deux étages, ce qui permet aux habitants d'avoir chacun son *home*, sans promiscuité ni voisinage.

Mais l'aspect un peu terreux des monuments est glorieusement racheté par l'incomparable spectacle que vous offre l'entrée de la rade. Je ne connais pas le golfe de Naples et je n'ai plus envie de le connaître depuis que j'ai vu le golfe de Sydney.

Cette mer d'un bleu clair de saphir étoilé, bordée sur les deux rives de rochers blancs qu'elle évide peu à peu en larges chambres à coucher à demi fermées par d'immenses rideaux de pierre, vous réserve de perpétuels enchantements. Un lit au bord de cet océan, installé dans une de ces grottes au creusement desquels la main des hommes est restée complètement étrangère, il n'y aurait pas de palais rothschildien comparable à cette habitation.

Aux délégations succédèrent les invitations. Le président du Parlement australien — car si l'Algérie, conquête française, n'a pas de Chambre des députés, l'Australie, conquête anglaise, en a une — nous convia à une des séances parlementaires, où des places nous avaient été réservées. Notre entrée fut le clou de la séance. On y parla presque tout le temps de nous, de notre « escape » et le lendemain les journaux de la colonie firent remarquer que, « conformément à l'urbanité spéciale à notre nation », nous avions, avant de nous asseoir, retiré nos chapeaux.

Nous reçûmes également la visite du docteur Evans, riche propriétaire, qui organisa en notre honneur une chasse au kangourou dans sa vaste et magnifique forêt bordant, à quelques kilomètres de Sydney, la rivière de Paramata. Ce fut une journée délicieuse, pas pour les malheureux kangourous, dont trois furent abattus, et un quatrième fut manqué, ou plutôt l'eût été par moi, si j'avais tiré.

Mais si j'évitai de me couvrir du sang de cette jolie bête, je me couvris de ridicule en criant à mes amis espacés dans le bois

— Ah ! en voilà un ! Il est énorme !

L'éclat de rire qui me répondit fit détaler le gibier, et, quand il fut loin, on m'interpella de tous côtés :

— Pourquoi n'avez-vous pas lâché tout de suite votre coup de fusil ? On vous avait pourtant choisi la meilleure place.

A quoi je répondis :

— Ç'a été plus fort que moi. Quand je l'ai vu tout debout et mettant sa main à la poche, je l'ai pris pour un conducteur d'omnibus.

Je fus hué, mais je n'eus pas le remords de ce meurtre. D'autant que nous emportâmes trois autres kangourous tirés par les rabatteurs et que nous pûmes à notre aise nous régaler de cette viande succulente, accommodée par le cuisinier de l'hôtel.

Nous avions rencontré de telles sympathies dans la colonie que le secrétaire du consulat français vint clandestinement lui-même nous renseigner sur le foudroyant effet que notre fuite avait produit dans les « sphères » gouvernementales.

A la dépêche de l'agence Reuter s'en était ajoutée une que j'avais adressée à Edmond Adam, que j'avais faite aussi laconique que possible, par économie, et par prudence signée de mon seul prénom : « Henri ». Mon nom de Rochefort eût en effet amplement suffi pour la faire intercepter par les cléricaux imbéciles dont le duc de Broglie était le chef et qui se seraient imaginé que le meilleur moyen de résoudre la question de notre évasion était de la dissimuler.

Comme toujours, l'ordre moral tenta de parer le coup par un mensonge. Il fit répandre par ses journalistes ordinaires le bruit que ces prétendus évadés étaient de simples chevaliers d'industrie qui, en s'affublant de nos noms, avaient essayé de tirer à la générosité d'Edmond Adam une carotte de vingt-cinq mille francs.

Seulement le télégramme par lequel je les lui demandais m'en avait coûté trois cent cinquante, et peu de flibustiers se risquent à engager une aussi grosse somme avec le vague espoir d'en extorquer une autre plus forte, mais dont le versement était extraordinairement problématique.

D'ailleurs de Broglie avait été, dès notre débarquement à Newcastle, tenu heure par heure au courant de nos faits et gestes par le consul de France, un certain Simon, que le retentissement de notre évasion avait mis hors de lui. Ce fonctionnaire adressa à la principale feuille de Sydney une lettre décontenancée où il s'étonnait des réceptions chaleureuses et des manifestations sympathiques dont nous étions l'objet.

Il expliquait aux manifestants qu'ils se méprenaient à notre sujet; que nous étions non pas des hommes politiques, mais des malfaiteurs de droit commun, condamnés pour vol. assassinat, incendie et autres crimes on ne peut moins intéressants; que la population avait donc les raisons les plus graves de nous tenir à l'écart, ne fût-ce que pour nous éviter la tentation de chaparder les chronomètres de ceux qui commettraient l'imprudence de nous approcher.

Nous ripostâmes dans le même journal que, si nous avions été condamnés pour des actes de droit commun, le consul Simon avait toutes facilités pour l'établir en demandant à l'Angleterre notre extradition; que, si elle était accordée, c'est qu'en effet nous n'étions pas des hommes politiques, mais qu'il savait bien le contraire puisqu'il ne la demandait pas.

En second lieu, je fis observer à ce furieux diplomate qu'au cas où je serais, en effet, un homme atteint de la peine d'ailleurs essentiellement politique de la déportation pour meurtre et cambriolage, il serait mon complice, attendu qu'en ma qualité de membre du gouvernement de la Défense nationale je l'avais investi de la fonction qu'il occupait encore.

Nous lui fîmes, en outre, obligeamment savoir que, s'il se permettait désormais de publier sur notre compte des appréciations aussi malséantes, nous nous verrions, à notre éternel regret, obligés d'aller en demander raison sinon à lui, au moins à ses oreilles.

Notre identité était donc entièrement constatée aux yeux de ce personnage, et la fable des six flibustiers essayant de faire un coup de Bourse avait été imaginée de toutes pièces par l'exaspéré de Broglie, comme nous l'affirma le secrétaire du consulat, avec dépêches à l'appui.

Il nous en montra en effet plusieurs, dont l'une enjoignait au consul Simon de confirmer le bruit qu'il s'agissait de faux évadés comme de faux déportés. Mais Simon, bien que profondément navré, avait répondu que cette manœuvre était sans objet, attendu qu'il n'y avait aucune erreur possible et qu'il m'avait lui-même reconnu dans les rues de Sydney.

Toutefois, vexé comme un dindon qu'il était, de Broglie n'en voulait pas démordre. C'était toujours le mot de la Dubarry :

— Encore une petite minute, monsieur le bourreau !

A la communication d'Edmond Adam, ce président du conseil avait répondu dans sa suffisance :

— Sous le gouvernement de M. Thiers, cet événement eût été possible. Il ne l'est pas sous le nôtre.

D'ailleurs, quelques jours avant notre fuite, qu'il était loin de prévoir, notre ami Georges Périn, qui fit plus tard le voyage d'Angleterre pour nous faire parvenir par télégramme les vingt-cinq mille francs nécessaires à notre rapatriement, avait proposé le transfert de tous les déportés sur la grande terre.

— Et s'ils s'évadent? objecta le ministre de la Marine.

— Oh! n'ayez aucune crainte à ce sujet! avait répliqué l'amiral Saisset. Par terre, ils seraient mangés par les Canaques, et par mer ils n'échapperaient pas aux requins.

Cette charmante facétie avait même mis en joie l'Assemblée de malheur, au point que l'*Officiel* de la séance porte que la spirituelle observation de l'amiral Saisset fut accueillie par une longue hilarité.

Malgrés ces pronostics si rassurants pour la réaction, nous avions évité les requins comme les Canaques et c'est ce qui enrageait Mac-Mahon et ses ministres. Et au moment même où ils démentaient officiellement notre embarquement pour l'Europe, ils en avaient si bien la preuve que leurs employés eux-mêmes se chargeaient d'en répandre la nouvelle.

Edmond Adam, bien qu'à peu près moralement sûr de l'authenticité de ma dépêche, n'avait pas encore osé l'annoncer à ma fille, alors en pension à Neuilly. Elle sortait tous les samedis et allait coucher chez Victor Hugo, où elle restait jusqu'au lundi, en compagnie de Mme Charles Hugo.

On y avait donné une soirée de jeunes filles et on dansait dans le salon, quand la domestique vint annoncer à Mme Charles Hugo qu'un jeune homme la demandait un instant pour une affaire des plus urgentes.

— Madame, lui dit tout haletant le visiteur, je suis attaché au cabinet du ministre de l'Intérieur et je viens vous faire part de l'évasion de Rochefort. Je sais que le gouvernement la niera le plus longtemps possible, mais elle est certaine. J'ai tenu à venir vous en assurer et je vous prie seulement de taire ma visite.

Puis ce messager de joie et d'espérance sortit. Ma fille était précisément assise dans le salon, toute triste et pensant à moi.

— Ne pleure plus, lui dit Mme Charles Hugo en rentrant. Ton père est sauvé. Dans un mois ou six semaines, tu le reverras.

Ma fille m'avoua plus tard que, si l'annonce de mon retour prochain l'avait ravie, elle ne l'avait pas du tout étonnée. Je lui avais si souvent répété que la déportation, pour moi, c'était le salut, qu'elle attendait toujours un télégramme lui apprenant ma délivrance.

Pendant qu'elle se réjouissait d'avance à la perspective du récit de cette évasion miraculeuse, nous regardions non sans impatience les steamers prendre le large sans nous, à qui il ne manquait pour nous rembarquer que les fonds indispensables au payement de nos places. Car les négociations de Georges Périn avec les banques de Londres avaient été assez difficiles, personne, contrairement à ce qui arrive d'ordinaire, ne voulant de son argent, de peur de complications diplomatiques.

Cette attente involontaire fut égayée par la plus amusante des aventures. En descendant à l'hôtel,

Courvoisier, nous y avions salué une jeune Française, une Parisienne même, ma foi charmante sous ses cheveux blonds abritant deux beaux yeux noirs, amalgame de couleurs qu'on ne trouve guère que chez les femmes de Diaz.

Etant Français et elle Française, au bout de deux jours nous étions très liés. Je crois même, sans oser l'affirmer, que Paschal Grousset était presque tout de suite entré assez avant dans ses bonnes grâces. Nous nous montrions naturellement pleins d'attentions pour elle qui, comme nous, attendait, nous disait-elle, le prochain courrier en partance pour Nouméa où son mari « l'espérait » depuis plus de deux mois.

C'était un M. D..., ancien officier de marine, qui fut plus tard préfet et dont elle n'était pas tout à fait la femme légitime. Il avait une situation importante, dans une affaire de nickel entreprise par le juif anglais Higginsonn et qui d'ailleurs ne réussit pas.

Elle nous entretenait constamment de son « mari » et semblait craindre que notre sensationnelle escapade n'amenât dans la colonie des bouleversements qu'elle y amena en effet, puisque l'amiral Ribourt, qu'on y envoya pour cette moutarde après dîner qu'on appelle une enquête, en destitua presque tous les fonctionnaires, à commencer par le gouverneur.

Aussi la jeune beauté qui s'intitulait Mme D... n'hésita-t-elle pas à utiliser au sauvetage de celui qu'elle aimait l'ascendant qu'elle se supposait sur nous, pauvres naufragés, qu'une sirène un peu entreprenante ne pouvait manquer d'entraîner au fond du gouffre.

Un matin, à table, car elle déjeunait presque toujours avec nous, elle nous développa avec un sang-froid touchant cette proposition :

— Ecoutez : je vais vous adresser une prière et vous demander un grand service que vous êtes trop galants pour me refuser. Voici ce dont il s'agit : votre évasion compromet gravement la position de mon mari qui, après la mise à la retraite de M. Gauthier de la Richerie, avait des chances sérieuses de lui succéder comme gouverneur de la Nouvelle-Calédonie. Vous êtes à Sydney depuis plus de huit jours. Vous y avez vu tout ce qu'il y avait à y voir. Faute d'argent, il vous est actuellement impossible de retourner en Europe. Faites une chose : prenez avec moi le bateau-poste et repartons tous pour Nouméa. Je vous assure que rien ne me ferait plus plaisir.

— C'est que, lui fis-je amicalement observer, la loi est formelle : tout déporté repris sur le territoire français ou celui de la colonie est *ipso facto*, et sur la seule constatation de son identité, condamné aux travaux forcés.

— Oh ! dit-elle, on n'oserait pas ! D'abord quand on se livre, ce n'est pas la même chose. Ensuite mon mari intercéderait pour vous.

Et elle paraissait très surprise de notre peu d'enthousiasme à adopter ses conclusions. Ainsi nous n'aurions aucun scrupule à consommer la ruine de son mari, que nous ne connaissions pas, mais qui était « si charmant », appuyait-elle. Nous n'étions vraiment pas gentils.

Et nous serions allés nous reconstituer prisonniers pour le restant de nos jours, à seule fin de lui être agréable, que, dans l'inconscience de son égoïsme, elle nous en aurait à peine su gré. Elle se considérait comme absolument irrésistible. Aussi ne comprenait-elle rien à notre résistance.

Les relations nouées entre nous et cette délicieuse

enfant s'en refroidirent d'une façon sensible. Refuser à une aussi jolie personne d'affronter pour lui faire plaisir les travaux forcés à perpétuité, ah! nous étions des sans-cœur ou tout au moins des hommes bien peu au courant des usages du monde!

Une lettre nous parvint de la presqu'île Ducos. Elle était de notre co-déporté Arnold à qui j'avais rendu ma dernière visite sur la terre d'esclavage. Il nous donnait les plus palpitants détails relativement au prodigieux effet de stupéfaction produit sur tout le personnel de l'administration pénitentiaire par notre fugue inopinée.

Elle n'avait été connue que le samedi à trois heures de la journée, et nous avions détalé le jeudi soir à huit heures, ce qui nous avait donné plus de quarante heures d'avance.

A la suite de la douloureuse constatation de notre départ, tous les surveillants militaires s'étaient rués sur le peu d'objets que nous avions laissés dans notre paillote et avaient passé leur rage sur nos rideaux qu'ils déchirèrent en nombre d'inutiles morceaux.

Plusieurs des chefs de la chiourme tremblaient en effet d'être accusés soit de manque de surveillance, soit même de connivence, bien que nous n'eussions mis qui que ce fût dans notre secret.

On commença par arrêter l'infortuné Dusser qui, étant allé déjeuner avec nous le jour de la catastrophe, fut atteint et convaincu du crime de complicité d'évasion. La barque, soulevée par le flux, avait rejeté la plupart des moellons dont nous l'avions comblée et avait été retrouvée vaguant dans le port sans rames, sans direction et surtout sans passagers.

Le pauvre homme fut mis à un secret rigoureux qui dura quinze jours. Il m'en intenta même plus tard un procès qu'il perdit du reste, attendu que, s'il avait à s'en prendre à quelqu'un, c'était à ceux qui l'avaient incarcéré, non à moi qui n'étais qu'on ne peut plus indirectement cause de ses malheurs.

Tout au plus aurait-il été en droit d'en rendre responsable Bastien qui avait détaché le canot dont nous lui payâmes d'ailleurs plus qu'amplement les avaries.

Puis, continuait Arnold, on avait réuni un conseil de guerre pour délibérer sur la question d'une chasse navale à organiser contre nous. Mais, en dehors de la violation du droit des gens que cette poursuite eût impliquée, puisque nous naviguions à l'abri du pavillon anglais, le hasard, qui nous servit minutieusement, voulait que les deux navires de guerre préposés à notre garde fussent à ce moment, l'un à l'île des Pins pour y porter du biscuit et des conserves dont les déportés simples manquaient; l'autre en exploration sur les côtes où il transportait Gauthier de la Richerie lui-même.

Devant son impuissance à faire quelque chose, le conseil de guerre fut donc obligé de se dissoudre sans avoir rien tenté. Mais quand le gouverneur, tout heureux des ovations qu'il avait recueillies dans sa tournée, revint prendre possession de son palais de bois des îles et qu'on supposerait construit avec de vieilles boîtes à cigares, il fut reçu par ces mots troublants :

— Rochefort s'est évadé !

Il pinça les lèvres et se borna à cette réflexion :

— C'est ma révocation certaine.

En quoi il voyait avec une justesse de marin.

Immédiatement après la certitude acquise de notre embarquement pour une autre patrie, on procéda à un appel devenu oiseux; et il paraît que la scène fut extrêmement gaie. Quand vint le nom de Grandthille, un déporté répondit pour lui :

— Bastien avait des bottes et il s'en est servi pour filer.

Et lorsque l'aboyeur appela par trois fois : « Rochefort », un de nos camarades fournit ce renseignement :

— Il est parti, mais il a promis de revenir.

Le brave fédéré ne savait pas pronostiquer si exactement. Quinze ans plus tard, je fus condamné à y revenir, et si cette fois mon évasion n'avait précédé mon emprisonnement, j'y revenais en effet.

Un espoir des plus vagues restait au gouverneur. Peut-être n'avions-nous pas eu le temps de prendre la mer et étions-nous encore cachés à bord de quelque navire sur le point de déraper. Il fit donc ranger sur le quai toutes ses brigades de gendarmerie et d'infanterie de marine. Puis sept soldats, fusils chargés, pénétrèrent dans la cale d'un trois-mâts australien, l'*Ellen Morris*, avec ordre de s'emparer des déportés qu'ils y découvriraient et, à la plus petite tentative de résistance, de les fusiller sur place.

Ce fut le capitaine de l'*Ellen Morris* en personne qui, à son arrivée dans le port de Sydney, nous informa de ce déploiement de forces et des péripéties de cet exercice à feu. Les soldats revinrent bredouilles de la perquisition sans que leurs chassepots eussent trouvé l'occasion de faire merveille.

Le bon capitaine Law, avec une confiance qui nous honorait tous les deux, attendait aussi patiemment les dix mille francs à lui promis que nous attendions fiévreusement les vingt-cinq mille par moi demandés, car cette dette à notre sauveur me préoccupait beaucoup et les trois mille francs que m'avait prêtés Courvoisier ne m'inquiétaient pas moins.

Enfin je reçus de l'*Australasia Bank* un avis d'avoir à passer dans ses bureaux. Ce ne pouvait être pour lui porter de l'argent, puisque nous en manquions totalement. C'était donc pour en recevoir.

En effet, Georges Périn avait fini par dénicher à Londres un banquier assez téméraire pour se charger de la transmission des fonds à envoyer, aux « convicts ». On me les compta en or, qui est là-bas si abondant que c'est le papier qui fait prime et que, si je les avais reçus en billets, le change eût été pour moi beaucoup plus considérable.

Après avoir réglé notre situation vis-à-vis de notre hôte et du capitaine Law à qui je remis neuf mille francs pour lui et mille francs pour l'équipage, je distribuai intégralement le reste de la somme à mes co-évadés, ne gardant pour moi que le prix de mon passage d'Australie en Amérique, soit deux mille francs sur vingt-cinq mille.

Je le relate ici parce que, lorsque la presse cléricofangeuse que la nouvelle officielle de notre évasion avait aplatie ne sut plus qu'inventer, elle imagina de donner à entendre que j'avais mangé en soupers fins tout ce qui m'avait été adressé par Edmond Adam, sans en remettre un sou à mes camarades qui, pendant que je voyageais en grand seigneur, erraient sans ressources et sans pain à travers les savanes australiennes.

Or, non seulement je leur fis la meilleure part, mais, comme c'était sous ma garantie au moins morale que cet argent nous fut adressé, c'est moi qui en pris le remboursement à ma charge.

J'ai même été un peu surpris, quand ces accusations misérables se sont produites, de constater le peu d'empressement que, sauf Olivier Pain et Grandthille, ceux qui avaient bénéficié de la générosité d'Edmond Adam mirent à protester. Je lus même il y a quelques années, dans un journal, sous la signature de Paschal Grousset, une lettre qui me stupéfia. J'y répondis par des chiffres établissant le montant des allocations et contre lesquels toute contestation aurait échoué.

Pendant plusieurs jours, la réaction se raccrocha, faute de mieux, à la fable gouvernementale : celle des flibustiers s'étant affublés de nos noms pour rançonner les âmes compatissantes. C'était absurde, mais on aime tant à croire ce qu'on désire ! Et Villemessant raillait agréablement Edmond Adam sur son inépuisable candeur. Avait-il été refait, le pauvre homme ! Ah ! les voleurs de Sydney avaient dû bien rire en voyant, par l'envoi des vingt-cinq mille francs, qu'il avait donné dans le panneau !

D'autres plus prudents, même en admettant l'invraisemblable hypothèse d'une évasion, essayaient de la prendre gaiement. Un tirailleur du parti bonapartiste, nommé Jules Amigues, faisait, dans l'*Ordre* du 3 avril 1874, ces réflexions pleines de réserves :

L'événement du jour, c'est l'évasion de Rochefort et de ses compères. On en parle sur le boulevard, presque autant que de la « première » des Bouffes ou du dernier souper de Mlle Blanche d'Antigny, et l'on ne sait ce qu'on doit admirer le plus à cette occasion, ou de l'impudence avec laquelle les journaux forgent des nouvelles dont ils n'ont pas le premier élément, ou de la crédulité avec laquelle le public les avale.

— Rochefort évadé ! O ciel ! Se peut-il ? Ah ! mon Dieu ! C'en est fait ! Nous allons revoir la Commune ! Vite ! Qu'on s'informe! Qu'on se hâte! Qu'on refasse les lois d'extradition!

Eh! bonnes gens, que de bruit pour rien ou pour peu de chose!

Rochefort évadé : la belle affaire! Cela rendra M. de Broglie un peu plus ridicule, ce qui ne sera pas très fâcheux, quoique peut-être un peu injuste; mais c'est tout! Rochefort évadé — si vraiment il est évadé — s'en ira faire des lectures en Amérique, y gagner 3 millions et deviendra tout bêtement un réactionnaire comme vous et moi, — pardon! comme vous seulement.

Ah! je vous le dis en vérité, je vous le dis sérieusement, une société qu'émeut à ce point l'évasion d'un méchant pamphlétaire tel que M. Rochefort est une société qui n'est point sûre d'elle-même, une société qui a peur!

Cet espoir que j'allais entrer dans la réaction après fortune faite manquait essentiellement de bases, attendu que si j'avais été un homme d'argent, ce n'est pas à a politique que j'en aurais demandé, puisque j'en gagnais plus qu'aucun journaliste de mon temps à l'époque où je m'étais jeté dans la mêlée. Je ne sais ce que j'aurais encaissé à faire des lectures en Amérique ou ailleurs, mais je grillais d'envie de revoir mes enfants et j'aurais lâché, pour aller les rejoindre, toutes les perspectives de fortune.

Le *Figaro* espérait toujours, ayant reçu d'un officier de marine (probablement le même qui avait raconté la fameuse révolte à bord de la *Virginie*) une lettre affirmant nettement l'impossibilité d'une évasion et traitant même d'ignares et d'imbéciles les lecteurs qui s'étaient laissé prendre à un racontar aussi invraisemblable.

Quant au *Paris-Journal*, que dirigeait de Pène, voici comme il était renseigné à notre sujet :

Tout le monde ne croit pas à l'évasion miraculeuse de M. Rochefort, et un de ces incrédules nous adresse une lettre assez longue, dont nous extrayons les lignes suivantes :

« Le bruit se répand que ce brave Edmond Adam, républicain d'attitude et ami de Rochefort, aurait été victime d'une très audacieuse et très ingénieuse escroquerie.

« Le coup vient de Londres, et les fonds versés par les admirateurs de la *Lanterne* ont été palpés par l'escroc qui a fabriqué la fausse dépêche de Melbourne. C'est un ancien convict et il se nomme Ch. Fenwick. La police de Londres est à ses trousses... »

La *Gazette de France* ne disait ni oui ni non et se gardait à carreau en ces termes :

M. de Rochefort s'est-il évadé de Nouméa ? Ne s'est-il pas évadé ? C'est aujourd'hui une question fort douteuse.

Quoi qu'il en soit, le nom de l'ex-rédacteur de la *Lanterne* vient d'acquérir un vrai regain de notoriété, et les journaux n'avaient jamais été plus remplis de sa personne.

M. de Rochefort était destiné à devenir légendaire. Il aurait pu faire de sa vie un fort joli roman : pourquoi faut-il qu'il en ait fait un si méchant livre ?

Ce regret constituait un non-sens, attendu que je ne pouvais écrire le roman qu'à la condition d'avoir eu des aventures romanesques. Or, c'était précisément ce que me reprochait la vieille *Gazette*. Si j'avais persisté à composer des vaudevilles, il est clair que je n'aurais jamais dormi chez les anthropophages, mais alors le roman de ma vie eût été tellement ennuyeux que je me serais gardé de le servir au public.

Mais quand toute la mauvaise foi dont ils étaient capables dut céder devant l'évidence et que le doute ne leur fut plus permis sur la réalité de notre embarquement pour l'Europe, les journalistes dont les robes courtes ne faisaient pas la vue plus longue poussèrent des clameurs à fendre les pierres.

Un grand malheur vient de fondre sur la France, gémit la *Patrie*. M. Henri Rochefort s'est décidément évadé.

Mais, comme il fallait mentir tout de même le plus possible, Villemessant forgea immédiatement cette histoire :

« Le capitaine, au moment du débarquement en Australie, avait exigé le payement immédiat des dix mille francs pour lesquels je m'étais engagé, et comme je ne les avais pas il avait viré de bord et repris la route de la Nouvelle-Calédonie où il allait nous réintégrer faute de payement. »

Et la bêtise humaine étant insondable, plusieurs jobards prirent au sérieux cette idiotie, le capitaine Law sachant nécessairement que je n'avais pas dix mille francs sur moi, puisque j'étais arrivé à son bord en caleçon de bain ; et en tout cas il les eût exigés avant notre embarquement dans le port de Nouméa et non à notre entrée dans celui de Newcastle. Sans compter l'impossibilité où il eût été de nous ramener à notre enceinte fortifiée, attendu qu'une fois libres, le droit des gens s'opposait formellement à ce qu'il nous retînt prisonniers.

Cette information était donc au-dessous de l'absurde, mais dans son inquiétude, en prévision de représailles possibles, le vieux Villemessant déraisonnait. D'autres feuilles non moins désappointées soutenaient que le bateau avait été frété en Angleterre et conseillaient une déclaration de guerre au gouvernement de la Reine, coupable d'avoir participé à un acte de piraterie préparé contre une puissance amie.

La *Patrie* allait jusqu'à demander qu'on mît au drapeau français une « cravate de deuil ».

D'autres s'indignaient des applaudissements qu'avait provoqués sur les boulevards la dépêche annonçant notre évasion.

Quel dommage qu'elle n'ait pas eu lieu seulement huit jours plus tôt! s'écriait amèrement de Pène. On aurait pu voir se produire à Longchamps des chapeaux ou des collerettes à l'évadé.

Et il ajoutait, après quelques réflexions mélancoliques :

M. le comte, un beau jour, a pris la clef des champs. Il était bien déjà sorti de Sainte-Pélagie sur un char de triomphe, à la même heure où l'assassin Eudes sortait de Mazas, transformé en grand citoyen par la grâce du 4 Septembre. En vérité, tout cela se tient comme les doigts d'une main fatale étendue sur la France et qui est précisément le contraire de la main de justice.

Le sévère Jules de Précy, qui avait étudié le Code de l'honneur dans les cellules de Melun, me proclamait indigne de figurer parmi les hommes du monde, attendu que le canot dans lequel je m'étais évadé m'avait été prêté par l'administration pénitentiaire à laquelle j'avais solennellement juré de ne pas m'en servir pour décamper. J'avais donc manqué à ma promesse et commis un véritable abus de confiance, passible d'articles du Code qu'il citait avec d'autant plus d'exactitude qu'on les lui avait souvent appliqués.

J'eusse été le premier condamné qu'on eût envoyé

ainsi faire sa peine à près de sept mille lieues, en qualité de prisonnier sur parole.

Cependant, de toutes les versions qui couraient, la plus merveilleuse fut celle où, de condamné politique, je m'étais transformé tout à coup en Alphonse. Oui, une jeune Américaine, jolie comme elles le sont pour la plupart et riche comme elles le sont toutes, s'étant follement éprise de mon incomparable beauté, avait consacré cinquante mille dollars (deux cent cinquante mille francs) à fréter un navire armé de canons et pourvu d'un solide équipage décidé à me délivrer à tout prix.

L'emploi de la force n'avait pas été nécessaire, mais je n'en avais pas moins accepté d'une jeune fille séduite par mes charmes la somme de deux cent cinquante mille francs, ce qui me créait parmi les souteneurs des deux mondes une situation réellement exceptionnelle.

Il ne me restait qu'à me faire fabriquer une casquette avec les trois ponts du navire qui me ramenait en Europe. J'étais désormais cloué au pilori : les plus farouches incendiaires de la Commune refuseraient de me reconnaître,

Et Rigault, indigné, repousserait ma main.

Cette aventure déshonorante eut un très joli succès, et je ne crains pas d'affirmer qu'il y eut une certaine déception sur les boulevards... extérieurs, quand on y apprit que la jeune Américaine s'appelait Edmond Adam.

L'Australie, où nous séjournâmes à peine une quinzaine de jours, me parut la véritable terre de l'égalité. Un sénateur y épouse, sans soulever l'ombre d'une réflexion, une barmesse qui reçoit la meilleure société du pays, à qui elle servait des petits verres quelques semaines auparavant. Car on y boit beaucoup, et sur les neuf heures du soir il est rare que les langues, même les langues de femmes, n'y soient pas épaisses et les paupières alourdies.

J'ai rencontré, dans le salon des Courvoisier, un jeune homme qui portait le grand nom d'O'Connell et n'était autre que le neveu de l'illustre patriote. Cette parenté, dont il avait tant de motifs de paraître fier, ne l'empêchait pas de se montrer invariablement saoul à rouler. Je ne l'ai, pour ma part, jamais vu autrement. C'était honteux et attristant.

Les étrangers, dans ce pays neuf, doivent surtout se défier des épouseuses. Vous rencontrerez dans une rue de Sydney une petite modiste en train de reporter son ouvrage. Vous entamez un dialogue auquel elle se prête, à croire qu'elle va tout de suite faire son prix. Pas du tout : elle vous conduit, tout en minaudant, chez un obscur pasteur méthodiste ou anglican, qui bredouille devant vous quelques sourdes paroles. Et, v'lan ! vous êtes uni pour la vie avec une personne dont vous ignorez jusqu'au nom de famille et quelquefois jusqu'au prénom.

Là-bas, la liberté individuelle est respectée au point que, loin d'avoir à demander le consentement des parents, c'est quand le mariage est accompli que la mariée leur présente son époux. Nous fréquentions par pure curiosité, car nous ne buvions ni les uns ni les autres, un bar tenu par une admirable jeune fille, douée d'une de ces beautés intertropicales où le type anglais des Romney et des Thomas Lawrence se fondait dans la chaleur d'un teint doré par le soleil équatorial.

L'Australie est la patrie des femmes exquises. Mais

miss Cary, notre barmesse, les eût toutes battues au concours de beauté. Quoiqu'elle se tînt remarquablement bien au milieu des innombrables visiteurs que ses magnifiques yeux attiraient, elle avait pour nous les attentions que commandaient nos malheurs et notre notoriété, et nous ne cessions d'admirer cette idéale créature qui ne nous sembla jamais se douter de sa triomphante supériorité physique.

Le hasard fit qu'elle quitta son bar le jour où nous quittions Sydney, et les journaux de la ville nous attribuèrent cet enlèvement qu'ils qualifièrent de rapt et auquel nous n'avions pris aucune part.

Cependant la note de l'hôtel Courvoisier grossissait heure par heure, menaçant d'atteindre et même de dépasser l'étiage de nos ressources. Nous allâmes nous informer des plus prochains départs des steamers faisant le service d'Australie en Amérique et nous prîmes passage sur l'un d'eux, le *Cyphrinès*, vapeur de la Compagnie transatlantique.

Les cabines que nous eûmes encore quelque peine à obtenir représentaient le contraire du confortable. C'étaient moins des chambres que des compartiments de sleeping-car dont on n'escaladait les lits qu'au moyen d'une gymnastique transcendante.

Le capitaine, qui était peut-être un navigateur de premier ordre, était en revanche un amphitryon de troisième qualité. Son plat principal consistait en une mixture de mouton et de riz saupoudrée de poivre de Cayenne à vous fendiller le voile du palais. On appelle cette cautérisation du *cœury*. Au bout de quatre jours de cet ordinaire, Pain avait attrapé une inflammation d'intestins.

Nos compagnons de voyage, presque tous fort cossus, avaient généralement fait fortune dans le *bush*, c'est-à-dire la forêt, à y élever des bœufs ou des moutons. Une des passagères, Mme Lawless, en revenait avec ses trois enfants, sa jeune fille et ses deux garçons, après y avoir amassé environ trois millions en moins de dix ans. Elle y était allée sans une livre sterling, chassée d'Irlande par les troubles dans lesquels son mari, capitaine au service de l'Angleterre, avait été tué.

Le pont du bateau était également émaillé de clergymen appartenant à des sectes non pas seulement différentes, mais ennemies, si bien que chacun d'eux nourrissait le fol espoir de me ramener par sa parole dans le giron de la véritable Eglise. Mais la diversité de leurs doctrines était le meilleur argument à leur opposer. Comment serais-je arrivé à m'y reconnaître au milieu d'un aussi grand nombre d'Eglises dont toutes étaient la véritable ?

J'avais acheté à Sydney un ravissant perroquet rouge et bleu qu'on appelait Joé et qui parlait assez purement l'anglais pour me l'apprendre. Il me causa plus d'ennuis qu'un enfant et, à peine débarqué en Angleterre, il profita d'un moment où on nettoyait sa cage pour s'envoler.

Huit jours d'une navigation qui nous avait ramenés dans les parages et presque en vue de la Nouvelle-Calédonie nous conduisirent aux îles Fidji, habitées par les plus incorrigibles anthropophages. Les missionnaires anglais ont bien essayé de les catéchiser à ce sujet, et j'ignore ce qu'ils répondaient à ces exhortations, seulement je sais qu'ils auraient pu objecter :

— Rien ne vous est plus commode à vous, qui ne manquez de rien, de vous indigner de nos habitudes cannibalesques ; mais, comme nous n'avons ni gibier ni viande de boucherie, nous sommes forcés de manger de la chair humaine, sous peine de nous voir condamnés à manger de la terre.

Le groupe des Fidji se compose de cent cinquante îles dont une soixantaine seulement sont habitées et la seule où relâchent les vaisseaux est Kentavou, où nous abordâmes après une tempête qui nous obligea à louvoyer au large pendant toute la nuit et où, resté imprudemment sur le pont, je faillis être emporté par une lame qui m'entoura les deux jambes comme d'un énorme câble. Je me précipitai dans le rouf du navire pour en éviter une seconde qui m'eût probablement fait passer par-dessus bord.

J'avais rencontré, dans les rues de Sydney, un jeune ingénieur de l'Ecole centrale, M. Bénédict, cousin d'Adrien Marx, du *Figaro*, et qui, m'ayant connu autrefois aux bains de mer de Cabourg, fut on ne peut plus surpris, de se trouver nez à nez avec moi, qu'il croyait à la presqu'île Ducos, ployé sous le joug pénitentiaire. A partir de cette aventure, il ne nous avait plus quittés et s'était embarqué avec nous pour l'Europe où il retournait après avoir construit une sucrerie dans la province australienne du Queensland.

Bénédict était très rieur et nous ne demandions qu'à rire, l'air de la liberté reconquise, que nous aspirions à pleins naseaux, nous aidant à tourner tout à la gaieté et au comique. Nous refusâmes donc de prendre au sérieux les objurgations du restaurateur capitaine qui refusa nettement de nous laisser descendre à terre autrement que fortement armés et au nombre d'au moins cinquante. Sans quoi, il ne répondait plus de notre peau ni même de notre viande.

Nous n'en fîmes pas moins signe à un des sauvages venus en troupe à notre rencontre dans leurs pirogues, et, sur la vue d'un shilling, il nous tendit son canot et ses bras pour nous y faire descendre.

Je retrouve dans mes anciennes notes les détails de notre réception qui fut aussi amusante que mouvementée.

Une foule effarouchée nous attendait sur le rivage, mais les *reefs* de coraux le défendent si hermétiquement que le voyageur est obligé, pour aborder, d'entrer jusqu'aux genoux dans la mer. Nous nous préparions à nous déchausser pour passer à gué, quand nous vîmes accourir à nous des jeunes gars qui, moyennant le shilling traditionnel, nous offrirent leurs épaules, et c'est à dos de Canaque que nous arrivâmes sur cette terre féconde.

Nous posâmes le pied sur le sol fidjien, au milieu des rires inextinguibles et des cris tantôt aigus, tantôt gutturaux, d'une centaine de naturels qui nous entourèrent, dans l'intention évidente de nous vendre le plus de choses possible. Les femmes nous retournaient dans tous les sens, nous tirant par la cravate et examinant de près jusqu'à nos manchettes qui les étonnaient par leur dureté et leur blancheur.

Plusieurs nous regardèrent avec commisération ôter les gants que nous avions mis pour tenir les rames du canot, et leur contemplation était coupée de phrases saccadées où revenait souvent le mot : *mannouioui*.

Nous sûmes depuis que cette désignation s'applique dans presque toute l'Océanie aux Français. *Mannouioui*, traduisez : hommes qui disent : oui ! oui !

En nous voyant ôter nos gants, elles s'étaient imaginé que nous nous enlevions la peau des mains. De là l'air de pitié que leur inspirait cette opération chirurgicale. Une nuée d'enfants nous observaient à distance, détalant comme un troupeau de gazelles au moindre de nos mouvements.

J'avisai une petite fille ornée d'une paire d'yeux qui lui prenaient la moitié de la figure, tout ronds et noirs comme des pruneaux. Je voulus courir à elle pour la prendre dans mes bras, mais elle fut saisie d'une telle terreur et se mit à pousser de tels hurlements de convulsionnaire, en se sauvant dans les broussailles, que je dus renoncer à toute poursuite.

Le type fidjien n'a rien de bestial. Nous vîmes un naturel de haute taille qui ressemblait d'une façon frappante à Alexandre Dumas père. Il n'était ni plus foncé comme nuance ni plus accentué dans le sens nègre.

Les filles, très jeunes, car leur fraîcheur est ce qu'on peut appeler à la lettre un « déjeuner de soleil », ont à la fois des formes tout à fait sculpturales et un visage souvent plein de charme. Le front est presque bombé, les lèvres n'excèdent pas en saillie celles de beaucoup d'Européennes. Le nez est très rarement écrasé.

Nous sûmes immédiatement les noms des plus intéressantes, car elles les portaient tatoués sur leurs bras en lettres anglaises. Les missionnaires protestants, qui tiennent sous leur joug toutes les tribus du littoral, leur avaient appris l'alphabet, et les jeunes filles sont très fières de pouvoir écrire ainsi leurs prénoms par les procédés indélébiles dont se servent les Indiens pour se graver sur le corps des inscriptions ou des croquis également fantaisistes.

Hommes et femmes déposèrent à nos pieds des sagaies, des calebasses de grande dimension et des poteries d'un caractère quasi étrusque. Chaque objet offert était mis à ce prix unique : un shilling. On n'entendait que ce cri mille fois répété : *one shilling !*

Notre ami Bénédict ayant acheté un collier très remarquable en dents de cochon, voulut le payer d'une pièce de deux shillings. Le vendeur se refusa énergiquement à la prendre, et il aurait rompu les négociations si l'un de nous n'avait prêté à Bénédict un simple shilling, dont le Canaque se déclara alors entièrement satisfait.

Cet amour invraisemblable pour le shilling a été inculqué aux Fidjiens par la mission protestante, qui exerce là le métier des catholiques à Taïti.

Ses procédés financiers et commerciaux sont d'une simplicité angélique et évangélique : elle fait travailler les indigènes des deux sexes à la cueillette des cocos dont l'huile est devenue la source d'une incalculable fortune. Le prix de douze heures de travail est de un shilling par jour et par tête, lequel shilling est soldé par la mission de l'Est. Mais à peine le Canaque l'a-t-il reçu que la mission de l'Ouest le lui reprend immédiatement pour l'offrir au Dieu des chrétiens. Chaque Fidjien est tenu de fournir annuellement un nombre déterminé de shillings, sous menaces des peines de l'enfer, ce qui maintient ces êtres craintifs dans une inquiétude perpétuelle.

Les deux jeunes filles qui nous avaient si gaiement accueillis à notre débarquement, Alamita et Terewini, quoique à peine âgées de quatorze années, avaient déjà remis trente-sept livres sterling chacune aux missionnaires, ce qui fait dix-huit cent cinquante francs à elles deux, tout ce qu'elles avaient gagné depuis leur naissance.

Nous avons, pendant notre séjour aux Fidji, appris quelques mots de canaque, langue d'une simplicité télégraphique, tout exprès pour leur faire comprendre que ces prédicateurs, qui mangeaient ainsi l'argent des femmes, étaient peu recommandables ; mais les exploités nous montraient le ciel en roulant des yeux tellement épouvantés que nous crûmes inutile de continuer à leur expliquer le culte de la déesse Raison.

C'était poussés par l'envie folle de faire leur salut que les naturels nous poursuivaient sous les cocotiers en criant : « Shilling ! Shilling ! »

Au début, nous éprouvions quelque remords à acheter à si bon compte des nacres splendides, des lances en bois de fer, longues de trois mètres, et autres objets de curiosité ; mais quand nous eûmes vu où passait notre argent, nous n'insistâmes pas pour enchérir.

Le chef de l'île arriva bientôt, accompagné de son jeune fils, bel enfant de dix ans. Quoique ce suzerain d'une des Fidji eût la réputation d'un guerrier redoutable, et qu'il eût défendu victorieusement un point fortifié sur une hauteur, avec cinq hommes seulement, contre les efforts de toute une tribu, il ne dédaignait pas d'augmenter sa liste civile en négociant aux étrangers les offrandes qu'il tenait de ses vassaux.

Nous lui achetâmes quelques nacres et il nous présenta aux propriétaires des cases situées sur le parcours de notre promenade. Devant la gaieté instinctive de ces peuplades, leurs allures bon enfant et leurs explosions continuelles d'hilarité, on refuse de prendre au tragique les accusations de cannibalisme que le vieux monde leur jette à la tête.

Il est cependant impossible de se payer d'illusions à cet égard. Deux Anglais, MM. Davidson et Goldsmitt, installés depuis deux ans à Kantavou, à dix pas du rivage, où ils tenaient une espèce de grand magasin de ravitaillement pour les navires en relâche, nous présentèrent un grand diable de Fidjien d'à peu près vingt-cinq ans, à l'air jovial, aux manières pleines de cordialité.

— Bonjour, Ouraïa, dit Davidson, qui parlait le fidjien comme un Canaque. D'où viens-tu donc? Voilà plusieurs jours qu'on ne t'a vu.

— J'arrive de là-bas, répondit Oudaïa en montrant le nord. J'étais allé à la fête que nous donnait Kavinavakavi.

— Et a-t-on beaucoup mangé?

— Oui, cent jeunes filles.

Il fit cet aveu sans embarras aucun. M. Davidson nous apprit alors que des peuples océaniens, tous plus ou moins anthropophages, les Fidjiens étaient ceux où le cannibalisme était le plus invétéré et le plus indéracinable. Ils ont de tout temps porté jusqu'à la passion le goût de la chair humaine. Il nous raconta des faits à tourner le cœur le plus solide. Il nous lut, en le traduisant, des extraits d'un volume récemment publié par un voyageur allemand dont je regrette d'avoir oublié le nom, et où l'auteur établit que le christianisme n'a que sur bien peu de points enrayé l'anthropophagie. L'espoir d'une curée froide est presque toujours l'unique but des guerres qui éclatent entre les tribus fidjiennes.

Le combat est une boucherie et le prisonnier une viande de boucherie.

Quand l'heure du repas est arrivée, le captif est attaché si solidement, si étroitement garrotté et bâillonné, qu'il ne peut ni remuer un membre ni articuler un son. Si encore on le tuait avant de s'en repaître, l'horreur serait diminuée en partie; mais on l'étend vivant sur une pierre rougie au feu, on le couvre d'une couche de terre sur laquelle on amoncelle des feuilles de bananier et on le laisse ainsi cuire lentement, à l'étouffée, comme une pomme de terre en robe de chambre, jusqu'à ce qu'il expire.

Ces exécutions culinaires se pratiquent généralement dans le temple, sur un grand nombre de victimes à la fois, mais les chefs et les prêtres jouissent seuls du privilège de prendre part à ces glorieux festins. Quoique l'accès du sanctuaire soit interdit aux femmes, les favorites trouvent toujours moyen de goûter à ces mets recherchés.

On offre aux Fidji un bras grillé à sa maîtresse comme chez nous une douzaine d'Ostende, un porte-bonheur ou une robe cuisse de nymphe, avec cette différence que les jolies sauvages tiennent non pas à la robe, mais à la cuisse.

Telle est la haute opinion que les Fidjiens ont de la chair humaine, qu'ils lui comparent tout ce qu'ils aiment. Celle des femmes est regardée comme plus délicate que celle des hommes. Les morceaux préférés sont la cervelle, la partie supérieure du bras et la partie grasse des jambes.

Mais où le dégoût l'emporte encore sur l'horreur, c'est dans le raffinement de gourmandise des naturels qui laissent quelquefois verdir des semaines entières les corps des vaincus avant d'y mettre la dent. La putréfaction est pour eux un attrait de plus. Ce sont probablement les gourmets, les membres d'Anthropophage-Club, qui, comme les fins chasseurs à l'égard des perdreaux, préfèrent ce faisandage à la chair fraîche. On dit que le cadavre d'un ennemi sent toujours bon ; mais le trouver d'autant meilleur qu'il sent plus mauvais, c'est pousser trop loin la vengeance.

Quand la guerre ne « donne » pas et que les victimes manquent, les chefs vont au marché, ne pouvant aller à la chasse, c'est-à-dire qu'ils achètent la viande qu'ils n'ont plus les moyens de capturer; et la vie humaine a si peu de prix pour eux qu'ils croient payer assez cher, au prix d'une dent de cachalot, une jeune fille que les père et mère cèdent avec empressement, enchantés d'avoir conclu cette excellente affaire.

C'est incroyable, et pourtant c'est ainsi. Remettre contre un ornement inutile son enfant à un étranger, pour que celui-ci l'enveloppe de feuilles et le fasse cuire tout vivant sur une pierre rougie à blanc, passe tout ce que l'imagination peut inventer d'abominable.

On se figure cette mère frottant la dent de cachalot pour la faire reluire, pendant que sa fille est braisée et accommodée au goût des convives. Allez donc, après ces exemples, écrire des drames pour célébrer la voix du sang!

Nous n'avions devancé les autres passagers dans cette descente aux Fidji qu'avec l'intention de retourner à bord du *Cyphrinès* après une courte exploration. Mais voilà qu'une bourrasque mit sens dessus dessous l'océan qui n'est pacifique qu'à ses heures. Nous confier de nouveau à une pirogue creusée dans un tronc d'arbre, c'était risquer une immersion générale. Benedict, Olivier, Pain et moi aimâmes encore mieux nous en remettre aux dents d'Ouraïa qui nous offrait gracieusement sa case pour y passer la nuit.

Il nous y étendit trois nattes où nous nous étendîmes nous-mêmes après un repas composé d'un bloc de cette énorme pomme de terre appelée « igname » et du contenu d'une boîte de homards conservés, et mal conservés, que nous fournirent les deux négociants anglais et qui me dégoûtèrent à jamais des conserves.

Si notre couche était particulièrement dure, notre sommeil fut léger, ayant été interrompu tous les quarts d'heure par les visites de deux cochons qui venaient nous renifler comme pour se rendre compte de l'identité de ces hôtes inaccoutumés.

Nous n'avions en guise d'oreiller que des morceaux de bambou qui nous endolorissaient le cou par leur manque absolu de moelleux et tuaient dans l'œuf toute velléité d'assoupissement. Ouraïa, couché à côté de nous dans des conditions identiques, n'en ronflait pas moins avec béatitude.

Je lui demandai le lendemain si dans la sympathie qu'il nous témoignait n'entrait pas une certaine arrière-pensée culinaire. Il me répondit dans son anglais :

— Non, nous n'aimons pas la chair des blancs. Elle est trop salée.

Car l'horreur du sel est instinctif chez les peuplades océaniennes. Ils n'en usent dans aucun cas et font dessaler dans l'eau claire même le poisson fraîchement pêché. Or toutes les Ecoles de médecine nous ont appris que le sel est indispensable à la digestion et à l'assimilation de notre nourriture. Les natifs de l'Océanie repoussent toute salaison, mangent trois fois plus que nous et se portent comme des chênes. C'est ce que M. Brunetière appellerait la faillite de la science.

Notre ami Ouraïa, qui était décidément un frère pour nous, me présenta dans plusieurs cases comme *Touranga* qui signifie chef. Nous y entrâmes en conversation libre, mais non criminelle, avec de belles filles bronzées, dont l'une, Terewini, s'amusa à prendre entre ses dents magnifiques de blancheur et d'éclat ma main gauche qu'elle mordit à la broyer. Je poussai un cri atroce qui la fit rire aux larmes. Mon pouce n'en resta pas moins presque paralysé pendant trois jours et il s'y produisit un extravasement de sang qui le fit passer successivement du bleu au vert et au jaune.

Comme on voit, à Paris, des trains de bois descendre le courant sur nos fleuves, nous avions souvent, aux Fidji, le spectacle de trains de cocos d'une étendue démesurée naviguant dans ces parages.

En constatant, le soir venu, que nous n'étions pas rentrés à bord, le capitaine du *Cyphrinès* nous vit déjà cuits à l'étouffée entre quatre pierres rougies au feu. Aussi, le lendemain, se décida-t-il à aller aux nouvelles. Nous aperçûmes du rivage toute une flottille cinglant vers nous dans des canots, d'où sortit tout le personnel de notre vapeur. Les hommes étaient armés de revolvers et les femmes étaient armées d'ombrelles ; tout le monde descendit avec précaution, les passagers marchant à la queue leu leu comme pour se garer d'une surprise. Je revis plus tard la scène dans le second acte du *Petit Duc*.

Notre apparition en parfaite santé dissipa toutes les craintes. Nous invitâmes nos compagnons du sexe mâle à un bain d'eau douce que nous prîmes dans une sorte de torrent d'une fraîcheur exquise et où les amas de rochers formaient de profondes cuvettes.

Après nos trois mois de natation dans une mer encore plus astringente que pacifique, cette baignade dans une source bouillonnante et froide me trempa et me retrempa délicieusement. Après une longue ablution, nous allâmes en troupe à la cueillette des bananes que, même prises sur l'arbre, je persiste à trouver détestables. Puis nous usâmes le reste de la journée à tirer des balles dans un tronc de bananier, genre de sport dans lequel une jeune Américaine, femme d'un capitaine au long cours, nous battit tous et toutes.

Ce marin portait à sa cravate une perle prodigieuse, la plus grosse, la plus ronde et la mieux orientée que j'eusse et que j'aie jamais vue. Je lui fis observer qu'il devait l'avoir payée un gros prix, et il me répondit en riant :

— Elle m'a coûté un bon coup de pied dans le derrière au Canaque qui venait de la pêcher.

Si on les obtient à si bon marché en Océanie, il est difficile de comprendre pourquoi, à Paris, les perles se paient si cher.

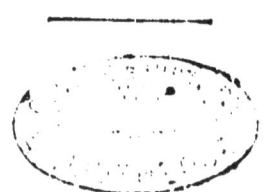

TABLE DES MATIÈRES

DEUXIÈME PARTIE

(Suite.)

CHAPITRE XV

Pages.

Hommes de la Commune. — L'arrestation de Garibaldi ! — M. Thiers et la République. — Une manifestation maçonnique. — Paris affamé. — Rossel. — Au couvent. — Un article du « *Times* ». — Les prières publiques 3

CHAPITRE XVI

La colonne. — L'explosion de l'avenue Rapp. — Arrêté à Meaux. — A Versailles. — En prison. — Fausses nouvelles. 75

CHAPITRE XVII

Au Fort Boyard. — Projets d'évasion. — L'amiral Ribour. — Les attaques de la Presse. — La « Danaé ». — Une fosse aux ours. — A Oleron 143

CHAPITRE XVIII

L'élection Barodet. — A bord de la « Virginie ». — Les racontars. — Une terrible traversée. — A Ténériffe. — Louise Michel et Mme Lemel. — A Nouméa. 205

CHAPITRE XIX

A la Nouvelle. — Nos pêches et nos chasses. — Les requins. — Mon esclave. — Nos projets. — Baignades et insolations. — La Société de Nouméa. — Fonctionnaires. — Le complot. — Le capitaine Law. — L'évasion. — A bord du « P.-C.-E. » 263

CHAPITRE XX

En Australie. — Newcastle. — Cordonnier et chercheur d'or. — Courvoisier. — Sydney. — Au Parlement. — Le docteur Evans. — Notre évasion est apprise en France. — Vengeances stupides. — Nos vingt-cinq mille francs. — La presse parisienne. — Aux îles Fidji . . . 321

Paris. — Imp. PAUL DUPONT, 4, Rue du Bouloi (Cl.) 24.5.96.

Extrait du Catalogue
de la
LIBRAIRIE PAUL DUPONT
PARIS — 4, RUE DU BOULOI, 4 — PARIS

La Préparation de la Guerre de Vendée (1789-1793), par Ch.-L. CHASSIN. Trois forts volumes in-8°. Prix, broché, 30 francs; relié en trois volumes... **39 fr.** »

La Vendée Patriote (1793-1800), par Ch.-L. CHASSIN (pour faire suite à *La Préparation de la Guerre de Vendée*. Quatre forts volumes in-8°. Prix, broché, 40 fr.; relié en quatre vol. **52 fr.** »

Les Pacifications de l'Ouest (1801-1804), pour faire suite à *La Vendée Patriote* (En préparation).

Gouvernements et Ministères de la IIIe République Française (DU 4 SEPTEMBRE 1870 AU 1er JUILLET 1893), par Louis D'HAUCOUR, Rédacteur au Ministère de la Marine, Chevalier de la Légion d'honneur. Un beau volume in-8°. Prix, broché, 6 fr.; relié. **8 fr. 50**

L'Éloquence Parlementaire pendant la Révolution, par Camille LACROIX, avec portraits littéraires et notices. — Premier volume : CONSTITUANTE ET LÉGISLATIVE. Un beau vol. in-8° avec gravures. Prix, broché.. **3 fr. 50**

Histoire de la Littérature Française. *Des Origines au milieu du XIXe siècle*, par Pierre ROBERT, professeur au lycée Condorcet. (Deuxième partie). Un beau volume in-12. Prix, broché, 3 fr. 50; relié... **4 fr.** »

VOLTAIRE. — **Histoire de Charles XII**, ROI DE SUÈDE, suivie de Notes explicatives, Documents et Commentaires, Cartes, Plans et Gravures, par P. MARTINE, professeur au lycée Condorcet. Un beau vol. in-12, avec nombreuses gravures. Prix, broché, 4 fr.; relié. **4 fr. 50**

Histoire du Monde Oriental dans l'antiquité. LES RÉVOLUTIONS, LES PEUPLES, LES RELIGIONS, LES GOUVERNEMENTS, par P. MARTINE, professeur au lycée Condorcet. Un beau volume in-12, avec gravures inédites. Prix, broché, 3 fr. 50; relié..... **4 fr.** »

Histoire du Monde Grec. LES MŒURS, LES CROYANCES, LES ARTS, LES RÉVOLUTIONS HELLÉNIQUES, par P. MARTINE, professeur au lycée Condorcet. — Première partie : DES ORIGINES AU SIÈCLE DE PÉRICLÈS. Un beau volume in-12, avec gravures inédites. Prix, broché, 3 fr. 50; relié.................................. **4 fr.** »

Histoire du Monde Grec. Deuxième Partie. (*En préparation*).

www.ingramcontent.com/pod-product-compliance
Lightning Source LLC
Chambersburg PA
CBHW050539170426
43201CB00011B/1489